ANÁLISIS AVANZADO DE RIESGOS

Certificación en Gestión Cuantitativa de Riesgos (CQRM)

Dublin, California. support@realoptionsvaluation.com
REAL OPTIONS VALUATION, Inc. www.realoptionsvaluation.com

MÓDULO 1:
INTRODUCCIÓN AL
ANÁLISIS DE RIESGOS
Real Options Valuation

Capítulo 1:
Introducción a la
Capacitación
Stochastic Process Forecasting
Real Options
Valuation

Instructor

Dr. Johnathan Mun, *Ph.D., MBA, MS, BS, CRM, CQRM, CFC, FRM, MIFC*
4101-F Dublin Blvd., Suite 425, Dublin, CA 94568
(925) 998-5101 jcmun@realoptionsvaluation.com

- Founder and CEO, Real Options Valuation, Inc. and Chair, IIPER
- Research Professor, Naval Postgraduate School. Formerly Professor in Finance, Economics, and Statistics at the Swiss School of Management (Switzerland), University of Applied Sciences (Germany), and Adjunct Professor at Golden Gate University (California), St. Mary's College (California), San Francisco State University (California)
- Author of 33 books, including: Quantitative Research Methods, IIPER Press 2021; *Modeling Risk: Applying Monte Carlo Risk Simulation, Strategic Real Options, Stochastic Forecasting and Portfolio Optimization,* First and Second Edition, Wiley 2006, 2010; Third Edition, Thompson-Shore, 2015; *Real Options Analysis: Tools and Techniques,* First and Second Edition Wiley 2002 & 2005; *Credit Engineering*, Academic Press, 2010; *Advanced Analytical Models,* Wiley 2008; *Basel II Handbook on Credit Risk*, Elsevier Science, 2007-2008; *Real Options Analysis Course: Business Cases and Applications,* Wiley 2003; *Applied Risk Analysis: Moving Beyond Uncertainty,* Wiley 2003/2005; *Valuing Employee Stock Options Under 2004 FAS 123,* Wiley 2004
- Holds 12 registered patents with another 10 patents pending
- Software Creator: *Risk Simulator*, *Real Options Super Lattice Solver*, *Project Economics Analysis Tool (PEAT)*, *Employee Stock Options Toolkit (ESO)*, *Modeling Toolkit*, *Health Economics Analysis Toolkit (HEAT)*, *ROV Credit Market Operational Liquidity (CMOL)*, *ROV BizStats, ROV Modeler, ROV Valuator, ROV Optimizer, ROV Visual Modeler, ROV Compiler, ROV Dashboard, Real Options Analysis Toolkit, and others*
- Taught risk analytics, real options, simulation and optimization seminars worldwide (New York, San Francisco, Houston, Miami, Las Vegas, Tokyo, Singapore, Zurich, Ghana, London, Munich, Frankfurt, Paris, Colombia, Peru, Mexico, and many other places)
- Currently CEO of Real Options Valuation, Inc. Formerly Vice President of Analytics at Decisioneering Crystal Ball, Inc., and worked for KPMG Consulting in Global Financial Strategies performing strategic valuation and developing real options and simulation applications. Headed a group in Financial and Economic Forecasting for FDX (FedEx) group of companies.
- Certified in Financial Consulting, Certified in Financial Risk Management, Charter Member of the Institute of Financial Consultants, Certified Risk Analyst, Certified in Risk Management
- Published dozens of academic papers in the *Global Finance Journal; Advances in Quantitative Finance and Accounting; Journal of Financial Economics; Journal of International Finance, Institutions, and Money; Journal of the Society of Petroleum Engineers; American Institute of Physics; Defense Acquisition University; Expert Systems; Financial Engineering; Applied Energy Journal; NPS Acquisitions Symposium,* and others

Contenidos

Contenidos

Contenidos

Capítulo 2: ¿Cómo Tomar Decisiones Empresariales ?
Stochastic Process Forecasting
Methods
Simulation Results
Real Options Valuation

Aproximación Tradicional para Manejar la Incertidumbre

Estimación de Punto Único

- Estima el valor esperado para entradas variables especificas
- Aproximado y generalizado pero rápido y fácil

Análisis de Escenarios

- Ofrece el escenario más probable, mejor escenario y peor escenario
- Ofrece un rango de salidas posibles, pero no la probabilidad de ocurrencia

Análisis de Situaciones "Y si"

- Rango de posibilidades incrementales y marginales
- Laborioso, revela posibilidades y no probabilidades

Estimación de Punto Único

• Unidades	10
• Precio de Venta	$10
• Total Ingreso	$100
• Costo Variable/Unidad	$5
• Costo Total Fijo	$20
• Costo Total	$70
• Ingresos Netos	$30

Interdependencia significa GIGO

Estimación de Punto Único

¿Qué tanto confía en el resultado del análisis?
Puede estar completamente mal!

Análisis de Escenarios

• Unidades	10	Mejor Caso: 15 Más probable: 10 Peor Caso: 5
• Precio de Venta	$10	
• Total Ingreso	$100	
• Costo Variable/Unidad	$5	
• Costo Total Fijo	$20	
• Costo Total	$70	
• Ingresos Netos	$30	Mejor Caso: $55 Más probable: $30 Peor caso: $5

Los resultados son muy variables – ¿Cuál ocurrirá?

¡Los mejores casos, los peores y más probables, suelen ser ideas demasiado vagas!

Análisis "Y Si"

• Unidades	10	← *Tome las 10 originales y cambie por 1 unidad*
• Precio de Venta	$10	
• Total Ingreso	$100	
• Costo Variable/Unidad	$5	
• Costo Total Fijo	$20	← *Tome los $20 originales y cambie por $1 unidad*
• Costo Total	$70	
• Ingresos Netos	$30	

Captura los impactos marginales pero ¿Qué condición ocurrirá realmente?

¡Excelente para calcular sensibilidades!

Análisis "Y Si"(2)

- Gráficos de Sensibilidad (gráficos Tornado) son valiosos para determinar los puntos críticos del análisis

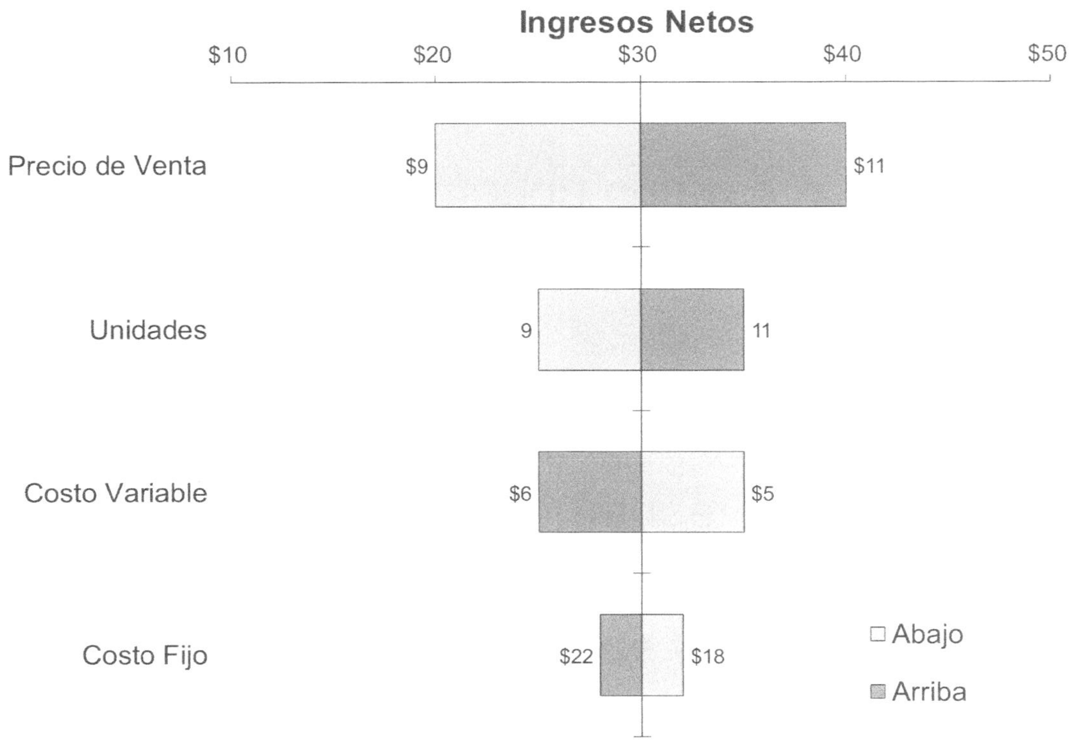

Estimación de Punto Único:

"El problema de los promedios"

- Ejemplo: Un distribuidor de bienes perecederos requiere una buena estimación de la demanda para realizar los inventarios. Las decisiones equivocadas significan $100 adicionales por unidad en bienes dañados versus $175 costos de Fed Ex.
- El analista obtiene datos históricos de demanda y calcula el nivel promedio de demanda como 5 unidades por día.

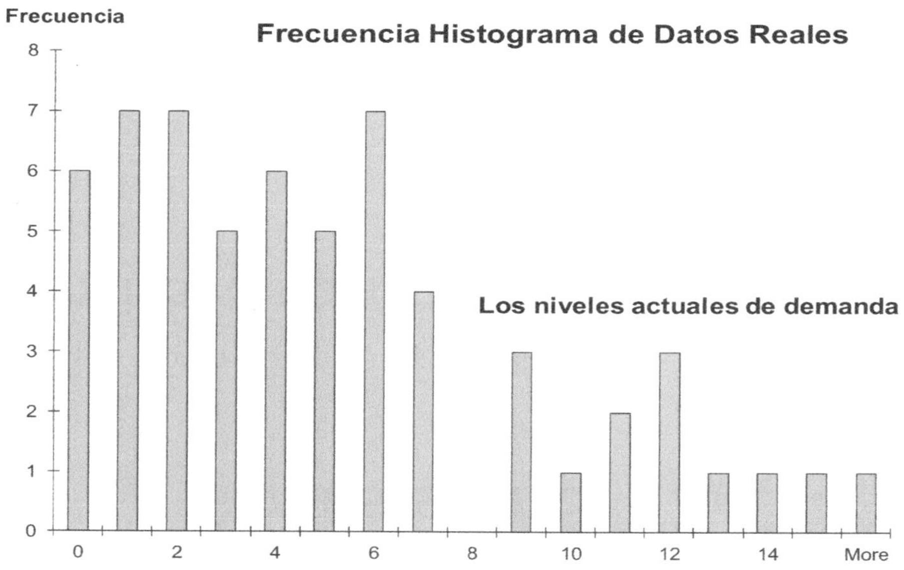

Estimación de Punto Único:
"El problema de los promedios" (2)

- Como la distribución está sesgada, el promedio es una mala medición y ofrece una cantidad significativa de costo agregado
- Para minimizar el costo total adicional, hacemos una simulación. El inventario óptimo debería ser 9 unidades

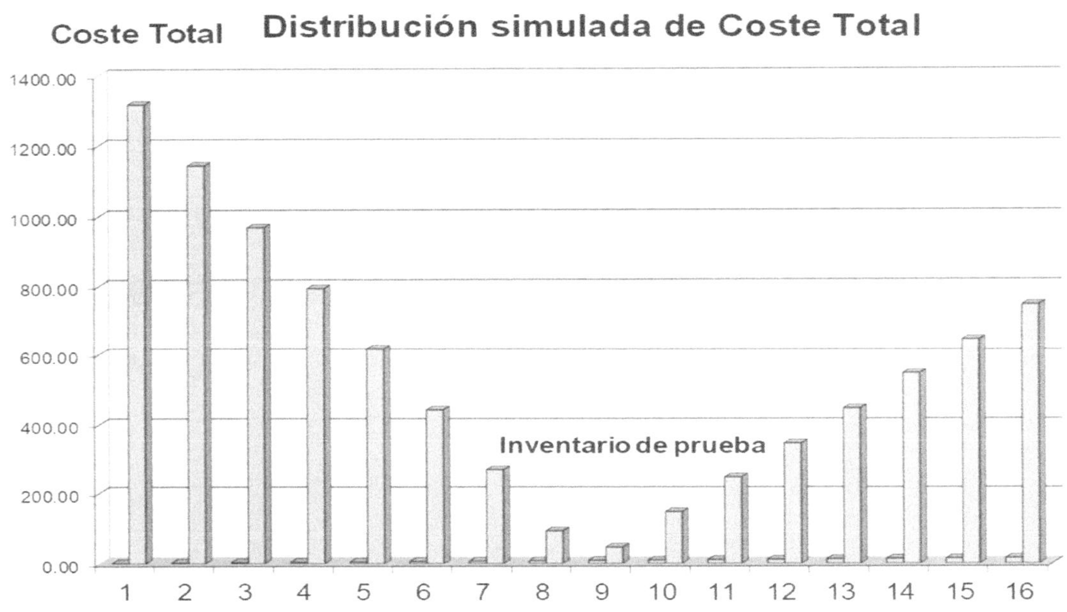

Aproximación de Simulación

• Unidades	10	Simular
• Precio de Venta	$10	Simular
• Total Ingresos	$100	Significa interrelaciones
• Costo Variable/Unidad	$5	Simular
• Costo Total Fijo	$20	
• Costo Total	$70	
• Ingresos Netos	$30	

Simular todas las variables miles de veces simultáneamente

Los resultados incluyen probabilidades de que cierta salida ocurra

Pronóstico de Simulación

Hay una posibilidad estadísticamente válida del 90% que usted tenga ingresos entre \$0.5307M y \$1.1739M

Hay una posibilidad del 5% que usted exceda \$1.1739M y 95% de probabilidad que usted exceda \$0.5307M

Capítulo 3:
¿Qué es el Riesgo y
por qué Debe ser
Considerado?
Stochastic Process Forecasting
Methods
Real Options
Valuation

Riesgo e Incertidumbre

¿Cuáles son sus similitudes y diferencias?

¡No existe el riesgo si no hay incertidumbre!

Riesgo Político

Riesgo de Desarrollo

Riesgo Natural

Riesgo Ambiental

Riesgo Operacional

Riesgo Corporativo

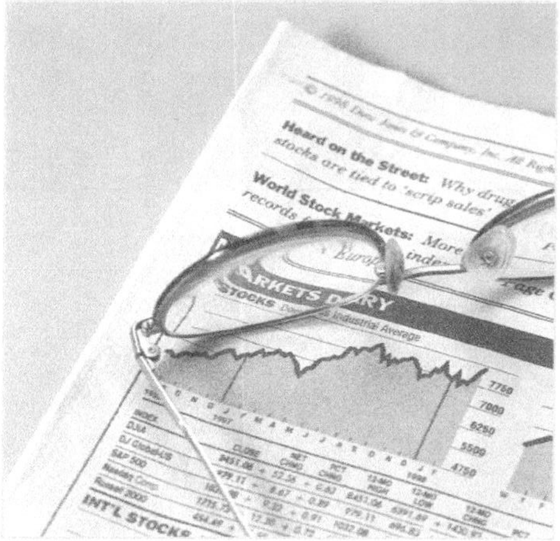

Riesgo de Mercados

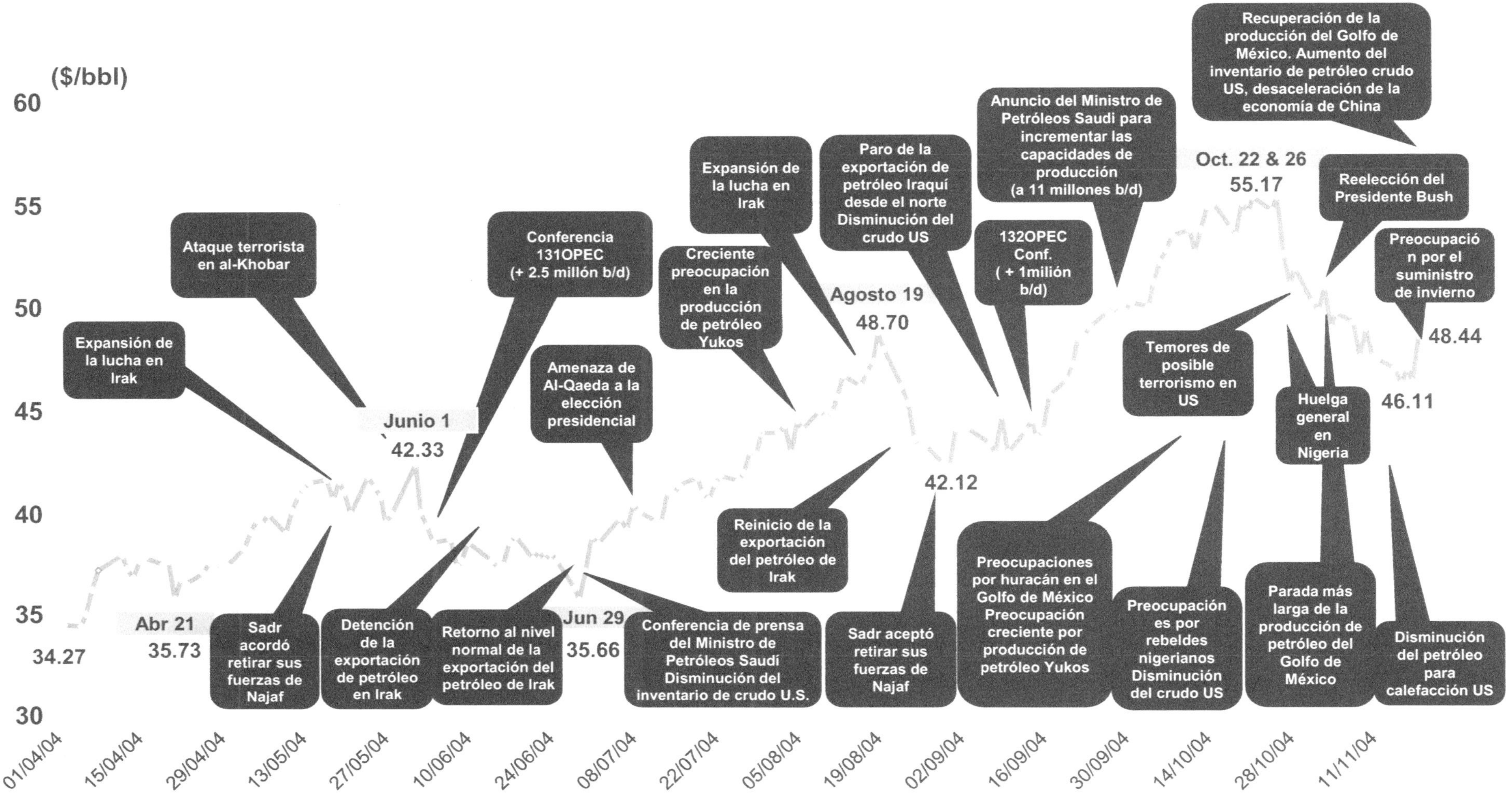

Movimientos del precio del petróleo en 2004

Riesgo de Terrorismo

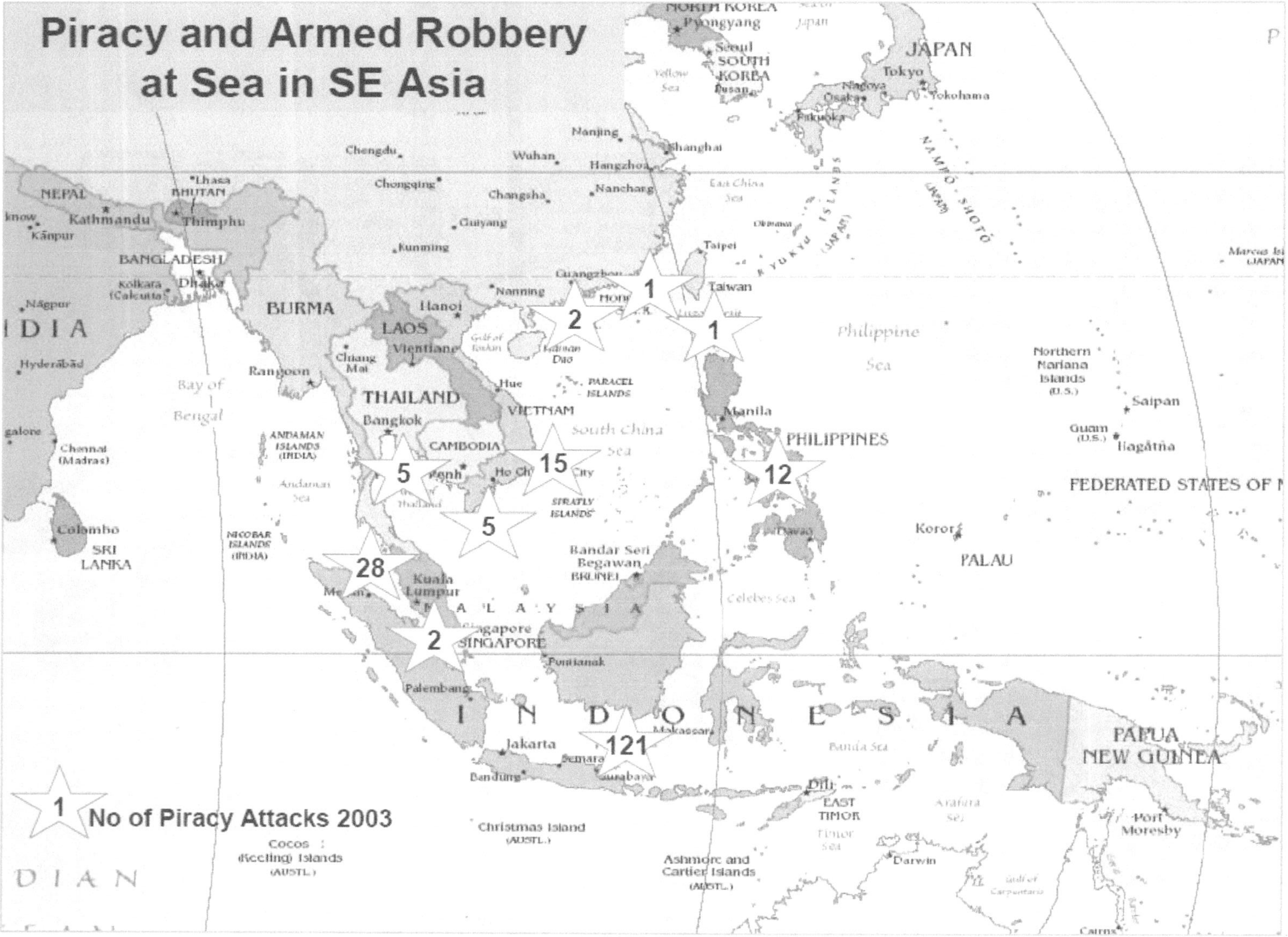

¿PARA QUÉ PREOCUPARSE POR LA GESTIÓN DE RIESGOS?

Todo puede salir mal........

......o mucho mejor de lo esperado

¿Podemos Predecir el Futuro?

Desafortunadamente, ¡Nuestros Pronósticos Pueden Estar Mal!

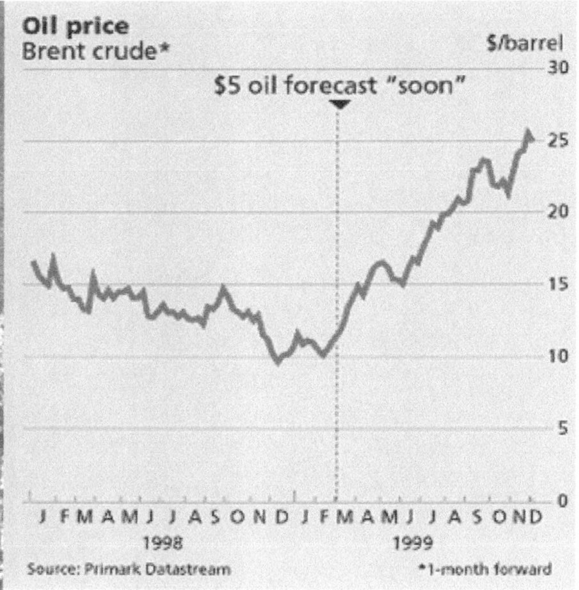

We woz wrong

Newspapers are quick to crow about their predictive triumphs. But what about when they are wrong? The editor of The Economist owns up to our recent, er, disappointments and explains why forecasts are so often wrong

¿La Experiencia Puede Ayudar?

- "Cuando me piden que describa mi experiencia durante 40 años en el mar, solo digo que no se han presentado acontecimientos especiales. En toda mi experiencia, nunca he visto un accidente del que valga la pena hablar.

- Solo he visto un navío en problemas durante todos mis años en el mar… nunca he visto a uno hundirse ni me he encontrado en ninguna posición que pudiera terminar en algún tipo de desastre".

De un escrito presentado en 1907 por el Capitán E. J. Smith, Primer Capitán del RMS Titanic, Abril 1912

Enfrentando el Mundo Real

- "Uno quiere una válvula que no tenga fugas y se hace todo lo posible por desarrollarla. Pero el mundo real le entrega una válvula llena de fugas. Uno debe determinar qué tantas fugas puede tolerar"
- *Científico de la NASA – Proyecto Columbia*

Matriz de Riesgos

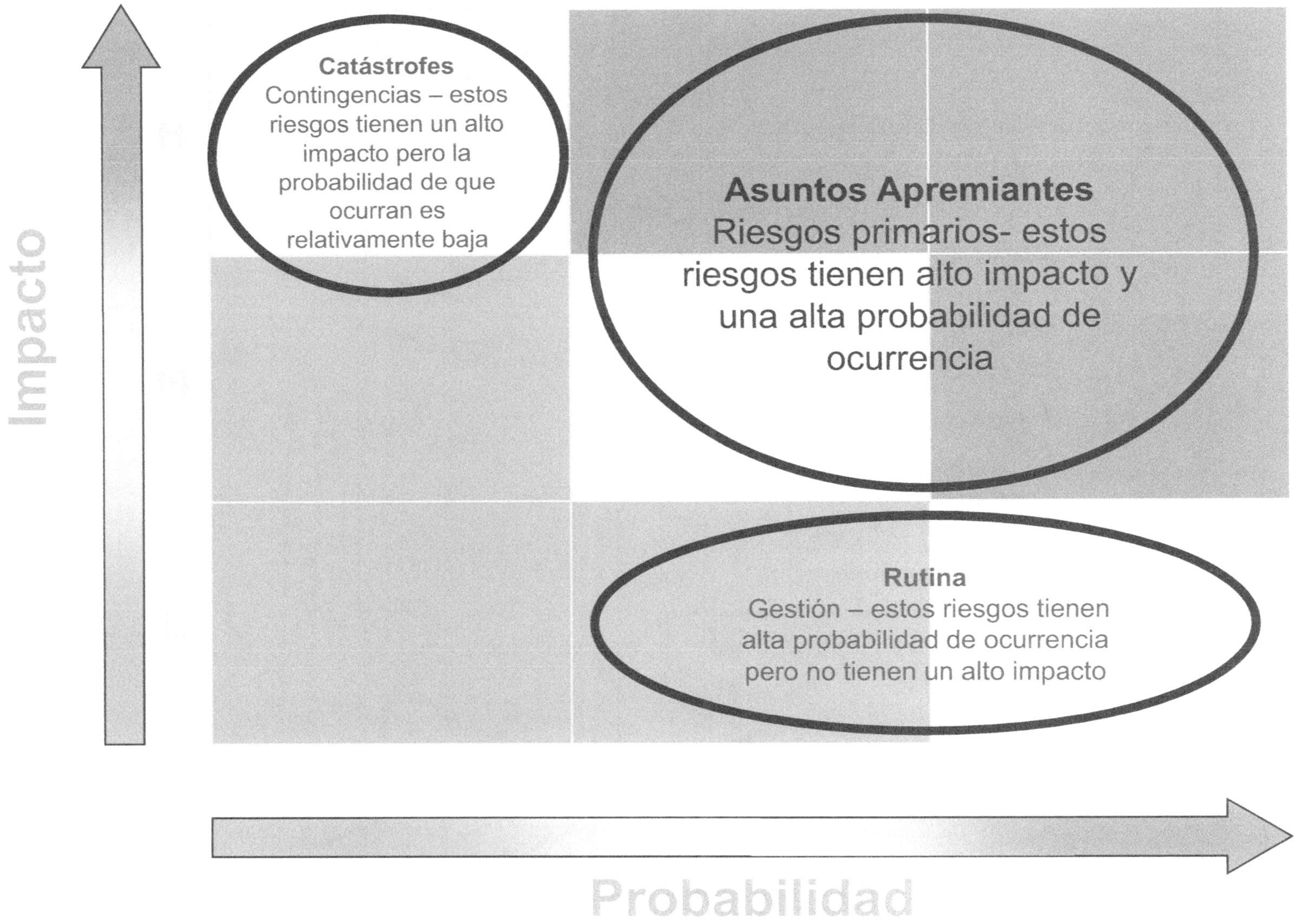

"'Be Careful'! All you can tell me is 'Be Careful'?"

¿Por Qué es Importante el riesgo?

Nombre del Proyecto	Costo	Ingresos	Riesgo
Proyecto X	**$50**	**$50**	**$25**
Proyecto Y	**$250**	**$200**	**$200**
Proyecto Z	**$100**	**$100**	**$10**

Proyecto X el administrador restringido por el presupuesto

Proyecto Y el administrador no restringido por presupuesto y estímulo por ingresos

Proyecto Z el administrador adverso al riesgo

Proyecto Z el administrador inteligente

¿Por qué?

Nombre del Proyecto	Costo	Ingresos	Riesgo
Proyecto X	$50	$50	$25
Proyecto Y	$250	$200	$200
Proyecto Z	$100	$100	$10

Agregar un Elemento de Riesgo…

Mirando por encima, X (2), Y (1), Z (10), se debe escoger el Proyecto Z … con presupuesto $1,000, es posible obtener lo siguiente:

Proyecto X: 20 Proyectos Xs retornan $1,000 con riesgo de $500
Proyecto Y: 4 Proyectos Ys retornan $ 800 con riesgo de $800
Proyecto Z: 10 Proyectos Zs retornan $1,000 con riesgo de $100

Proyecto X: Por cada retorno de $1, se toma un riesgo de $0.5
Proyecto Y: Por cada retorno de $1, se toma un riesgo de $1.0
Proyecto Z: Por cada retorno de $1, se toma un riesgo de $0.1

Proyecto X: Por cada riesgo de $1, se obtiene un ingreso de $2
Proyecto Y: Por cada riesgo de $1, se obtiene un ingreso de $1
Proyecto Z: Por cada riesgo de $1, se obtiene un ingreso de $10

Conclusión: El riesgo es importante. Ignorar los resultados de los riesgos es tomar la decisión incorrecta.

Real Options Valuation

Diversificando el Riesgo

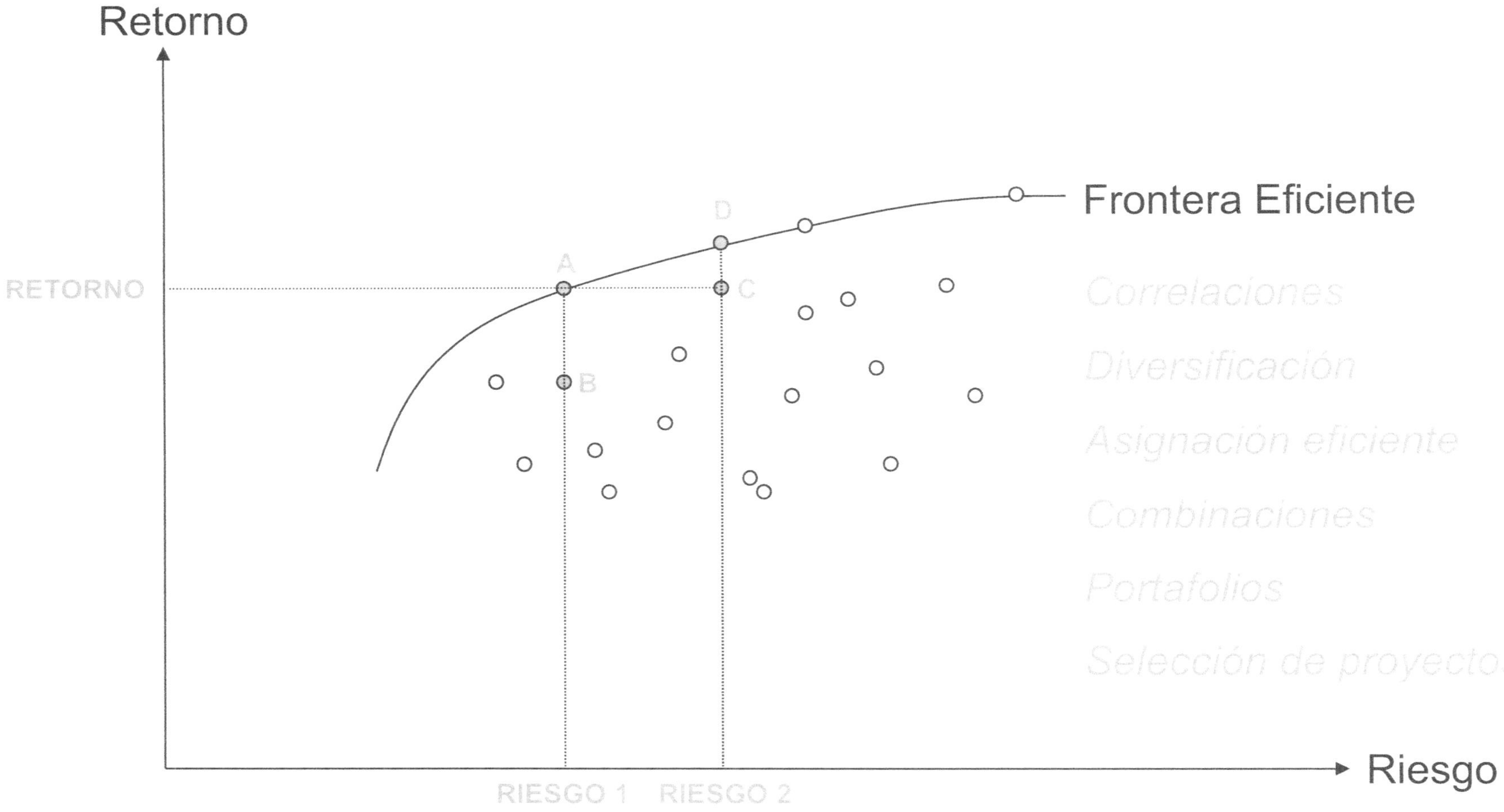

Correlaciones
Diversificación
Asignación eficiente
Combinaciones
Portafolios
Selección de proyectos

¿Qué le dice esta imagen?

Proceso Integrado de la Gestión de Riesgos

1 PRONÓSTICOS DE GESTIÓN CUALITATIVA

IDENTIFICACIÓN DE RIESGOS

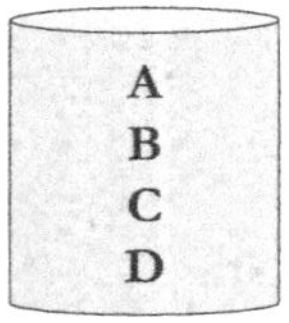

Inicie con una lista de proyectos o estrategias para evaluar y que ya han pasado por la detección cualitativa...

2 MODELACIÓN DE PRONÓSTICOS Y PREDICCIONES

PREDICCIÓN DE RIESGOS

Retroajuste, pronósticos y análisis de escenarios

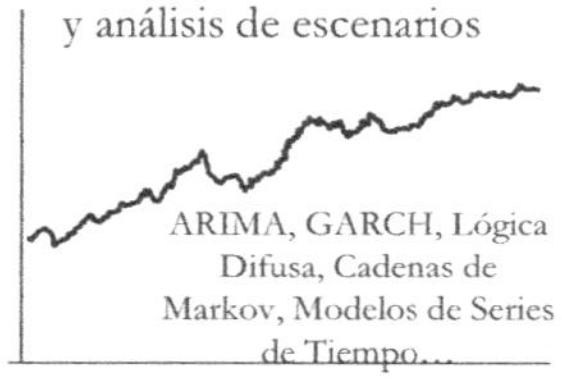

... Con la ayuda de algoritmos de predicción, los resultados futuros pueden predecirse...

3 MODELOS ESTÁTICOS DE CASO BASE

MODELACIÓN DE RIESGOS

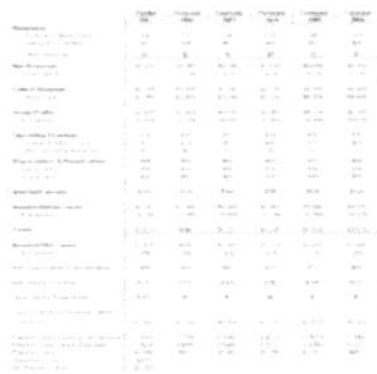

Análisis tradicional!

... Crear modelos financieros o económicos del caso base estático tradicional para cada proyecto...

4 SIMULACIÓN DINÁMICA DE MONTECARLO

ANÁLISIS DE RIESGOS

Simula miles de resultados de escenarios

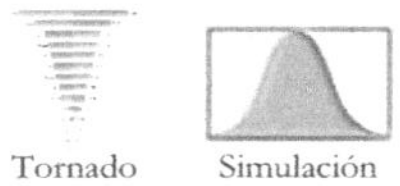

... El Análisis Tornado identifica los factores críticos de éxito, entonces se ejecutan las sensibilidades dinámicas y simulaciones de riesgo de Monte Carlo...

5 MARCO DEL PROBLEMA EN OPCIONES REALES

MITIGACIÓN DE RIESGOS

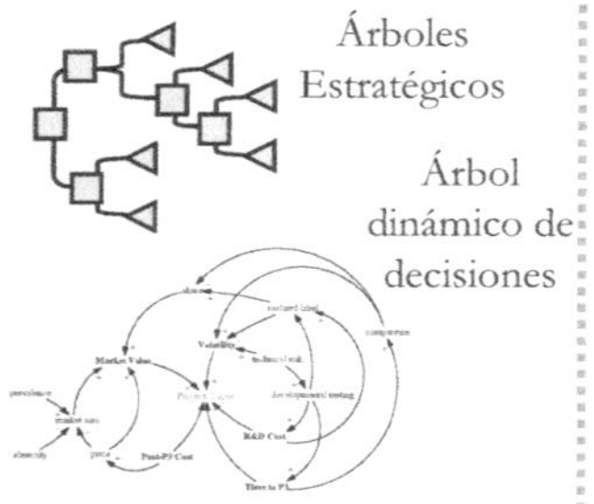

... Opciones reales estratégicas están enmarcadas para cubrir y mitigar riesgos a la baja y aprovechar potenciales de crecimiento...

6 VÁLORACIÓN Y MODELACIÓN DE OPCIONES REALES

COBERTURA DE RIESGOS

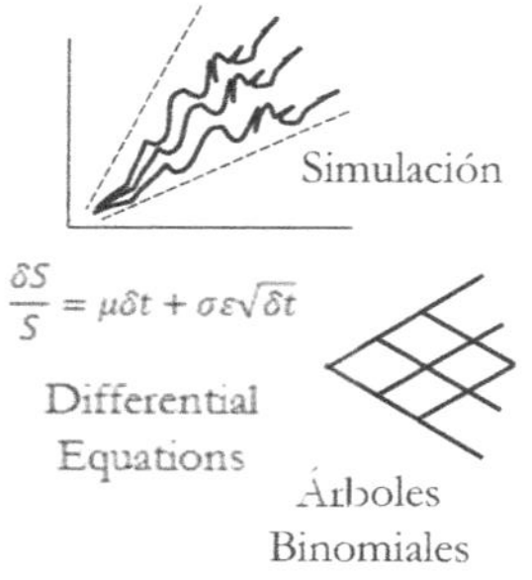

... Las opciones reales son valoradas mediante árboles binomiales y modelos diferenciales parciales de forma cerrada con la simulación...

7 OPTIMIZACIÓN DE PORTAFOLIOS Y RECURSOS

DIVERSIFICACIÓN DEL RIESGO

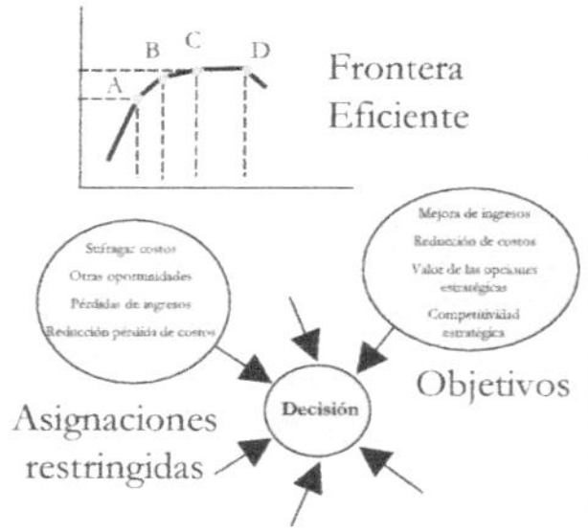

... Optimización estocástica en múltiples proyectos para una eficiente asignación de activos sujetos a las limitaciones de recursos...

8 REPORTES, PRESENTACIONES Y ACTUALIZACIONES

GESTIÓN DEL RIESGO

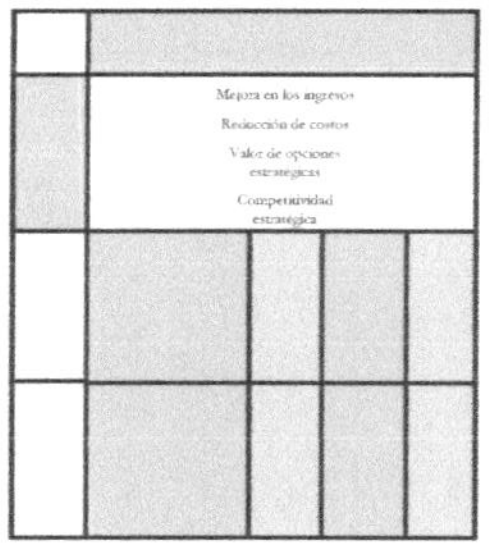

... Crear informes, tomar decisiones, y actualizar el análisis de forma iterativa cuando la incertidumbre se resuelve con el tiempo...

Créditos para el Desarrollo Profesional

30 PDU

Project Management Institute (PMI): **30 PDU Credits** for **PMP** Certification Holders; Certified **PfMP, PgMP, PMI-ACP, PMI-PBA, PMI-SP,** and **RMP** are awarded **30 Credits**

39 CE

Institute of Chartered Financial Analysts (ICFA): **39 Continuing Education CE Credits**

30 CPD

Energy Institute (EI): **30 points for Continuing Professional Development**

39 CPE

American Institute of **CPA** (AICPA): Specialized Knowledge Area Group Live for **39 CPE Credits**

AACSB Membership +

CQRM Certified in Quantitative Risk Management

30 CPD

Institution of Chemical Engineers (IChemE): **30 credits for Continuous Professional Development**

30 CPD

Institute of Risk Management (IRM) **30 credits for Continuous Professional Development**

Real Options Valuation

MÓDULO 2: Simulación de Monte Carlo con el Simulador de Riesgos

Real Options Valuation

Stochastic Process Forecasting
Capítulo 1:
Introducción al
Software de
Simulación de
Riesgos
Real Options
Valuation

Características de Risk Simulator

- Risk Simulator tiene los siguientes:
  - Simulación de Monte Carlo
  - Simulación y Herramientas Analíticas (Inteligencia de Negocio)
  - Pronóstico (Modelación Predictiva)
  - Optimización (Optimización de la Cartera y de Recursos)
  - Estadística Empresarial
  - Árboles Dinámicos de Decisión
- Ha sido creado en .NET y C# pero es compatible con Excel como un complemento
- La instalación es rápida y simple y la filosofía del software es que es de fácil uso.

Usted no tiene más remedio que utilizar este tipo de herramientas de análisis para cuantificar el riesgo... el riesgo no se puede cuantificar de forma manual sin el uso de estas herramientas.

Barra de Herramientas con los Íconos del Risk Simulator

Menú de Risk Simulator

Capítulo 2: Perfiles, Supuestos, Pronósticos y Simulaciones
Stochastic Process Forecasting
Real Options Valuation

1. Inicio de un Nuevo Perfil de Simulación

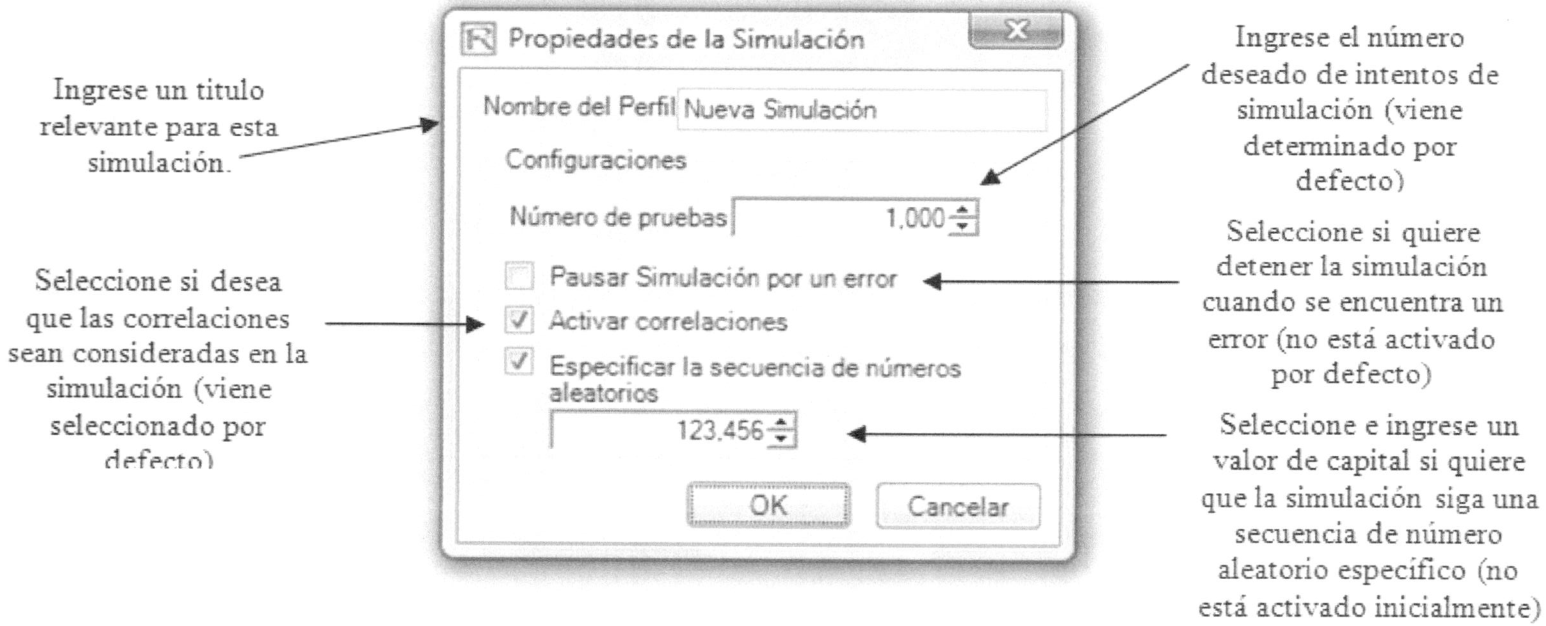

Notas: Un perfil almacena todos los supuestos de simulación, pronósticos y ajustes de optimización. El perfil es guardado dentro del modelo de Excel como una hoja de trabajo oculta. Esto significa que sus modelos están auto-contenidos con todos los ajustes relevantes de Risk Simulator. Finalmente, puede crear múltiples perfiles e intercambiarlos (esto permite crear varios escenarios de simulación dentro del modelo de Excel).

2. Definir Supuestos de Entrada

Existen diferentes vistas en esta Galería de Distribución

Ingrese el nombre del supuesto

Ingrese los parámetros de la distribución seleccionados

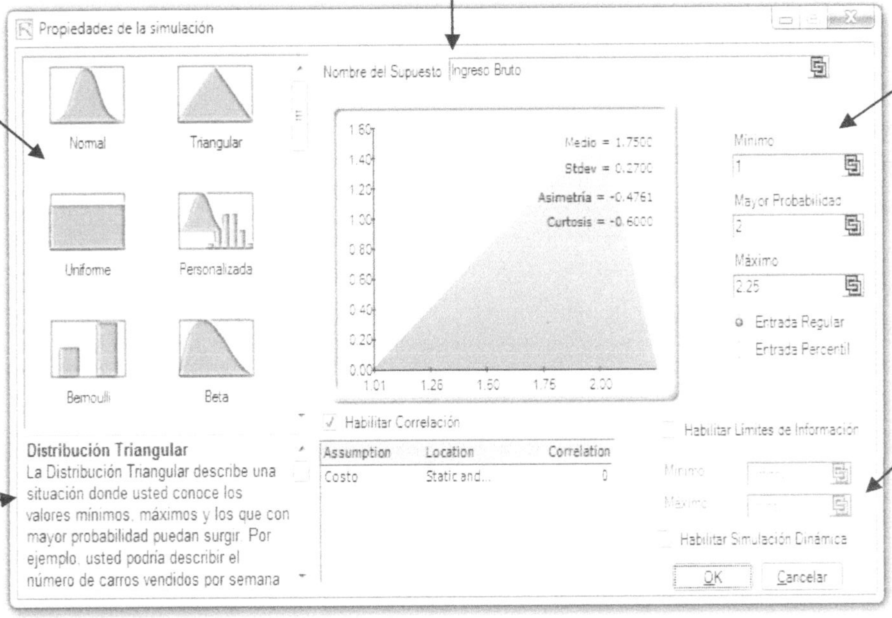

Una descripción corta de la distribución está disponible aquí

Ingrese un nuevo límite o déjelo como está en la distribución

Notas: Sólo celdas con valores simples (p.ej., celdas con números y no ecuaciones o funciones) en Excel se pueden ajustar como supuestos.

3. Definir los Pronósticos de Salida

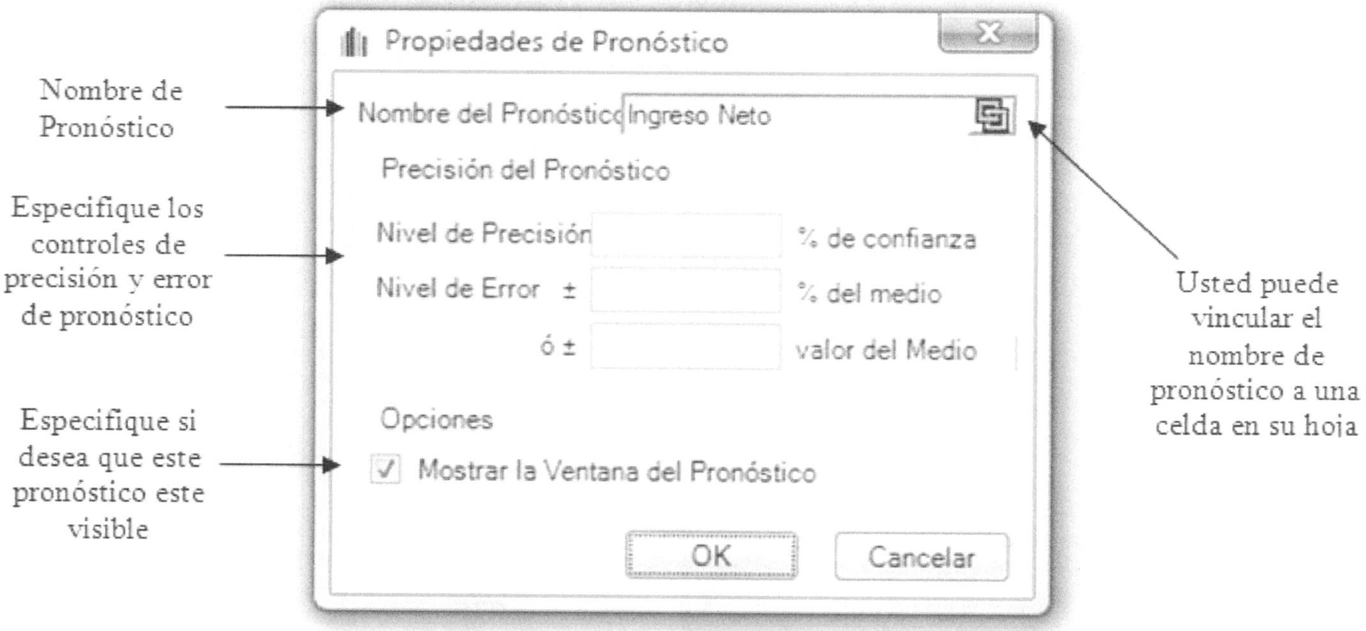

Notas: No puede ajustar un pronóstico sobre una celda con supuesto de entrada

4. Ejecutar una Simulación

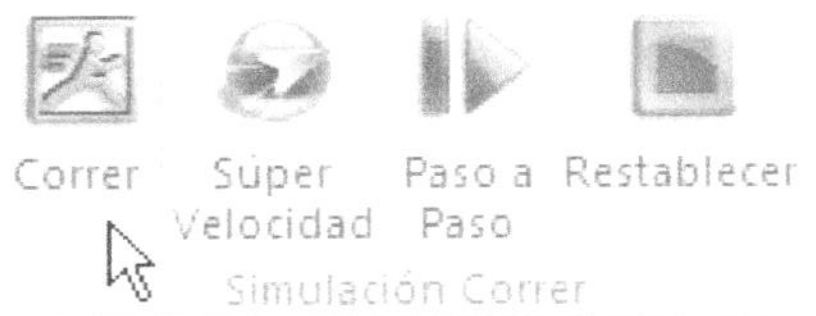

Capítulo 3:
Interpretando las
Estadísticas del
Pronóstico
Stochastic Process Forecasting
Methods
Brownian Motion (Random Walk) with Drift
Exponential Brownian Motion (Random Walk) with Drift
Real Options
Valuation

Gráficas de Pronóstico

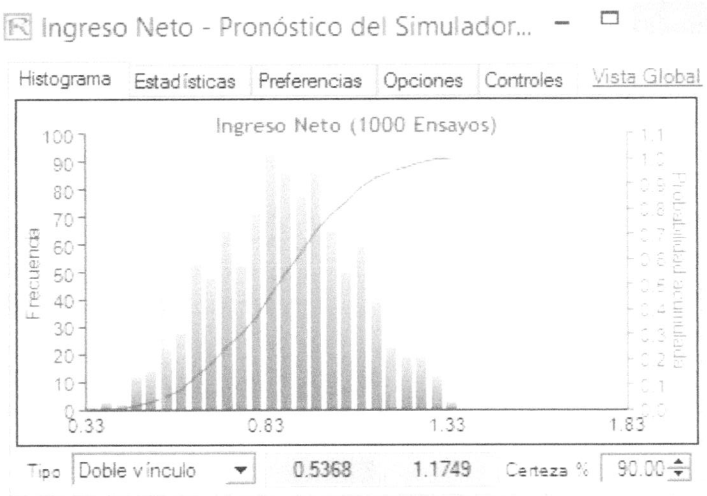

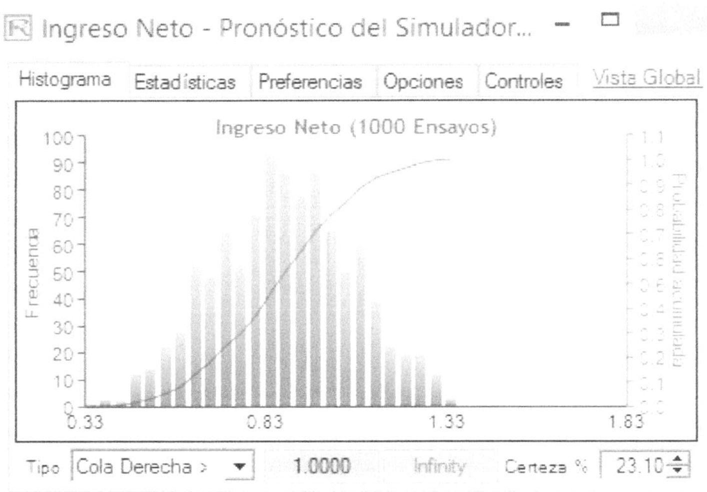

Gráficas de Pronóstico: Otros Puntos de Vista

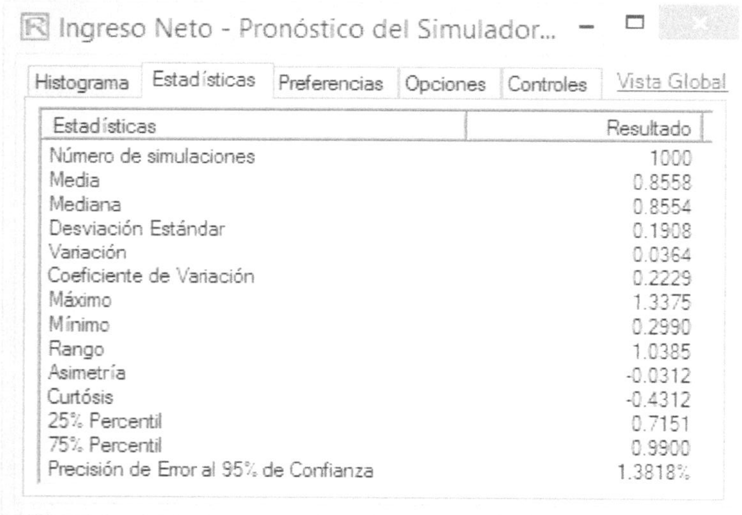

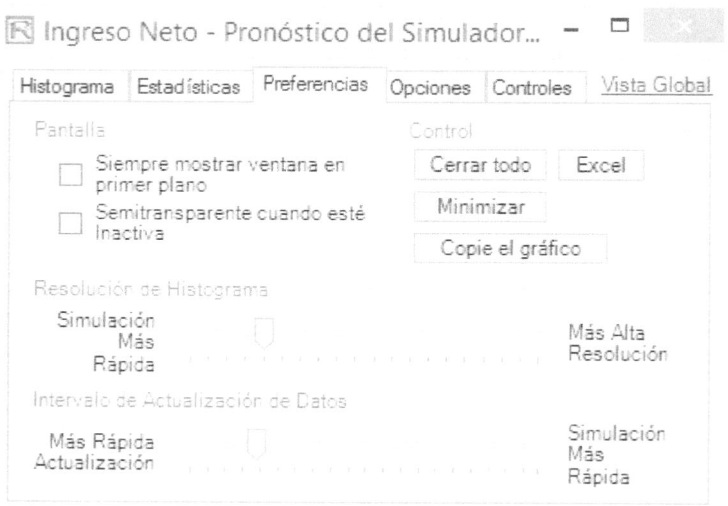

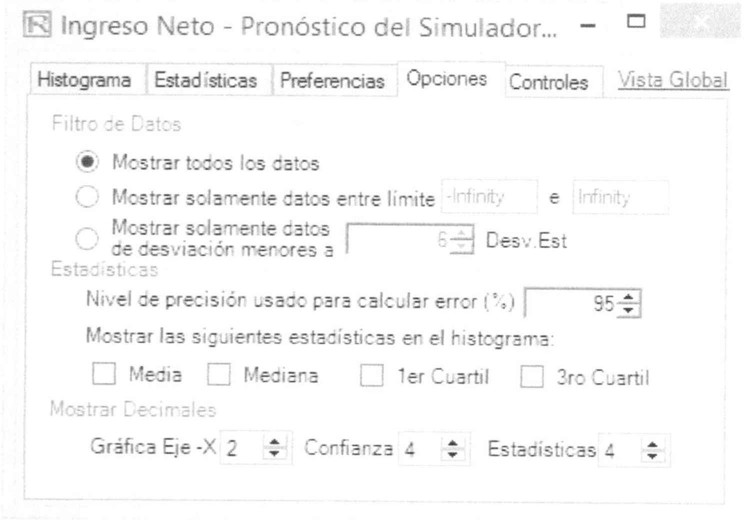

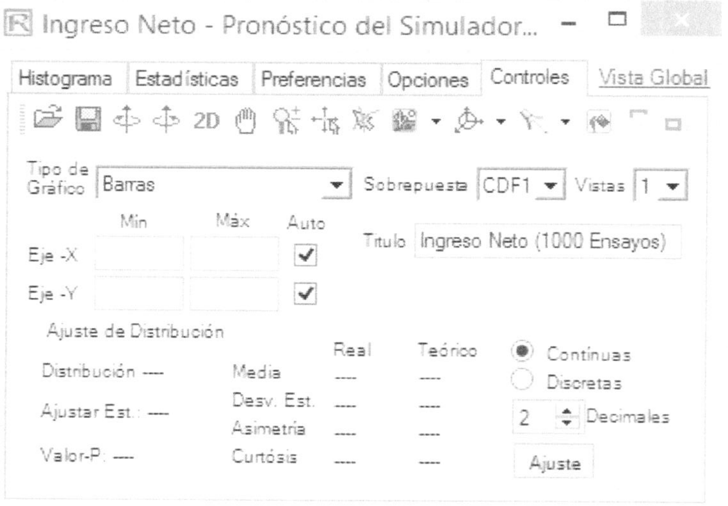

Interpretación de las Estadísticas del Pronóstico

Primer Momento– Una medición de Ingresos

- Tendencia Central – Media, Mediana y Moda
- Una medición de locación o corrimiento
- Nos muestra cuál es el *Valor Esperado* de una variable incierta

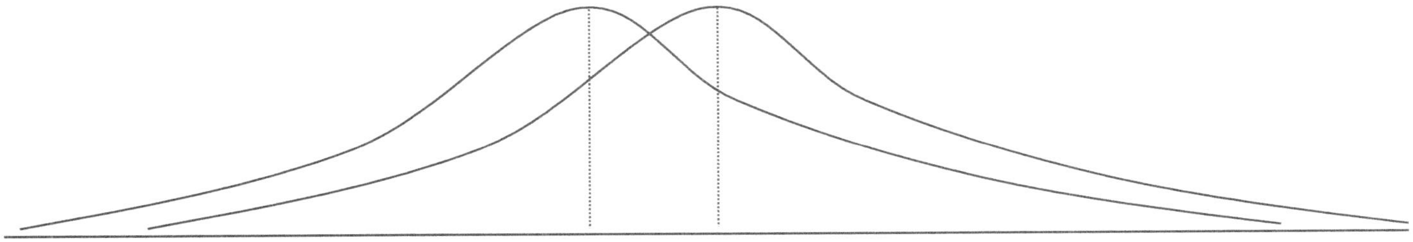

- Puede ser engañoso… ejemplo del *Problema de los Promedios*
- La probabilidad de que el promedio ocurra es muy cercana al 0%

Interpretación de las Estadísticas del Pronóstico

Segundo Momento– Una medición de riesgo

- Una medición de la amplitud, el rango, riesgo e incertidumbre
- Desviación estándar, volatilidad, incertidumbre, varianza, amplitud, percentiles, rangos inter-cuartiles, coeficiente de variación…

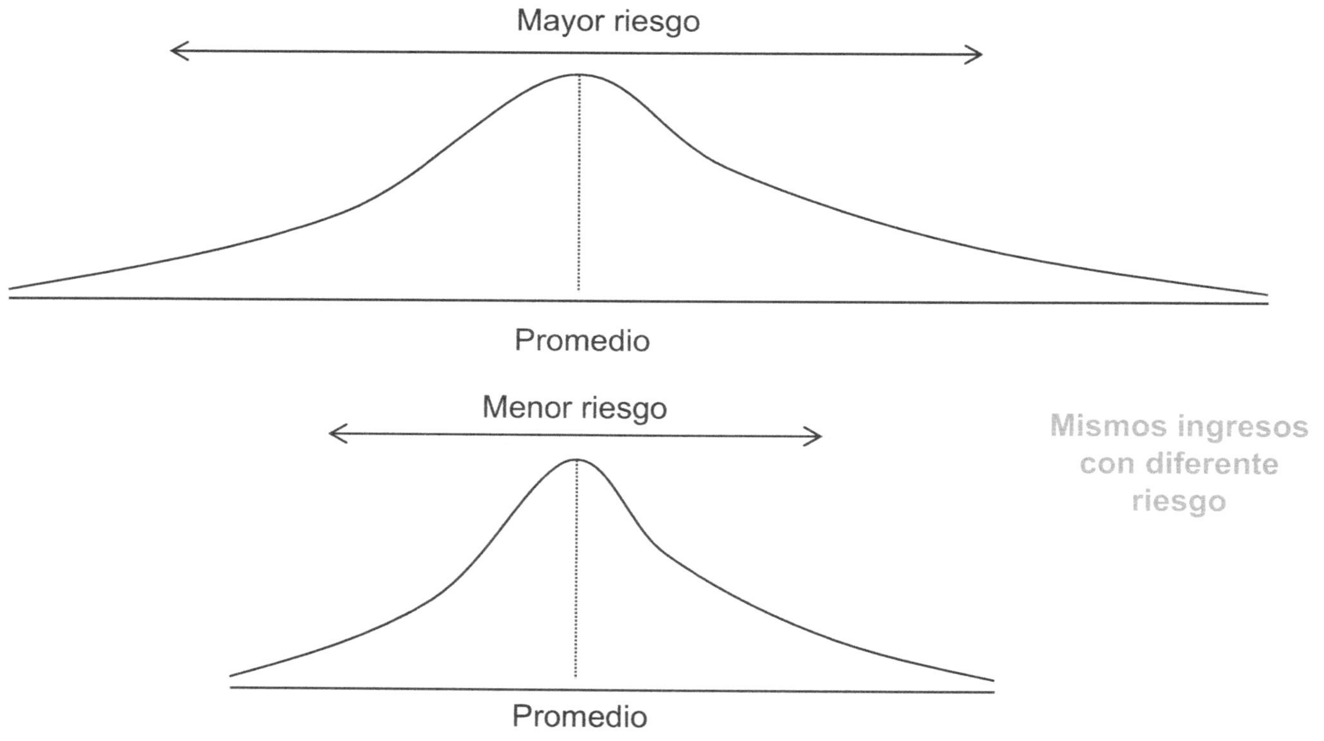

La Intuición – Medición del Riesgo

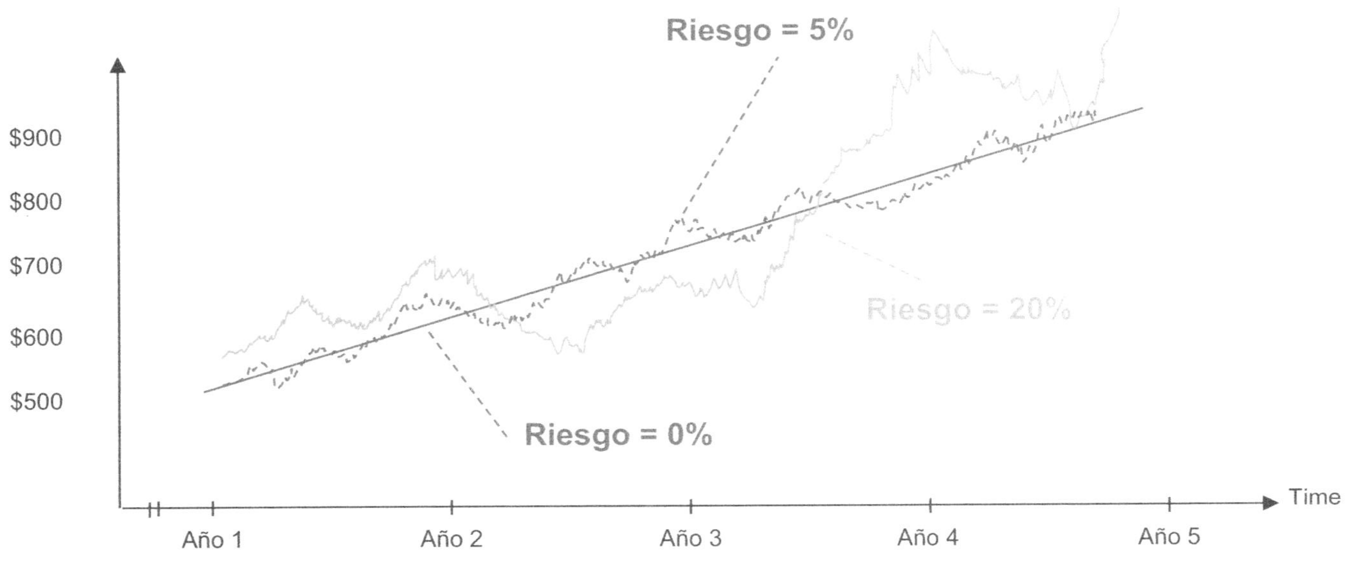

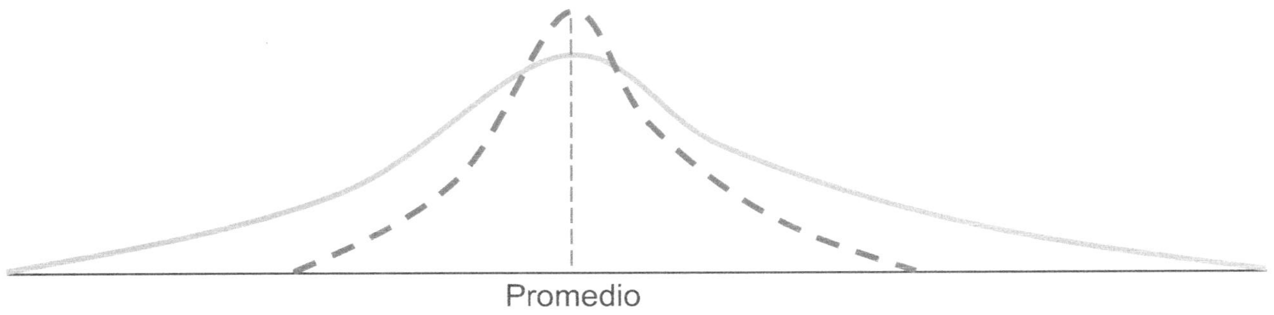

La Intuición – Desviación Estándar

Se define simplemente como el promedio de las desviaciones de cada punto alrededor de la media!

DESVEST en Excel

$$s = \sqrt{\frac{\sum (x - \bar{x})^2}{n-1}}$$

DESVESTP en Excel

$$\sigma = \sqrt{\frac{\sum (x - \mu)^2}{N}}$$

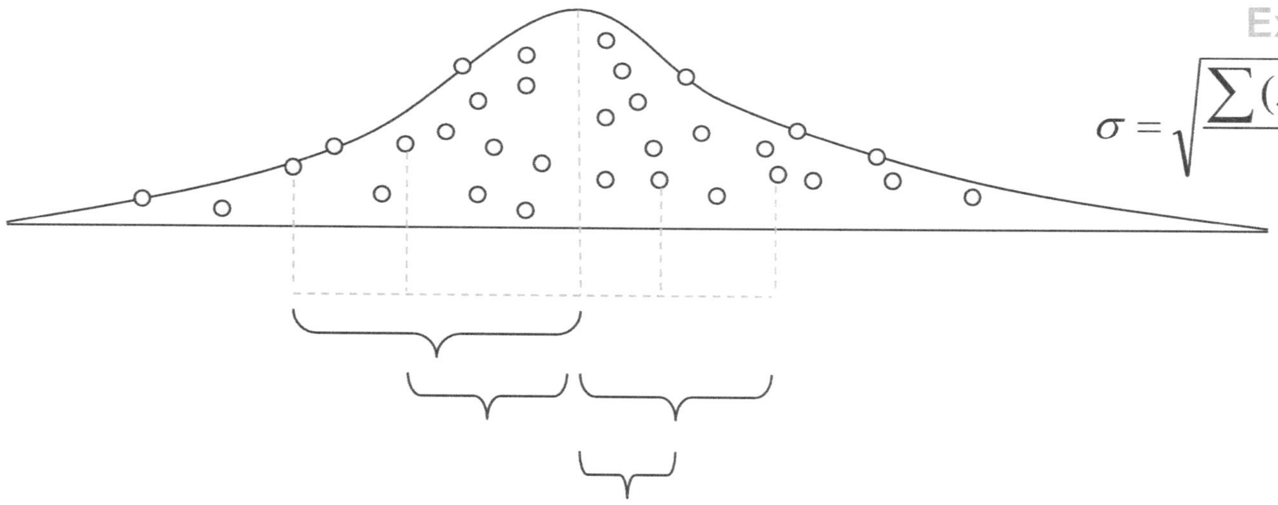

Tome todas las desviaciones o distancias entre la media y calcule el promedio

Valor en Riesgo (VaR)

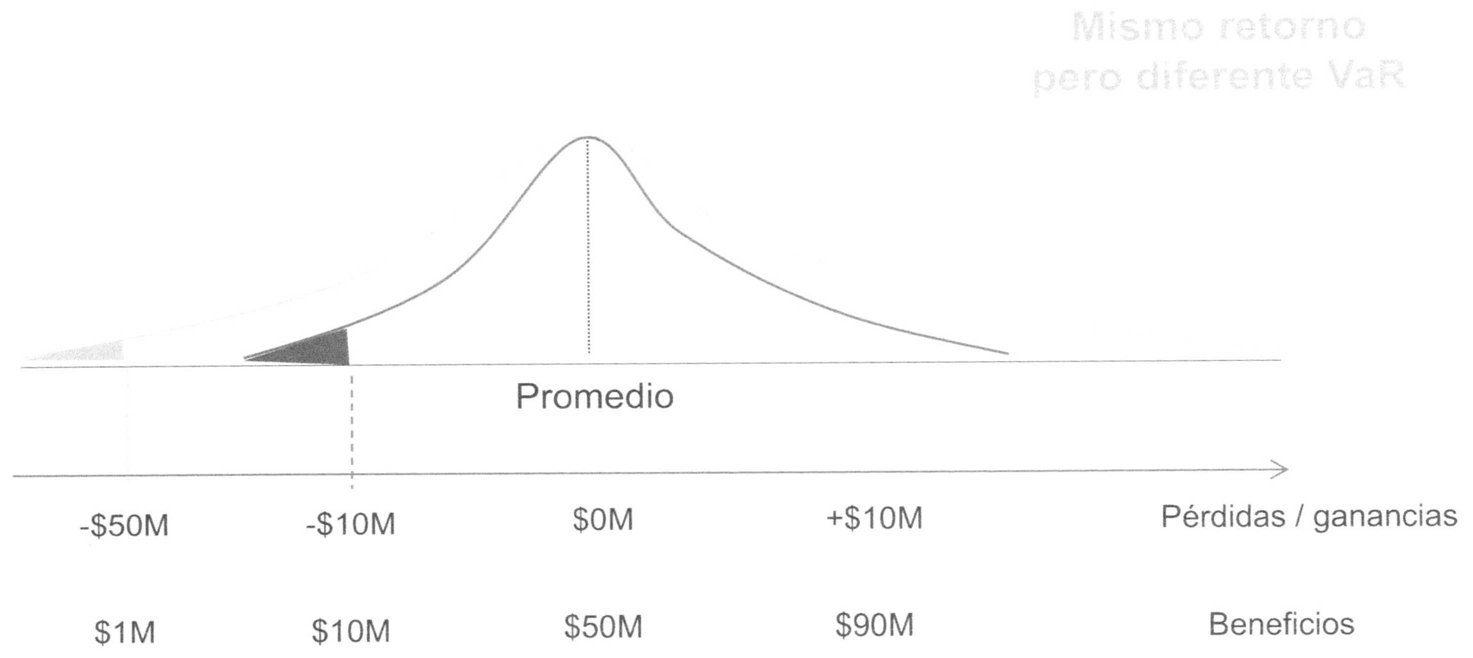

¿Cuál de los proyectos tiene mayor riesgo y qué proyecto es más conveniente?

Simetría: Media vs. Mediana

COEFICIENTE.ASIMETRIA en Excel

$$skew = \frac{n}{(n-1)(n-2)} \sum \left(\frac{x_i - \bar{x}}{s} \right)^3$$

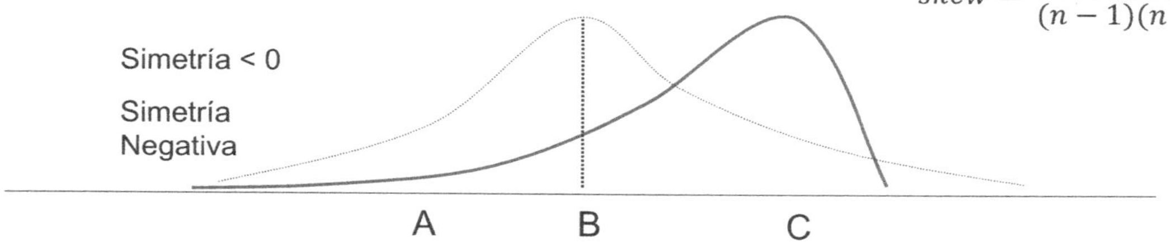

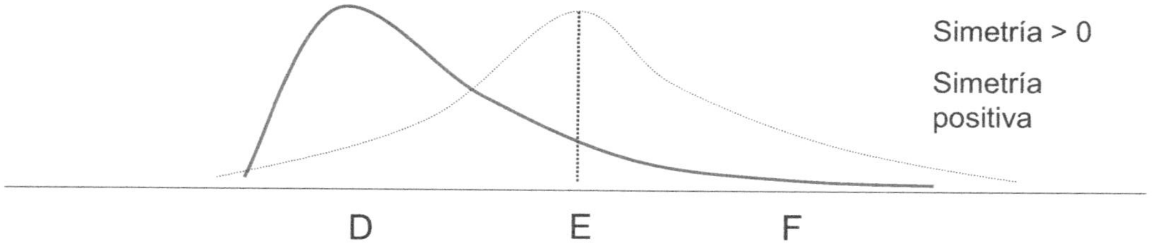

¿Dónde están la media, mediana y la moda en las dos distribuciones?

Interpretación de las Estadísticas del Pronóstico

Tercer Momento– Una medición del sesgo

- Simplemente tomar en cuenta el primer y segundo momento, puede ser peligroso…

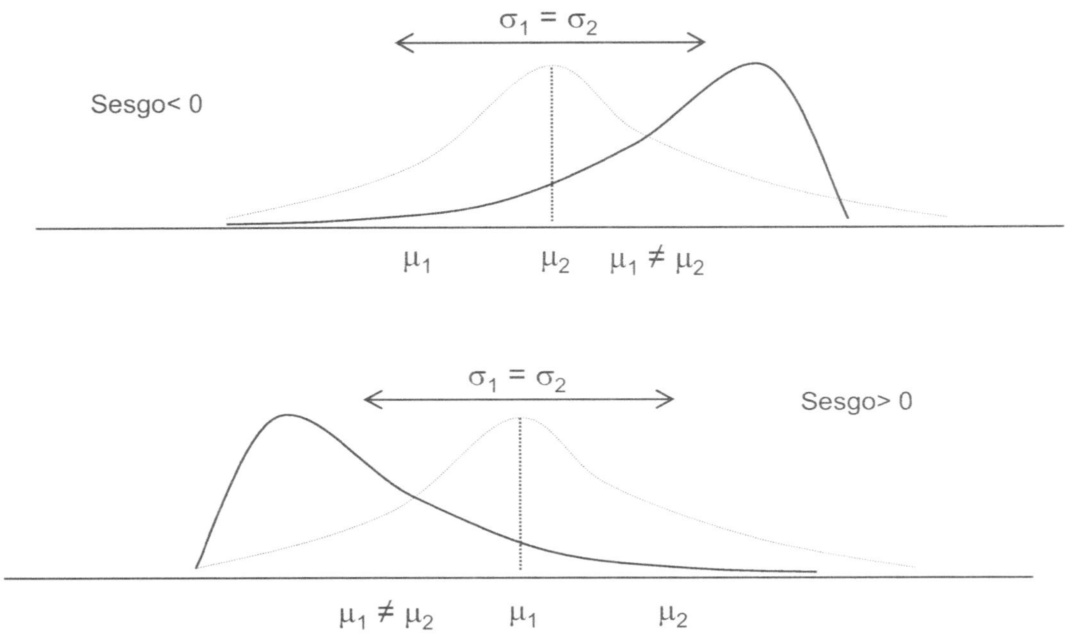

Estas dos distribuciones de salida pueden tener medias y desviaciones estándar idénticas pero son muy diferentes!

Interpretación de las Estadísticas del Pronóstico

Cuarto Momento – Una medición de curtosis

- La curtosis mide las probabilidades de eventos extremos… pérdidas catastróficas (por ejemplo, Sept 11, la caída del mercado de acciones)

Una mayor curtosis significa una mayor posibilidad de que ocurran eventos extremos… la esencia del análisis de riesgo!

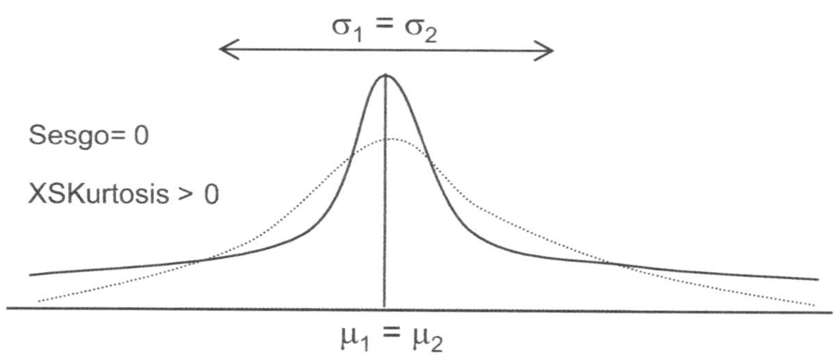

CURTOSIS en Excel

$$\frac{n(n+1)}{(n-1)(n-2)(n-3)}\sum\left(\frac{x_i-\bar{x}}{s}\right)^4-\frac{3(n-1)^2}{(n-2)(n-3)}$$

Notas: Risk Simulator reporta el Exceso de curtosis, lo que significa que se configura como 0 en la línea base.

Capítulo 4:
Preferencias de
Simulación y
Valores Semilla
Stochastic Process Forecasting
Real Options
Valuation

¿Por qué Usar Valores Semilla para la Simulación?

- Configurar el mismo valor semilla (mismo número aleatorio de valor secuencial) en una simulación, siempre obtendrá los mismos resultados, asumiendo que el número de intentos es el mismo y que el modelo con los supuestos relevantes y pronósticos son los mismos.
- Como la simulación se basa en generadores de números aleatorios, los resultados no siempre serán exactamente iguales. Esto puede crear problemas cuando se hacen presentaciones (las diapositivas muestran resultados diferentes a los obtenidos en la simulación en vivo). Por lo tanto, configurar valores semilla garantizará que existan los mismos resultados.
- La verdadera aleatoriedad de una simulación no está restringida por agregar un valor semilla. La simulación entera aún es aleatoria.
- No es necesario probar diferentes valores semilla y volver a ejecutar la simulación. Si se desea, es una mejor aproximación realizar un bootstrap no paramétrico, donde hay múltiples simulaciones concurrentes y las estadísticas resultantes de cada simulación con diferentes valores semilla serán compiladas.

Configuración del Valor Semilla

Configurar un Valor Semilla

1. Reiniciar la simulación al seleccionar *Simulador de Riesgo* | *Restablecer*.
2. Seleccione *Simulador de Riesgo* | *Editar Perfil*.
3. Seleccione la casilla para secuencia de números aleatorios.
4. Escoja un valor semilla (por ejemplo, 999) y haga clic en OK.
5. Ejecute la simulación y verifique que los resultados sean los mismos que los resultados obtenidos anteriormente.

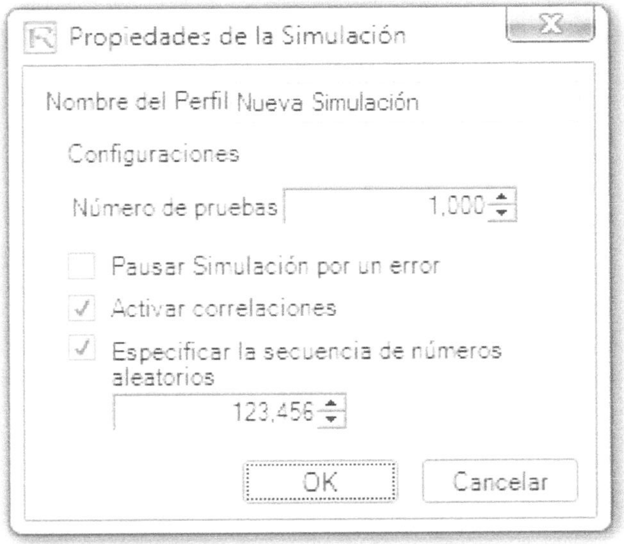

Note que la secuencia de números aleatorios o el número semilla debe ser un entero positivo. Correr el mismo modelo con los mismos supuestos y pronósticos con el mismo valor semilla y mismo numero de pruebas, entregarán el mismo resultado. El número de pruebas de simulación que se ejecutará puede configurarse en la misma ventana de propiedades.

Capítulo 5: Ejecución de Reportes, Guardar Archivos y Extracción de Datos de la Simulación
Stochastic Process Forecasting
Real Options Valuation

Creación de Reportes

- Los reportes son importantes para visualizar el modelo completo, los supuestos relevantes de las entradas y los pronósticos de salida.
- Para generar un reporte, ejecute una simulación y luego haga clic en *Simulador de Riesgo | Crear un Reporte*
- El reporte muestra todos los supuestos relevantes, pronósticos, correlaciones y preferencias de la simulación

Simulación - Nueva Simulación

General

Número de Intentos	1000
Pausar por un Error	No
Valor Sembrado	Siempre
Activar Correlaciones	Sí

Supuestos

Nombre	G8: Ingreso Bruto	Nombre	G9: Costo
Habilitado	Sí	Habilitado	Sí
Celda	G8	Celda	G9
Simulación Dinámica	No	Simulación Dinámica	No
Rango		Rango	
Mínimo	-Infinity	Mínimo	-Infinity
Máximo	Infinity	Máximo	Infinity
Distribución	Triangular	Distribución	Uniforme
Mínimo	1.5	Mínimo	0.85
Mayor Probabilidad	2	Máximo	1.25
Máximo	2.25		

Pronóstico

Nombre	Ingreso Neto
Habilitado	Sí
Celda	G10
Pronóstico de la Precisión	
Nivel de Precisión	---
Nivel de Error	---

Número de Intentos	1000
Media	0.8558
Mediana	0.8554
Desviación Estándar	0.1908
Variación	0.0364
Coeficiente de Variación	0.2229
Máximo	1.3375
Mínimo	0.2990
Rango	1.0385
Asimetría	-0.0312
Curtósis	-0.4312
Percentil 25%	0.7151
Percentil 75%	0.9900
Precisión de Error 95%	0.0138

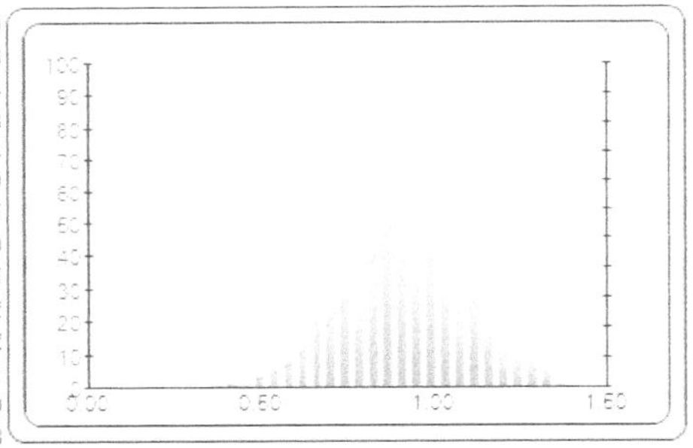

Extracción de Datos

- En ciertos casos puede ser importante extraer los datos de la simulación, tanto supuestos como pronósticos, o ambos, para mayor análisis.
- Para extraer datos, ejecute una simulación y luego haga clic en *Simulador de Riesgo | Herramientas Analíticas | Exportar Datos* o haga clic en el ícono de Exportar Datos y escoja el formato de extracción deseado:
  - Hoja de trabajo de Excel
  - Archivo de texto
  - Archivo de Risk Simulator
- Usted puede extraer todo a un archivo de Risk Simulator y abrir este archivo en el futuro y todos los datos resultantes y estadísticas serán recuperados

	A	B	C
1	*Ingreso Neto*	*G8: Ingreso Bruto*	*G9: Costo*
2	0.74	1.94	1.20
3	0.83	2.04	1.21
4	1.06	1.96	0.89
5	0.83	1.82	0.99
6	0.76	1.85	1.09
7	0.91	2.11	1.20
8	0.99	1.91	0.92
9	0.70	1.89	1.19
10	0.94	1.91	0.97
11	1.02	2.09	1.08
12	1.11	1.99	0.88
13	0.73	1.80	1.07
14	1.01	2.02	1.01
15	0.89	1.85	0.96
16	0.97	2.03	1.05
17	0.62	1.85	1.22
18	1.15	2.00	0.85
19	0.99	2.09	1.09
20	0.57	1.59	1.01
21	0.75	1.95	1.21
22	0.66	1.88	1.22

Notas:

Gráficos de simulaciones en vivo extraídas pueden ser guardadas como archivos*.RiskSim files, que pueden ser abiertos in ***Risk Simulator | Analytical Tools | Data Open-Import***

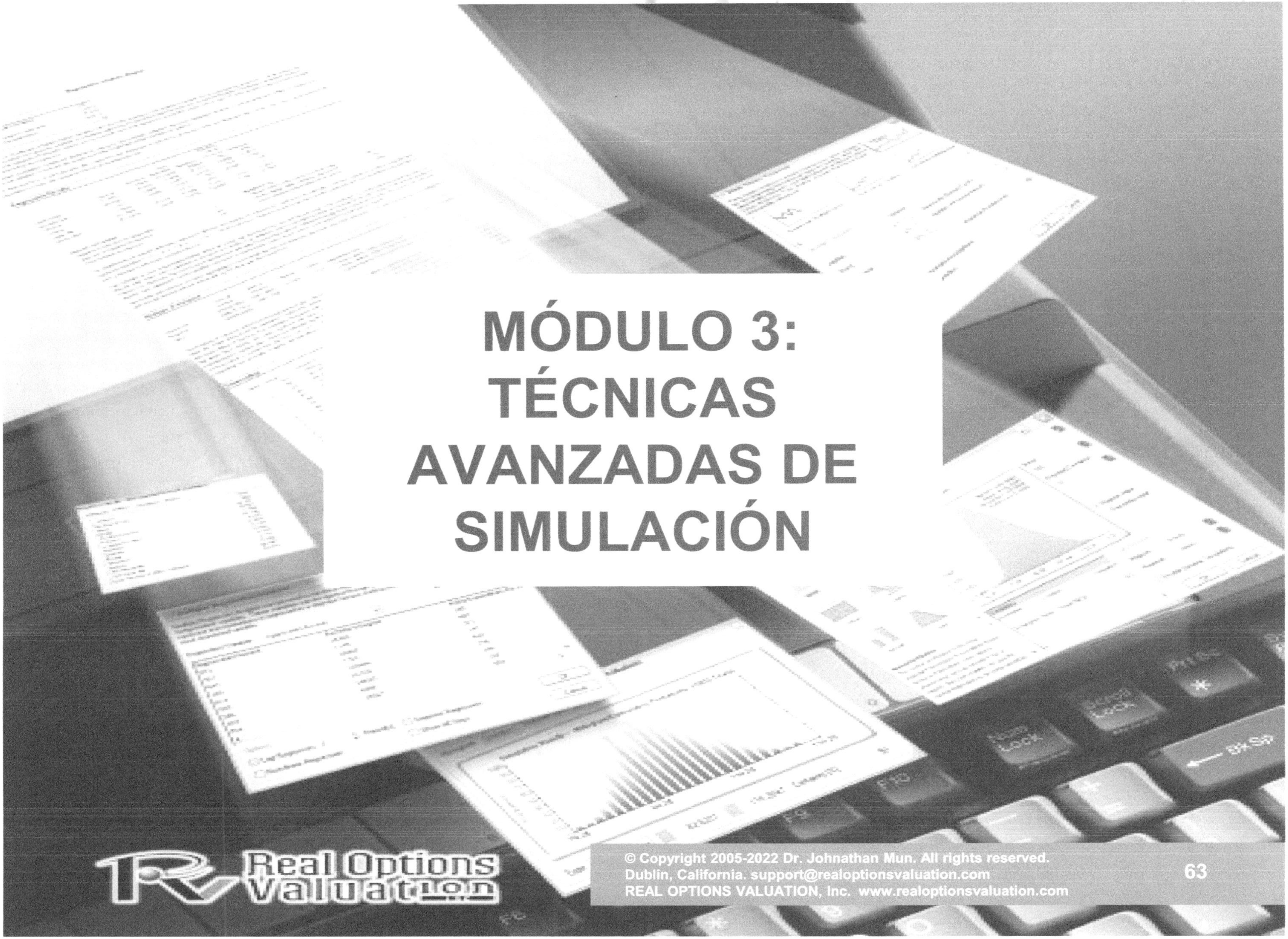
MÓDULO 3:
TÉCNICAS
AVANZADAS DE
SIMULACIÓN
Real Options Valuation
© Copyright 2005-2022 Dr. Johnathan Mun. All rights reserved.
Dublin, California. support@realoptionsvaluation.com
REAL OPTIONS VALUATION, Inc. www.realoptionsvaluation.com
63

Capítulo 1:
Correlacionando y
Truncando la
Distribución
Stochastic Process Forecasting
Real Options Valuation

Correlación

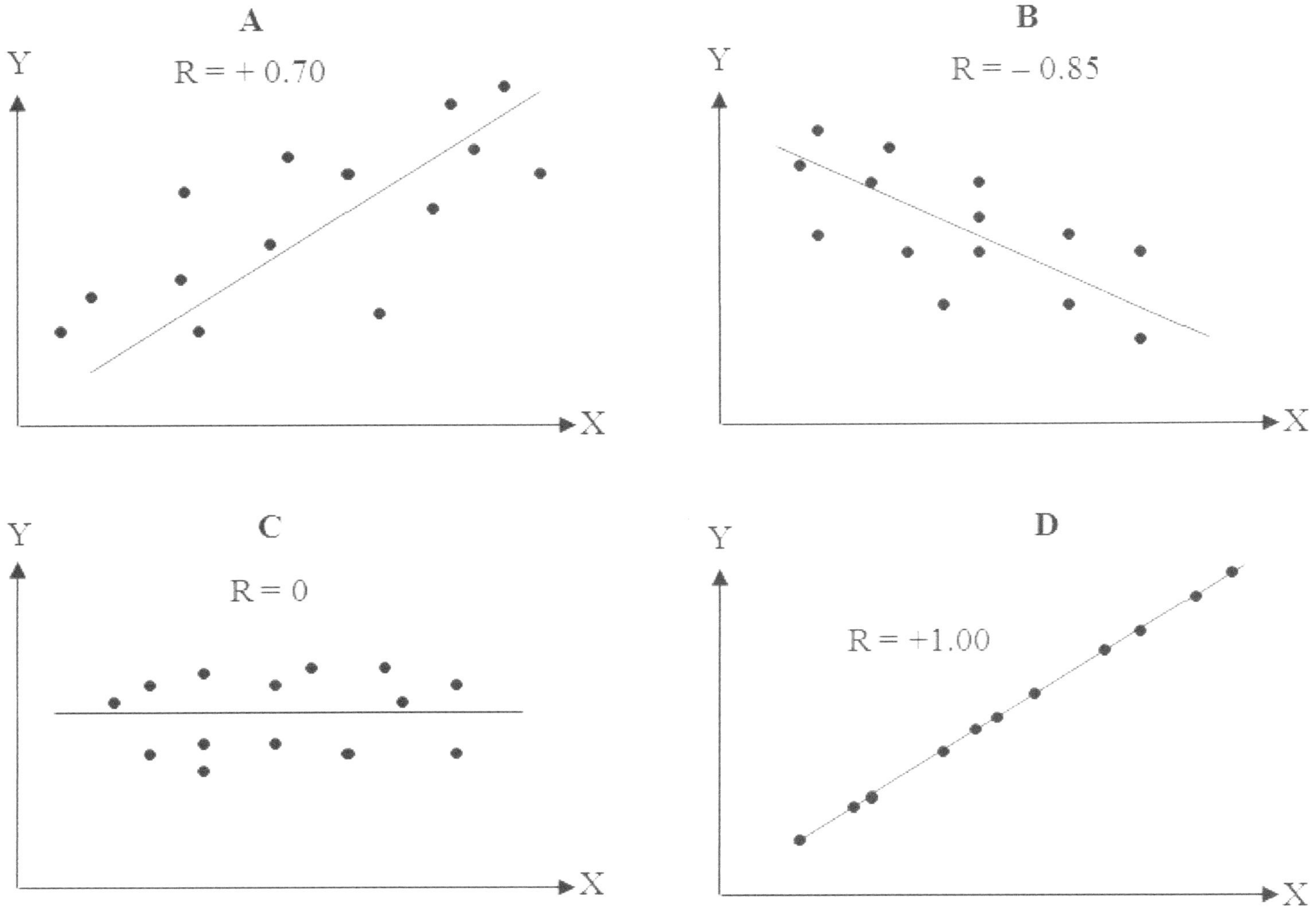

Correlación

Coeficiente de Correlación No lineal de Spearman, No paramétrico

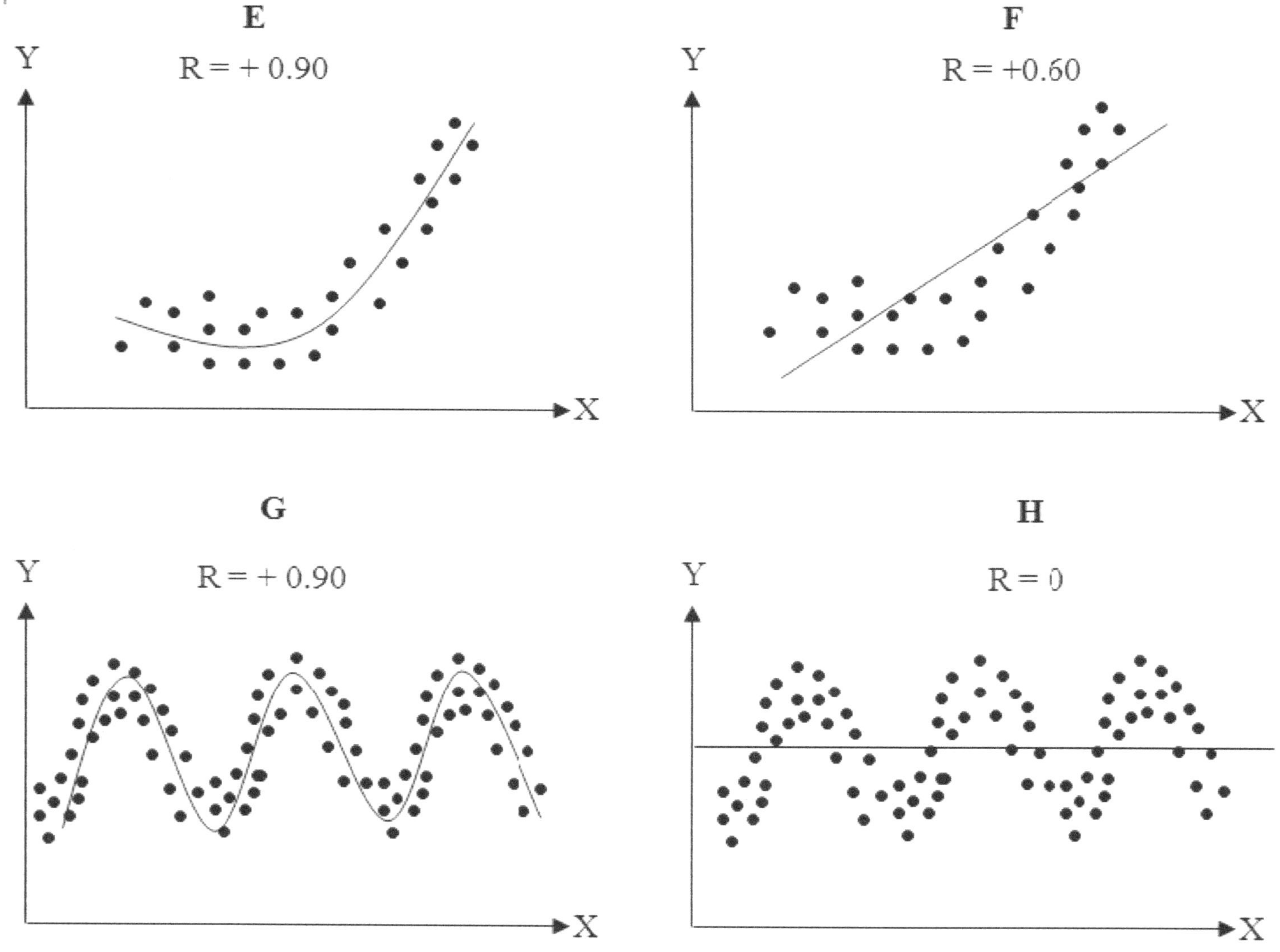

Introducir Correlaciones en la Simulación

- Correlacionar los supuestos es un proceso simple de dos pasos:
  - Asegúrese que la casilla de *Activar Correlación* esté seleccionada en la ventana de Propiedad de la Simulación.
  - Para cada supuesto que desee correlacionado, haga clic en *Habilitar Correlación* e inserte los coeficientes de correlación relevantes
  - Ejecute la simulación

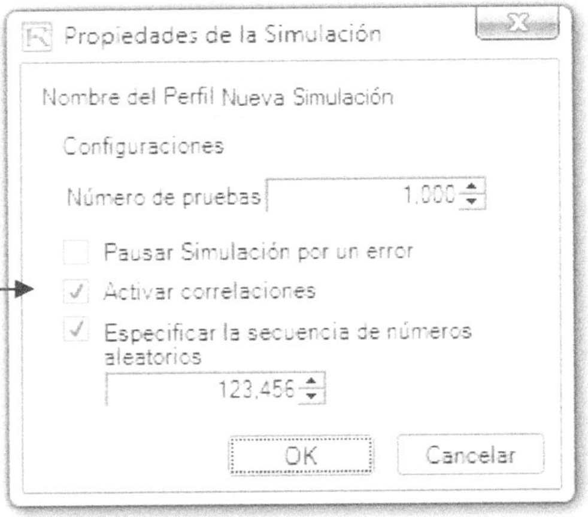

Asegúrese que Activar Correlaciones esté seleccionado

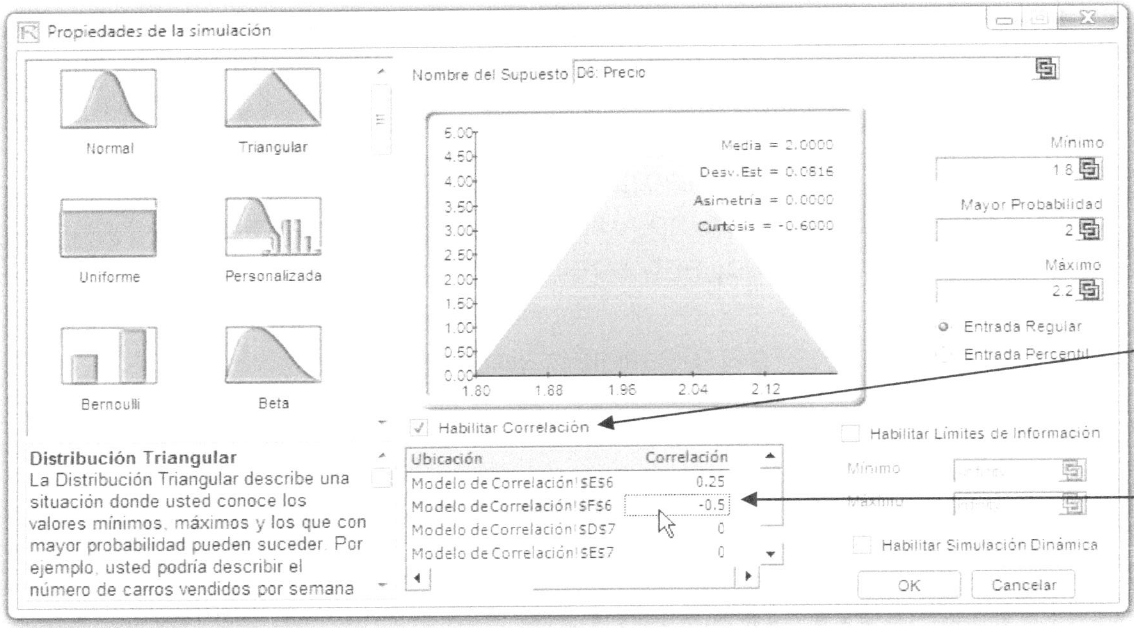

Seleccione Habilitar Correlación para cada supuesto que desee tener correlacionado

Inserte los coeficientes de correlación relevantes

Truncar un Supuesto

- Truncar un supuesto:
  – Asegúrese que la casilla de *Habilitar Limites de Información* se encuentre seleccionada en la ventana de Propiedades de la Simulación
  – Ejecute la simulación
- Truncar un supuesto hace que los datos simulados caigan bajo limites de la vida real y restringe valores extremos

Nota:

– Truncar una distribución sobre un supuesto especifico no puede ser ejecutado con correlaciones ya que esto desvalida las simulaciones con correlación

– Usted puede truncar y correlacionar un mismo modelo siempre y cuando se apliquen a diferentes supuestos

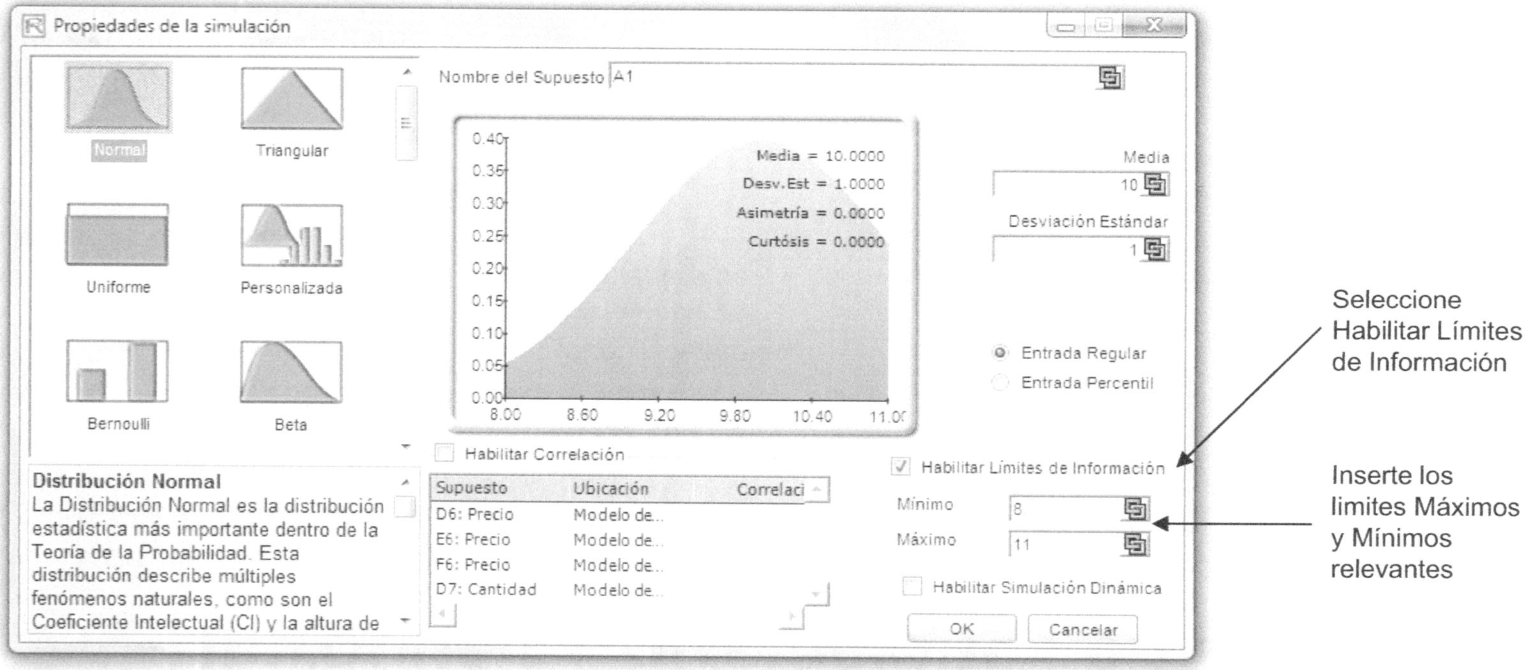

Capítulo 2:
Alternar
Parámetros
Stochastic Process Forecasting
Real Options
Valuation

Alternar Parámetros

- Utilizar alternar parámetros:
  - Inserte un supuesto y escoja una distribución
  - Ingrese los supuestos regulares y oprima TAB, luego haga clic en ***Entrada Percentil*** para ver los parámetros alternos

Nota:

Puede seguir haciendo clic sobre ***Entrada Percentil*** y ***Entrada*** (por ejemplo, ingrese valores en Percentil Entrada, oprima TAB y haga clic en Entrada Percentil)

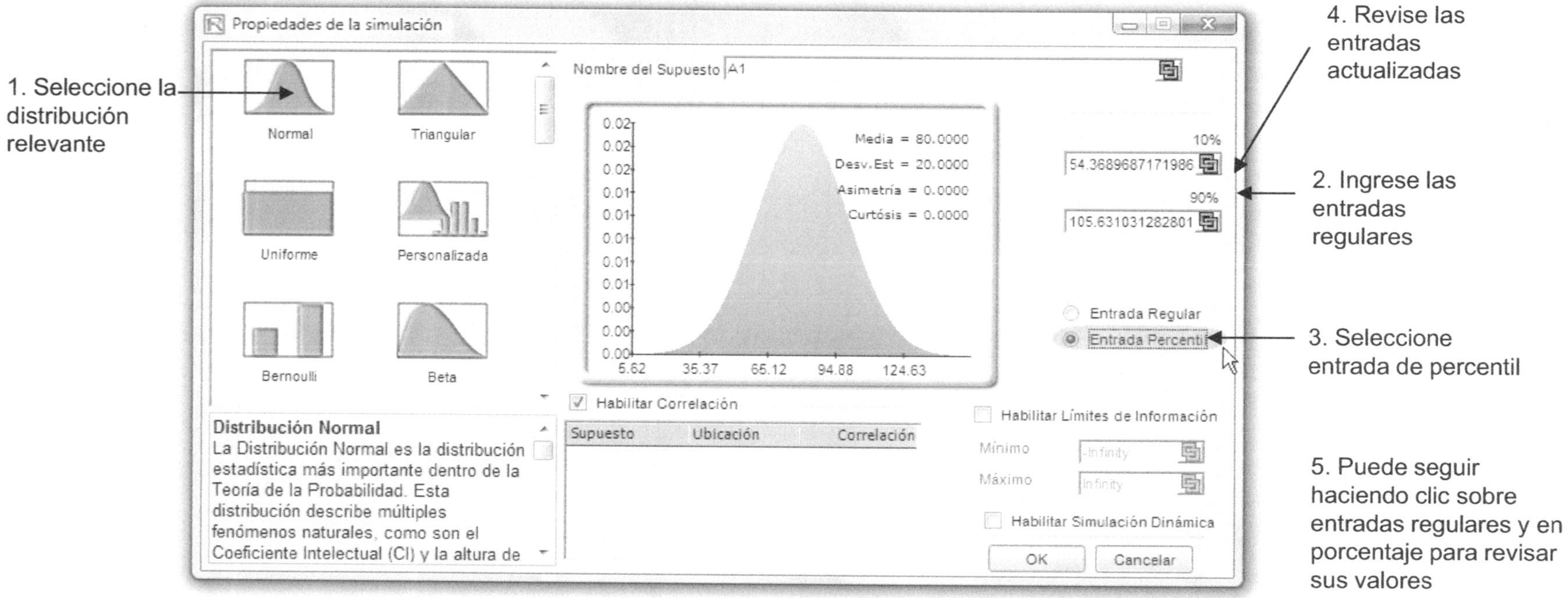

Capítulo 3: Simulaciones Multidimensionales
Stochastic Process Forecasting
Real Options Valuation

Simulación Multidimensional

- La simulación multidimensional o dinámica se refiere al hecho que los supuestos de entrada o los parámetros en una distribución no están fijos, sino que cambian en cada simulación. Esto puede realizarse al conectar los parámetros de entrada a celdas en Excel que sean a su vez supuestos.
- La simulación dinámica implica que no se conocen los parámetros de entrada, pero se permite cambiar sus valores en cada simulación. Por ejemplo, suponga que se simula una distribución normal con una media de $100, pero en realidad, no estamos seguros del valor real de la media y permitimos que oscile entre $99 y $101. Por lo tanto, se crea un supuesto uniforme con un Min de $99 y un Max de $101. Luego cree otro supuesto con una distribución normal cuyo valor medio esta conectado con el supuesto anterior. Ejecute la simulación.
- Por lo tanto, las simulaciones dinámicas pueden ser multidimensionales por naturaleza.
- De cualquier manera, tenga cuidado al realizar varias conexiones ya que se pueden generar errores en los parámetros de entrada (por ejemplo, una distribución Uniforme requiere que las entradas Max > Min. Por lo tanto, si ambos están conectados a otros supuestos y éstos tienen varianzas grandes y se sobreponen, en algunos casos las entradas Max < Min, violando los requerimientos de la distribución Uniforme y se generará un error. Se debe tener mucho cuidado cuando se ejecutan simulaciones multidimensionales.

Vinculación de Celdas y Simulaciones Dinámicas

- Ejecutar una simulación multidimensional:
  - Configure un supuesto y escoja una distribución
  - En lugar de introducir parámetros de entrada, conéctelos a alguna celda con los valores relevantes
  - Seleccione *Habilitar Simulación Dinámica*

Nota:

Si un parámetro de entrada es vinculado, este cambiará su color, indicando que no es un parámetro estático sino dinámico

1. Seleccione la distribución relevante

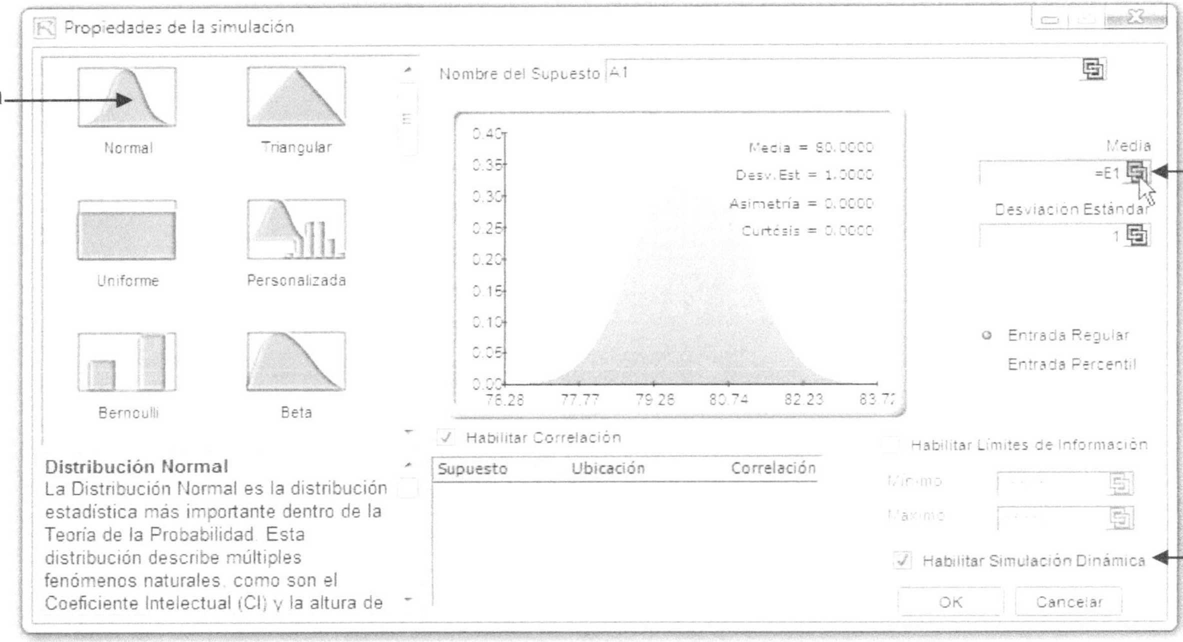

2. Haga clic en el icono de vínculo y conecte las entradas regulares

3. Seleecione Habilitar Simulación Dinámica

Real Options Valuation

Stochastic Process Forecasting
Methods
Capítulo 4:
Ajuste y Selección
de Distribuciones
Real Options
Valuation

Ajuste de Distribuciones

- Una poderosa herramienta de simulación es el ajuste de distribuciones. Esto es, ¿Que tipo de distribución se debe utilizar para una variable de entrada particular en un modelo? ¿Cuáles son los parámetros relevantes de la distribución? Si no existen datos históricos, el analista debe realizar supuestos acerca de las variables en cuestión.
- Una aproximación es utilizar el método Delphi, donde un grupo de expertos tienen la tarea de estimar el comportamiento de una variable. Por ejemplo, un grupo de ingenieros mecánicos deben evaluar las posibilidades extremas del diámetro de un resorte a través de experimentación rigurosa y estimación. Estos valores pueden ser usados como los parámetros de entrada de la variable (por ejemplo, distribución uniforme con valores extremos entre 0.5 y 1.2). Cuando no es posible hacer pruebas (por ejemplo, segmento de mercado y la tasa de crecimiento de ingresos), aun se pueden hacer estimaciones de salidas potenciales y encontrar el mejor, peor y más probable escenario, donde se puede crear una distribución triangular o personalizada.
- De cualquier manera, si existen datos históricos confiables y disponibles, es posible realizar ajustes de distribuciones. Asumiendo que los patrones históricos se mantienen y que la historia tiende a repetirse, los datos históricos pueden ser utilizados para encontrar la distribución que mejor se ajuste con sus parámetros relevantes para definir mejor las variables a simular.
- El ajuste de distribuciones puede ser ejecutado sobre una o varias variables.
- Este ajuste utiliza técnicas estadísticas avanzadas, como las pruebas Kolmogorov-Smirnov y Chi-Cuadrado utilizando optimización para encontrar la distribución que mejor se ajuste, lo cual no permitirá especulaciones acerca de la distribución apropiada.

Ajuste Sencillo de Distribución

2. **Simulador de Riesgo | Herramientas Analíticas | Ajuste de Distribución Simple**

1. Escoja una columna de datos (excluya los títulos)

3. Seleccione si la distribución es continua o discreta y ejecute

- Ajustar datos es simple:
  - Seleccione la columna de datos deseados
  - Inicie Ajuste sencillo
  - Seleccione un ajuste de distribución continuo o discreto
  - Seleccione distribuciones especificas o pruebe con todas

Nota:

Si existe un perfil de simulación, el ajuste de distribuciones automáticamente generará el supuesto relevante, de otra manera, solo resultarán el tipo de distribución y los parámetros y no se creará un supuesto

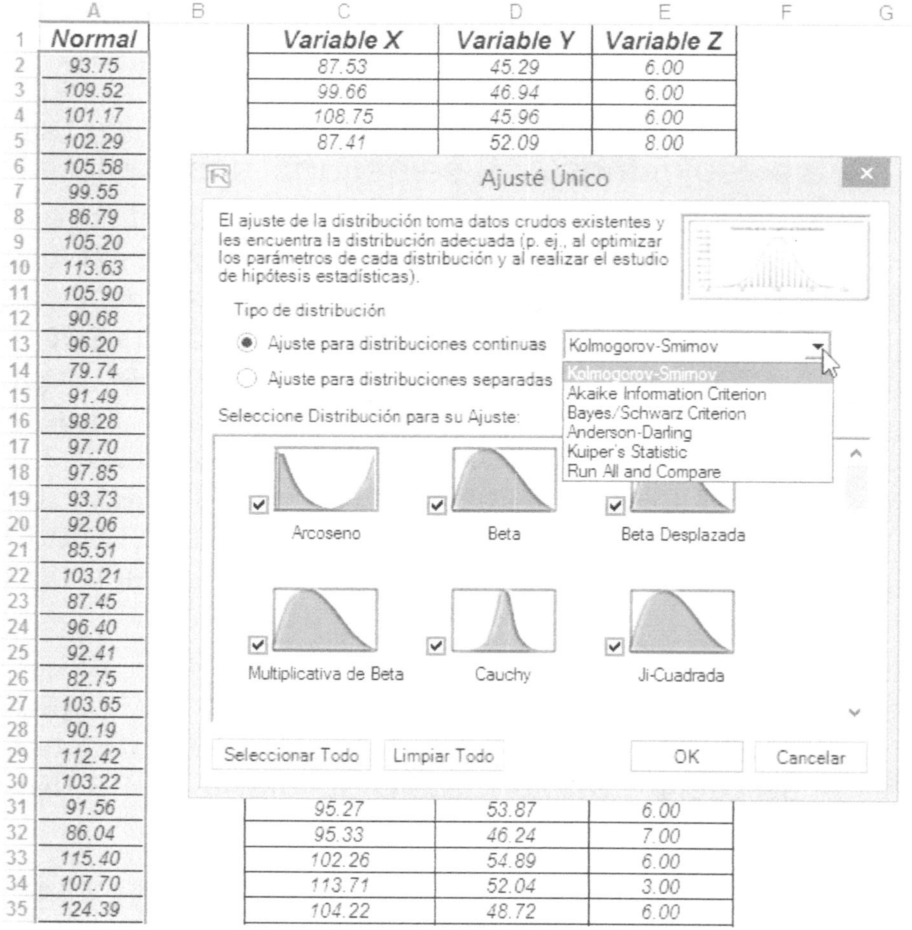

Interpretación de Resultados y Reporte: Ajuste Sencillo de Distribución

La hipótesis nula (Ho) que se prueba es tal que la distribución ajustada es la misma distribución como la población de la cual se extrajeron los datos. Por lo tanto, si el valor-p calculado es menor que un nivel alfa critico (típicamente 0.1 o 0.05), entonces la distribución es incorrecta. Cuando hay un mayor valor-p, la distribución se ajusta aún mejor a los datos. Tanto los resultados como el reporte, muestran estadísticas de prueba, valor-p, estadísticas teóricas (basadas en la distribución seleccionada), estadísticas empíricas (basadas en los datos), los datos originales (para mantener un registro de los datos utilizados) y el supuesto completo con los parámetros relevantes de la distribución (p.ej., si usted seleccionó la opción de generar supuestos automáticamente y ya existe un perfil de simulación). Los resultados también hacen una clasificación de las distribuciones seleccionadas y su ajuste a los datos.

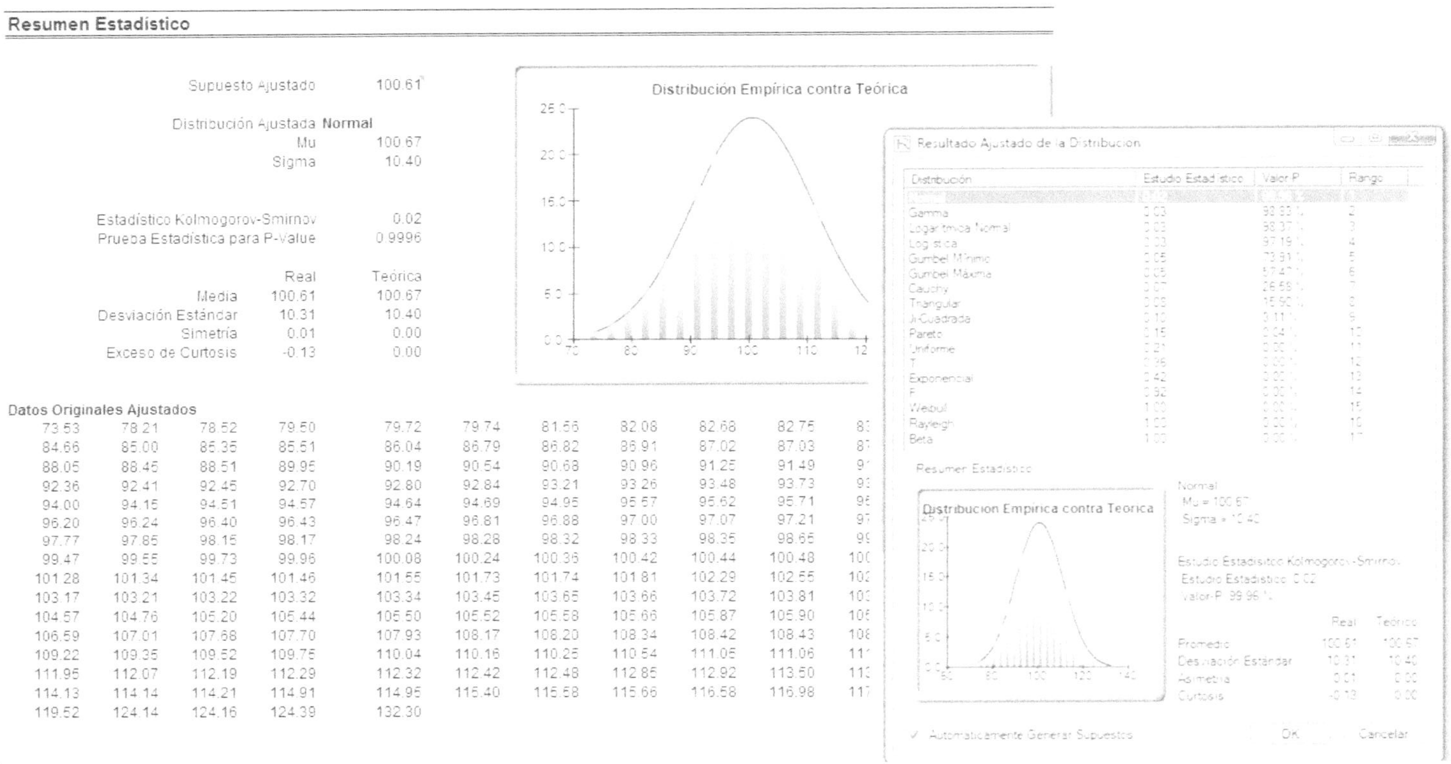

Ajuste de Distribución Múltiple

El proceso para ajustar múltiples variables es bastante similar al de ajustar una sola variable. Sin embargo, los datos deben estar organizados en columnas (por ejemplo, cada variable en una columna) y todas las variables serán ajustadas. El mismo análisis se realiza cuando se ajustan múltiples variables o solo una. La diferencia es que sólo se generará un reporte final y no se pueden ver la clasificaciones de las distribuciones para cada variable. Si esta clasificación es importante, ejecute un ajuste sencillo, una variable a la vez.

Ajuste de Distribución de Variables Múltiples

Resumen Estadístico

Nombre de la Variable	Normal (Multi)		Nombre de la Variable	Uniforme		Nombre de la Variable	Binomial	
Mejor Supuesto Ajustado	99.18		Mejor Supuesto Ajustado	49.83		Mejor Supuesto Ajustado	6.73	
Distribución Ajustada	**Normal**		Distribución Ajustada	**Uniform**		Distribución Ajustada	**Gumbel (Maximum)**	
Mu	99.34		Minimum	44.84		Alpha	6.38	
Sigma	10.48		Maximum	54.89		Beta	1.26	
Estadístico Kolmogorov-Smirnov	0.03		Estadístico Kolmogorov-Smirnov	0.04		Estadístico Kolmogorov-Smirnov	0.14	

Prueba Estadística de P-Value	0.9845		Prueba Estadística de P-Value	0.8110		Prueba Estadística de P-Value	0.0005	
	Real	Teórica		Real	Teórica		Real	Teórica
Media	99.18	99.34	Media	49.83	49.87	Media	6.73	7.11
Desviación Estándar	10.33	10.48	Desviación Estándar	2.96	2.90	Desviación Estándar	1.49	1.61
Simetría	-0.12	0.00	Simetría	0.02	0.00	Simetría	-0.51	1.14
Exceso de Curtosis	0.19	0.00	Exceso de Curtosis	-1.32	-1.20	Exceso de Curtosis	-0.06	2.40

Matriz de Correlación

	Normal (Mı	Uniforme	Binomial
Normal (Mı	1		
Uniforme	0.0007	1	
Binomial	-0.0693	-0.0044	1

Escoger la Distribución Correcta

- Escoger la distribución correcta es un arte y una ciencia... se necesita práctica y conocimiento del evento que desea ser capturado.
- Los pasos para determinar la mejor distribución *a priori* (p.ej., antes de ejecutar la simulación) son:
  1. Determinar si la variable es discreta o continua
  2. Listar todo lo que conoce acerca de la variable (p.ej., los datos históricos existentes, resultados de alguna investigación que sugieran una distribución, características de la distribución, etc.).
  3. Revisar la lista descriptiva de las distribuciones en los siguientes libros y decidir cuál es la distribución correcta:

– Real Options Analysis: Tools and Techniques, 3rd Edition (Wiley y IIPER 2016) por Dr. Johnathan Mun. Ver Apéndice 9B.

– Modeling Risk: Applying Monte Carlo Simulation, Real Options Analysis, Forecasting, and Optimization, 3rd Edition (2016) por Dr. Johnathan Mun. Ver Apéndice 5A.

Capítulo 5: Correcto Diligenciamiento y Errores en la Simulación
Real Options Valuation

Realizar la Debida Diligencia

- Basura Entra/Basura Sale
  - ¿Cómo se obtienen las distribuciones? Ajuste de distribuciones por datos históricos, distribuciones personalizadas, mediciones realizadas por expertos, opiniones expertas o especulaciones?
  - ¿Qué tan sensibles son los supuestos de las distribuciones? ¿Ha intentado probar con diferentes perfiles de simulación?
  - ¿Cuáles son los factores críticos de éxito para el modelo?
  - ¿Qué tanto varían los valores pronosticados?
  - ¿Están las estadísticas dentro de limites razonables?
  - ¿Son los parámetros lógicos según la estructura del negocio?
  - ¿Los resultados están entre las expectativas?
  - ¿Cuáles son los Valores de Riesgo?
  - ¿Qué variables manejan mis decisiones?
  - ¿Han sido revisados los parámetros alternos?
  - ¿Se ha realizado una simulación multidimensional?
  - ¿Existen correlaciones y truncamientos?
  - ¿Todos los supuestos son idénticos?

MÓDULO 4: HERRAMIENTAS ANALÍTICAS Y DE SIMULACIÓN

Capítulo 1: Análisis Tornado y Gráficos de Araña
Stochastic Process Forecasting
Real Options Valuation

Gráficos de Tornado y Araña

- Una poderosa herramienta de simulación es el análisis de tornado – captura los impactos estáticos de cada variable sobre los resultados del modelo. Esto significa, que la herramienta perturba automáticamente cada variable del modelo en una cantidad definida, captura la fluctuación del modelo de pronóstico o el resultado final y lista las perturbaciones resultantes clasificadas a partir de la más significativa. La pregunta que tratamos de responder acá es ¿Cuáles son las variables criticas que más afectan el resultado del modelo?
- El gráfico de tornado se obtiene en ***Simulador de Riesgo | Herramientas Analíticas | Análisis Tornado.***
- Las celdas seleccionadas previamente en el modelo son utilizadas para crear el diagrama Tornado. Los precedentes son las entradas y las variables intermedias que afectan los resultados del modelo. Por ejemplo, si el modelo consiste en que $A = B + C$, donde $C = D + E$, entonces B, D y E son precedentes de A (C no es un precedente ya que es solo un valor intermedio). Si los precedentes son entradas simples, entonces el rango de prueba será una simple perturbación basada en el rango establecido (por defecto ±10%). Cada precedente puede ser perturbado a diferentes porcentajes, si es requerido. Utilizar un rango amplio es importante ya que prueba valores extremos en vez de tener pequeñas perturbaciones, cercanas al valor esperado. En ciertas circunstancias, los valores extremos pueden dar lugar a impacto alto, bajo o desbalanceado (por ejemplo, pueden aparecer modelos no lineales en incrementos o decrementos de economías a escala) y solo un amplio rango capturará el efecto de la no linealidad.
- Es importante notar que los gráficos de Tornado y Araña se deben realizar ANTES de ejecutar una simulación, para poder identificar los factores críticos que se deben simular, comparado con el análisis de Sensibilidad, el cual se debe realizar después de completada la simulación.
- Los gráficos de Tornado y Araña son análisis estáticos, mientras que el análisis de Sensibilidad es un análisis dinámico.

Interpretación del Gráfico de Tornado

- El gráfico de Tornado clasifica las variables según su impacto sobre el modelo.
- Una barra roja indica una correlación negativa, mientras que una barra verde indica correlación positiva entre la variable de entrada y el resultado.
- El software también genera un reporte del análisis de Tornado, con una tabla de análisis de perturbaciones y resultados.

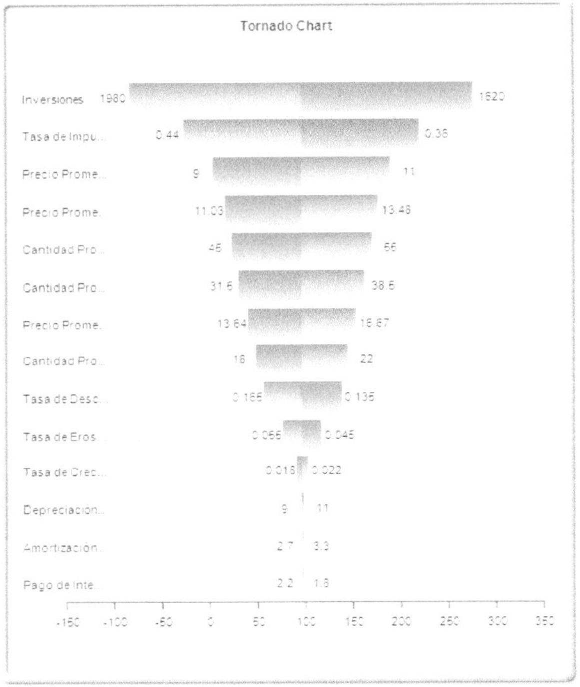

Tablas Tornado y Araña

Resumen Estadístico

Una de las herramientas de simulación más poderosas es la Tabla Tornado, ya que captura los impactos estadísticos de cada variable sobre el modelo resultante. Es decir, la herramienta impacta de manera automática cada variable precedente en el modelo que se ha

Una Tabla Tornado organiza todas las entradas que le dan forma al modelo, empezando con la variable de entrada que tiene el impacto más grande sobre los resultados. La tabla se obtiene afectando

Resultados

Valor Base: 96.6261638553219				Cambio de Ingreso		
Celda Precedente	Resultado Inferior	Resultado Superior	Rango de Efectividad	Ingreso Inferior	Ingreso Superior	Valor Caso Base
C36: Inversiones	276.626164	-83.3738361	360.00	$1,620.00	$1,980.00	$1,800.00
C9: Tasa de Impuestos Efectiva	219.726927	-26.4745992	246.20	36.00%	44.00%	40.00%
C12: Precio Promedio del Producto	3.4255424	189.826785	186.40	$9.00	$11.00	$10.00
C13: Precio Promedio del Producto B	16.706631	176.545697	159.84	$11.03	$13.48	$12.25
C15: Cantidad Producida de A	23.1774976	170.07483	146.90	45.00	55.00	50.00
C16: Cantidad Producida de B	30.5329996	162.719328	132.19	31.50	38.50	35.00
C14: Precio Promedio del Producto C	40.1465873	153.10574	112.96	$13.64	$16.67	$15.15
C17: Cantidad Producida de C	48.0473693	145.204958	97.16	18.00	22.00	20.00
C5: Tasa de Descuento de Mercado con Rie	138.239127	57.029841	81.21	13.50%	16.50%	15.00%
C8: Tasa de Erosión de Precios	116.803809	76.6409525	40.16	4.50%	5.50%	5.00%
C7: Tasa de Crecimiento de Ventas Anualiz	90.5883543	102.685412	12.10	1.80%	2.20%	2.00%
C24: Depreciación	95.0841725	98.1681552	3.08	$9.00	$11.00	$10.00
C25: Amortización	96.1635665	97.0887613	0.93	$2.70	$3.30	$3.00
C27: Pago de Intereses	97.0887613	96.1635665	0.93	$1.80	$2.20	$2.00

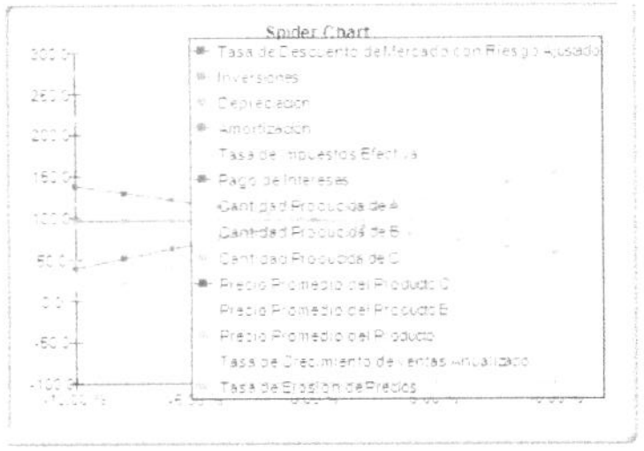

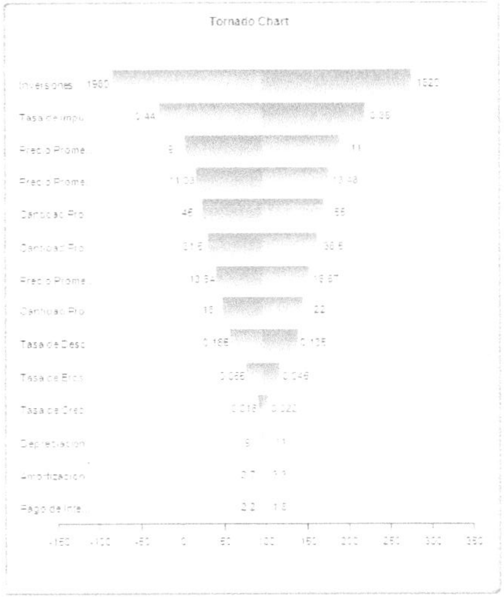

Interpretación del Gráfico de Araña

- Los gráficos de Araña son similares a los gráficos de Tornado, pero también revelan la ocurrencia de no linealidades.
- El centro del gráfico (el cuerpo de la araña) es la condición de caso base (el eje x indica una fluctuación del 0.00% del caso base y el eje y indica el resultado inicial del caso).
- Las líneas con pendiente positiva indican correlaciones positivas entre el precedente y el resultado, mientras que las pendientes negativas indican correlación negativa
- Cuanto mayor sea la pendiente, sin importar su dirección, mayor es el impacto de ese precedente sobre el resultado.

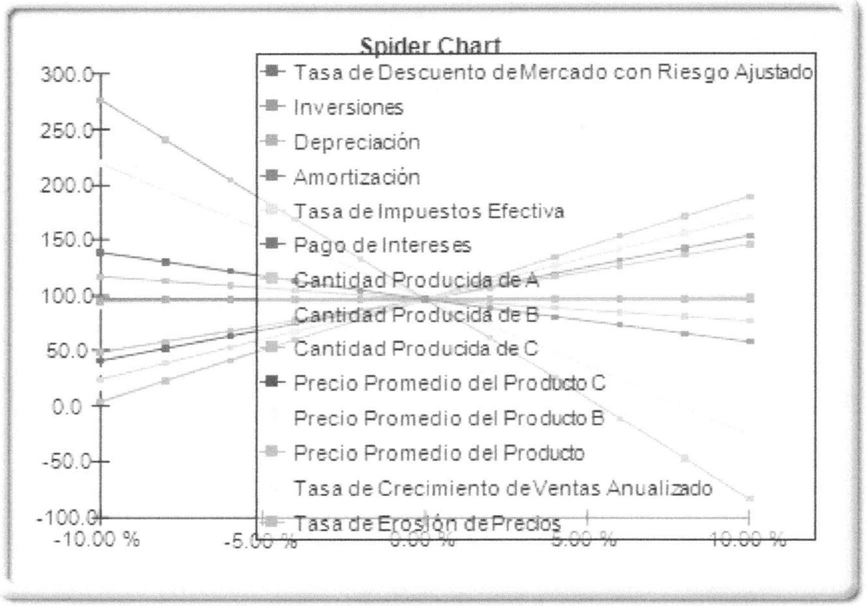

Capítulo 2: Análisis
de Sensibilidad
Dinámica
Stochastic Process Forecasting
Real Options
Valuation

Análisis de Sensibilidad

- Los gráficos de Sensibilidad son perturbaciones dinámicas creadas después de ejecutada la simulación. Son perturbaciones dinámicas en el sentido que múltiples supuestos son perturbados simultáneamente y sus interacciones son capturadas en la fluctuación de los resultados. En contraste, los análisis Tornado y Araña son perturbaciones estáticas, lo que significa que cada precedente es perturbado una cantidad predeterminada y se tabulan los resultados de la simulación. Por lo tanto, los gráficos de Tornado identifican qué variables afectan más los resultados y por lo tanto sirven para determinar qué variables deben ser simuladas (son usadas antes de la simulación), mientras que los gráficos de Sensibilidad identifican el impacto a los resultados cuando existen múltiples variables que interactúan y son simuladas sobre el modelo (son utilizadas después de la simulación).
- Por lo tanto, para crear un gráfico de Sensibilidad, ejecute una simulación y luego haga clic sobre el icono de gráfico de Sensibilidad o en ***Simulador de Riesgo | Herramientas Analíticas | Análisis de Sensibilidad***. Seleccione el pronóstico deseado e inicie el análisis.

Interpretación de los Gráficos de Sensibilidad

- Los diagramas de Correlación No Lineal de Rango indican las correlaciones entre cada supuesto y el pronóstico objetivo y se clasifican de mayor a menor valor. Las correlaciones positivas tienen barras verdes, mientras que las correlaciones negativas tiene barras rojas. Esto se utiliza en lugar de un coeficiente de correlación regular ya que captura los efecto no lineales de las correlaciones.
- En contraste, el diagrama de Porcentaje de Variación Explicado calcula cuanto de la variación del pronóstico puede ser explicado por variaciones en los supuestos en un ambiente dinámico. Estos diagramas muestran la sensibilidad del pronóstico a los supuestos simulados.

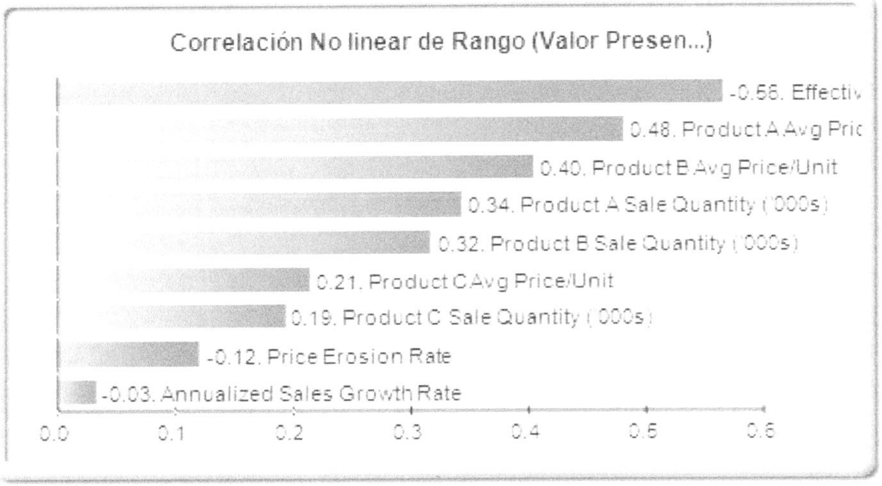

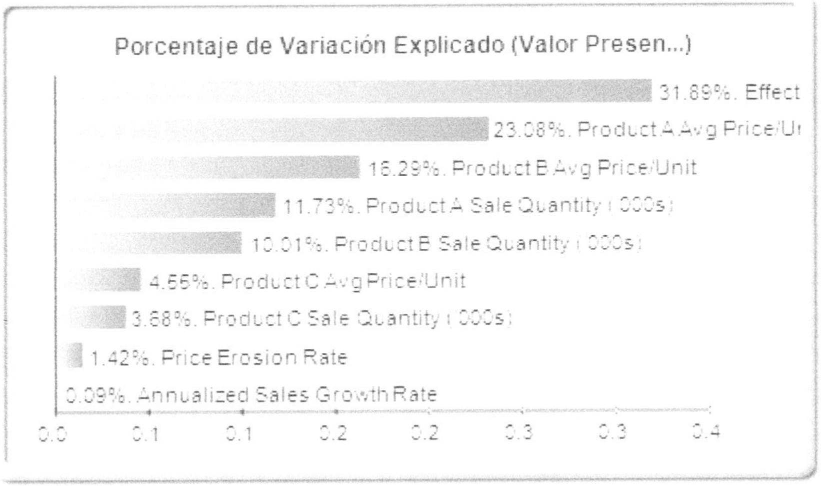

Capítulo 3: Prueba de Hipótesis para Diferentes Distribuciones

Prueba de Hipótesis

- Se realiza una prueba de hipótesis al probar las medias y varianzas de dos distribuciones para determinar si son estadísticamente idénticas o diferentes. Esto con el fin de ver si las diferencias entre las medias y varianzas de dos pronósticos diferentes se basan en el azar o si son diferentes estadísticamente de manera significativa unas de las otras.
- Éste análisis esta relacionado con la simulación bootstrap con varias diferencias. La forma clásica de la prueba de hipótesis utiliza modelos matemáticos y se basa en distribuciones teóricas. Esto significa que la precisión y potencia de la prueba son mayores que el método empírico de la simulación bootstrap, de simular una simulación y dejar que los datos cuenten la historia. Sin embargo, estas pruebas clásicas solo son aplicables para probar las medias y las varianzas de dos distribuciones (y por extensión, las desviaciones estándar) para probar si estadísticamente son idénticas o no. En contraste, la simulación bootstrap no-paramétrica puede ser utilizada para probar las estadísticas de cualquier distribución, haciéndola más útil, con la desventaja de tener una baja potencia de simulación. Risk Simulator ofrece las dos técnicas según su necesidad.
- Para hacer una prueba de hipótesis, ejecute una simulación con dos o más pronósticos y luego haga clic sobre el icono de Prueba de Hipótesis o en ***Simulador de Riesgo | Herramientas Analíticas | Pruebas de Hipótesis***. Seleccione los dos pronósticos deseados y realice el análisis.

Fundamentos de Pruebas de Hipótesis

Un ejemplo de una hipótesis de dos colas se muestra a continuación. La hipótesis nula es que el valor x, y o z sean cada uno idénticos a la media. Si los valores-p calculados son menores que el valor especificado (típicamente 0.1, 0.05 y 0.01), entonces rechazamos la hipótesis nula y decimos que el valor es estadísticamente diferente del valor medio. Si es mayor que el valor critico especificado, no podemos rechazar la hipótesis nula y decimos que el valor es estadísticamente similar al valor medio.

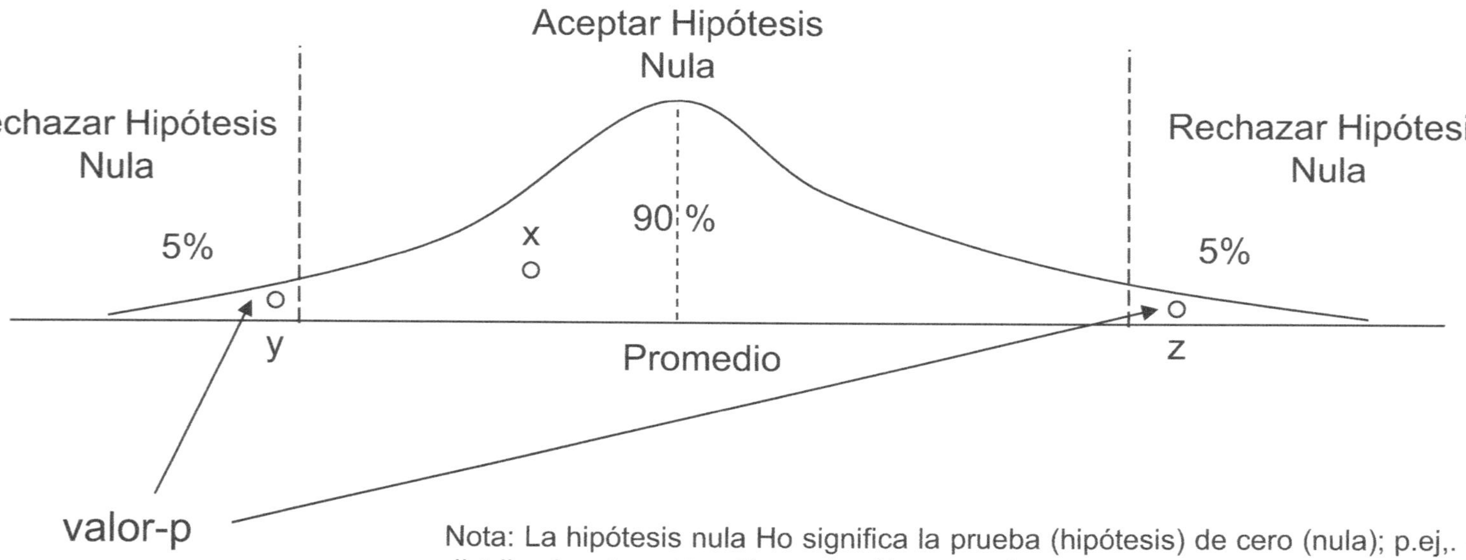

Nota: La hipótesis nula Ho significa la prueba (hipótesis) de cero (nula); p.ej,. en ajustes distribucionales, Ho: Error de Ajuste = 0 o no hay error, lo cual significa que la distribución es correcta, luego no queremos rechazar la Ho, donde un valor-p alto indica un buen ajuste distribucional. En contraste, en pruebas de hipótesis de diferencias, coeficientes de correlación, o en regresión múltiple donde Ho: Media = 0, Diferencia = 0, o Efecto = 0, queremos rechazar la Ho, significando que queremos un valor-p bajo para probar que existe un efecto estadístico significativo o que existe diferencia.

Interpretación de Resultados en Pruebas de Hipótesis

Una prueba de una hipótesis de dos colas se realiza sobre la hipótesis nula Ho, de tal manera que las medias de las variables sean estadísticamente idénticas una de la otra. La hipótesis alternativa es cuando las medias son estadísticamente diferentes una de la otra. Si el valor-p es menor o igual a 0.01, 0.05 o 0.10, significa que la hipótesis es rechazada, lo que implica que las medias del *pronóstico* sean estadísticamente diferentes a los niveles de significancia de 1%, 5% y 10. Si la hipótesis nula no es rechazada, cuando los valores-p son altos, las medias de las dos distribuciones son estadísticamente similares. El mismo análisis se realiza sobre la varianza de dos pronósticos utilizando una Prueba-F. Si los valores-p son pequeños, las varianzas (y las desviaciones estándar) son estadísticamente idénticas.

Prueba de Hipótesis sobre las Medias y Varianzas de Dos Pronósticos

Resumen Estadístico

Una prueba de hipótesis se lleva a cabo cuando se prueban las medias y varianzas de dos distribuciones para determinar si son estadísticamente idénticas o diferentes la una de la otra. Es decir, para verificar si las diferencias entre las dos medias y las dos varianzas que se llevan a cabo están basadas en probabilidades aleatorias o si de hecho son diferentes entre sí. Las pruebas t de dos variables con varianzas desiguales (la varianza poblacional del pronóstico 1 se espera que sea diferente a la varianza poblacional del pronóstico 2) son adecuadas cuando las distribuciones de pronósticos son de diferentes poblaciones (por ejemplo, datos recolectados de diferentes regiones geográficas, dos unidades de negocios diferentes, etc). La prueba t de dos variables con varianzas iguales (la varianza poblacional del pronóstico 1 se espera que sea igual a la varianza poblacional del pronóstico 2) es adecuada cuando las distribuciones de pronósticos son de poblaciones similares (por ejemplo, datos recolectados de dos diseños de motor diferentes pero con especificaciones similares, etcétera). La prueba t para el par de variables dependientes son adecuadas cuando las distribuciones de pronósticos provienen de poblaciones similares (por ejemplo, datos recolectados del mismo grupo de clientes pero en diferentes ocasiones, etc).

Una prueba de hipótesis de dos colas se lleva a cabo sobre la hipótesis nula Ho, de manera que las dos medias de la población son estadísticamente idénticas la una de la otra. La hipótesis alternativa sugiere que las medias poblaciones son diferentes entre sí. Si los valores - P calculados son menores o iguales a 0.01, 0.05, o 0.10, significa que las hipótesis se rechazan, lo cual implica que las medias pronosticadas son estadística y significativamente diferentes en un nivel de significancia de 1%, 5% y 10% respectivamente. Si la hipótesis nula no se rechaza (cuando los valores - P son altos), las medias de las dos distribuciones pronosticadas son estadísticamente similares entre sí. El mismo análisis se lleva a cabo sobre las varianzas de dos pronósticos al mismo tiempo utilizando el par de pruebas F. Si los valores - P son pequeños, entonces las varianzas (y las desviaciones estándar) son estadísticamente diferentes entre sí, de otra manera, para valores - P grandes, las varianzas son estadísticamente idénticas entre sí.

Resultados

Supuesto de la Prueba de Hipótesis:	Varianzas Desiguales:
Estadístico t Calculado:	1.38424
P-Value para estadístico t:	0.16644
Cálculo del estadístico F:	1.089657
P-Value para estadístico F:	0.174974

Capítulo 4:
Simulación
Bootstrap
No-Paramétrica
Real Options
Valuation

Simulación Bootstrap No-Paramétrica

- La simulación Bootstrap estima la confiabilidad o precisión de los pronósticos estadísticos o muestras de datos sin procesar. La simulación Bootstrap se puede usar para responder a una gran cantidad de preguntas sobre confianza y precisión en las simulaciones. Por ejemplo supongamos un modelo idéntico (con supuestos idénticos y pronósticos pero sin ninguna semilla aleatoria) que se está ejecutando para 100 personas diferentes, cuyos resultados serán ligeramente diferentes. La pregunta es ¿Si nosotros recolectamos todas las estadísticas de estas 100 personas, cómo será distribuida la media, o la mediana, o la asimetría o los excesos de curtosis? Suponga que una persona tiene un valor medio de 1.50 mientras otro 1.52. ¿Son estos dos valores estadística y significativamente diferentes uno del otro o son ellos estadísticamente similares y la pequeña diferencia se debe totalmente a una aleatoriedad fortuita? ¿Qué pasa con 1.53? Entonces, ¿Cuán lejos es suficientemente lejos para decir que los valores son estadísticamente diferentes? Adicionalmente, si en los resultados de un modelo, la simetría es -0.19 ¿Es esta distribución asimétrica pronosticada negativamente o es estadísticamente cercana a cero para concluir que esta distribución es simétrica y no asimétrica?
- Si nosotros sacamos este pronóstico 100 veces, p.ej., ejecutar una simulación de prueba 1,000 por 100 veces y recolectamos 100 coeficientes de asimetría, la asimetría de la distribución podría indicar qué tan lejos está cero de –0.19. si el 90% de confianza en la distribución bootstrap asimétrica contiene el valor cero, entonces podríamos concluir que con un nivel de confianza del 90%, esta distribución es simétrica y no asimétrica. Y que el valor–0.19 es estadísticamente cercano a cero. De otro lado, si cero cae fuera de esta área de confianza del 90%, entonces esta distribución es negativamente asimétrica. Se puede aplicar el mismo análisis a los excesos de curtosis y a otras estadísticas.
- Esencialmente la simulación bootstrap es una herramienta de prueba de hipótesis. Los métodos clásicos usados en el pasado confiaban en las fórmulas matemáticas para describir el proceso de muestras estadísticas. Estos métodos asumen que la distribución de una muestra estadística se aproxima a una distribución normal haciendo relativamente fácil el cálculo del error estándar o el intervalo de confianza. Ahora, cuando una distribución no está normalmente distribuida o fácilmente encontrada, estos métodos clásicos son difíciles de usar. En contraste, el análisis de bootstrap estudia empíricamente las muestras estadísticas al repetir las muestras de los datos y creando distribuciones de los diferentes estadísticos para cada muestra. Los métodos clásicos de prueba de hipótesis están disponibles en Risk Simulator y serán explicados en la siguiente sección. Los métodos clásicos ofrecen alto poder en las pruebas pero confían en los supuestos de normalidad y se pueden emplear únicamente para probar la media y varianza de una distribución, en comparación con la simulación bootstrap que ofrece menor poder pero es no paramétrica y libre de distribuciones, y puede ser usada para probar cualquier estadístico distribucional.

Ejecutar una Simulación Bootstrap No-Paramétrica

Para realizar una prueba de hipótesis, ejecute una simulación y luego haga clic sobre el icono de Bootstrap o en ***Simulador de Riesgo | Herramientas Analíticas | Simulación No Paramétrica***. Seleccione el pronóstico deseado, los estadísticos que desea probar, el número de intentos bootstrap y ejecute el análisis.

MODELO A	
Ingreso Total	$200.00
Costo	$100.00
Ingreso Neto A	$100.00

MODELO B	
Ingreso Total	$200.00
Costo	$100.00
Ingreso Neto B	$100.00

*Para replicar este modelo, comience creando un Perfil de Simulación y asígnele un nombre (**Simulador de Riesgo | Nuevo Perfil de Riesgo**), luego, establezca las semillas aleatorias en 123456. A continuación, seleccione las celdas de **Ingreso Total** y asigne una Distribución Normal con una media de 200 y una desviación estándar de 20 (seleccione una las celdas de **Ingreso Total** y haga Click en **Simulador de Riesgo | Entrada de Supuestos**, seleccione **Normal** e ingrese los parámetros relevantes; Luego, defina los supuestos Normales para cada celda de **Costo**. Finalmente, defina los pronósticos de salida de las dos celdas de **Ingreso Neto** y ejecute la simulación.*

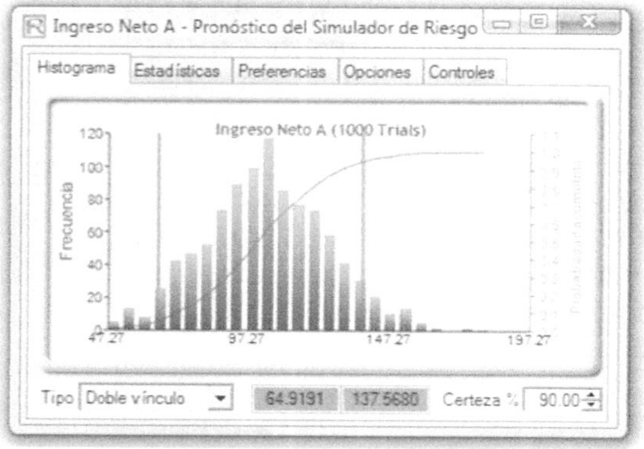

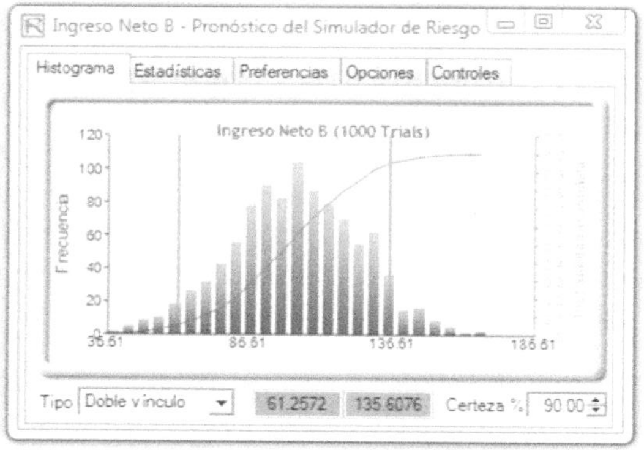

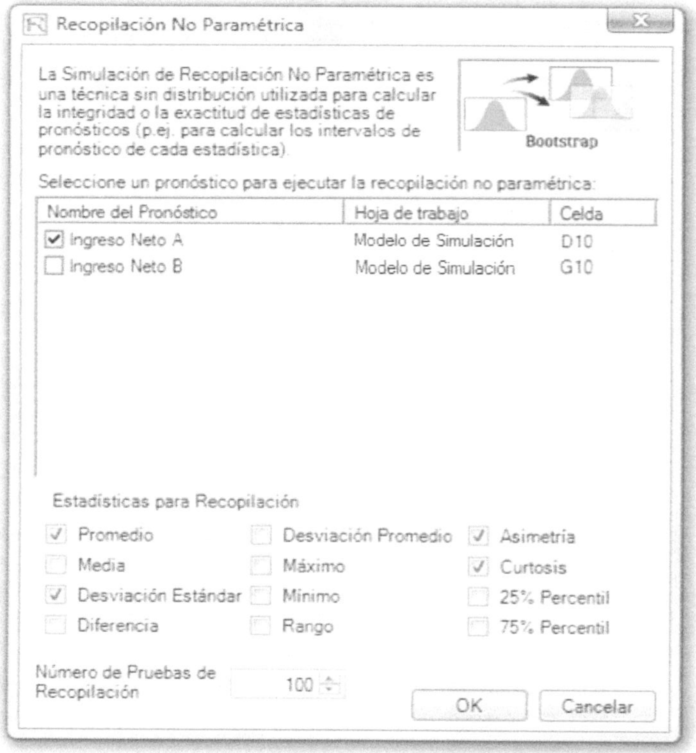

Simulación Bootstrap No-Paramétrica

Los resultados bootstrap son un conjunto de gráficos de pronóstico de cada estadística que usted seleccionó. Utilizando estos gráficos, usted puede determinar los intervalos de confianza de cada estadístico y realizar pruebas de hipótesis.

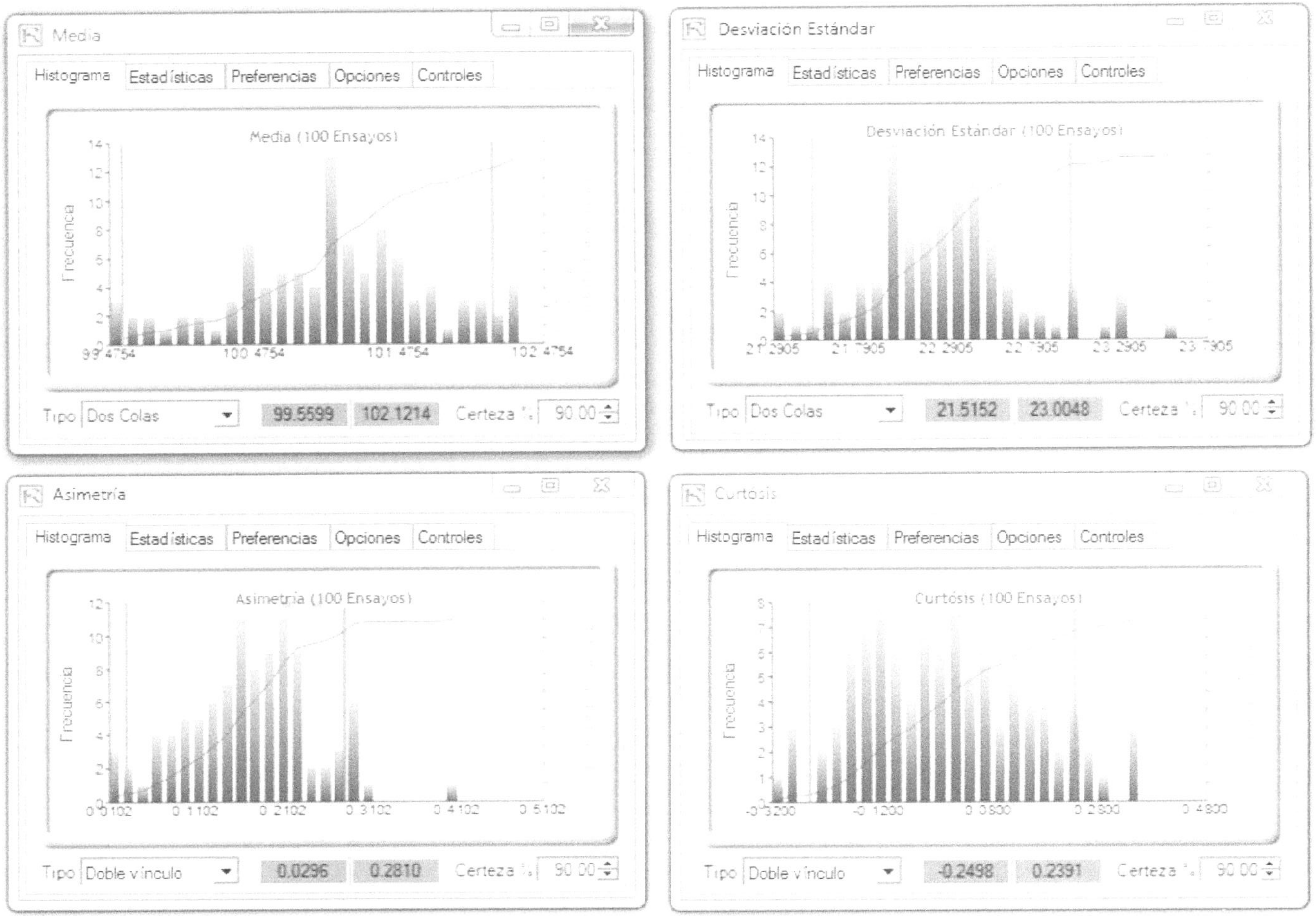

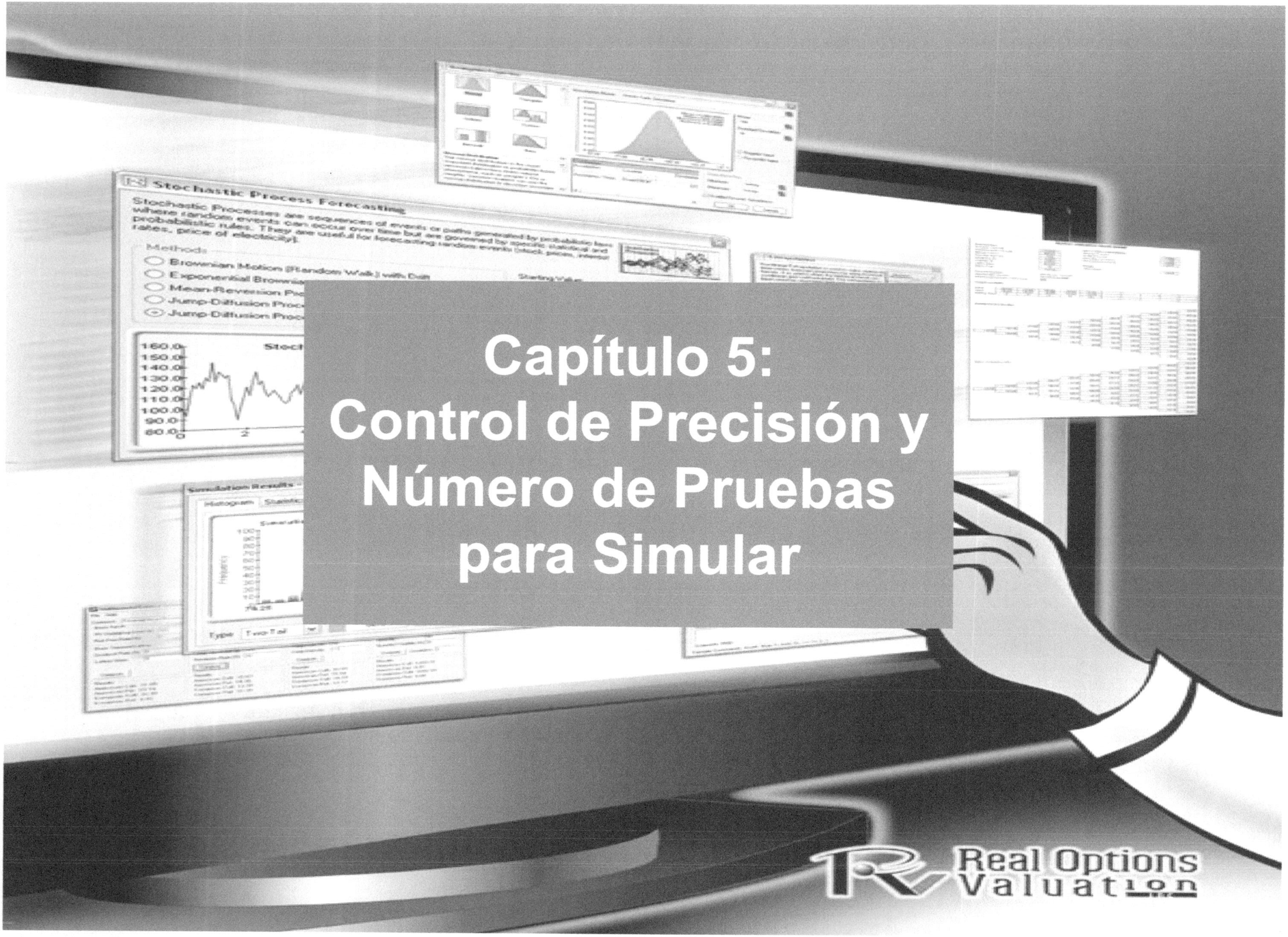
Capítulo 5:
Control de Precisión y
Número de Pruebas
para Simular
Stochastic Process Forecasting
Real Options
Valuation

Precisión vs. Exactitud

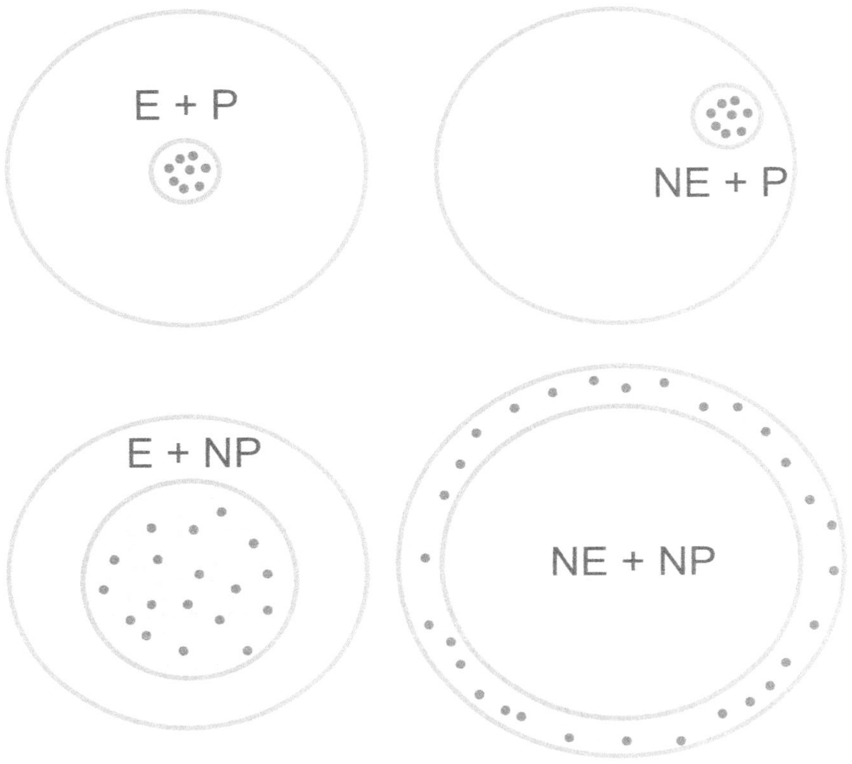

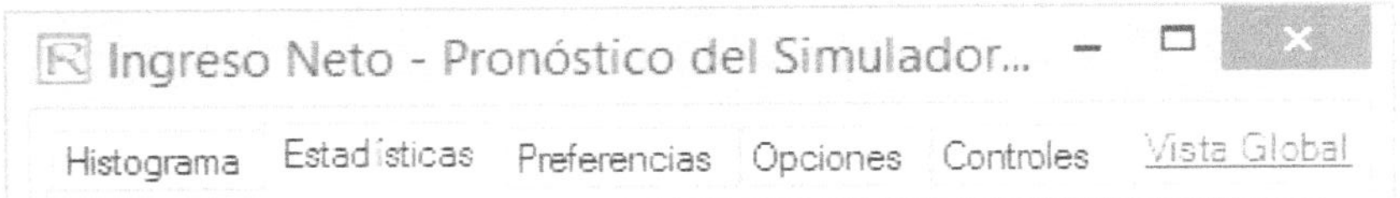

Estadísticas	Resultado
Número de simulaciones	1000
Media	0.8671
Mediana	0.8752
Desviación Estándar	0.1933
Variación	0.0373
Coeficiente de Variación	0.2229
Máximo	1.3689
Mínimo	0.3189
Rango	1.0500
Asimetría	-0.2018
Curtósis	-0.3796
25% Percentil	0.7302
75% Percentil	1.0136
Precisión de Error al 95% de Confianza	1.3813%

Defina: Población, Muestra, Pruebas, Confianza, Precisión, y Exactitud

Control de Precisión

- El control de precisión se usa para determinar cuántas pruebas se deben simular
- Elimina las especulaciones de la simulación de Monte Carlo y el número de pruebas necesarias.
- El control de precisión y error constan de dos partes:
  - Nivel de confianza en la precisión
  - Error de precisión
- Entre más pruebas se ejecuten, mayor será el nivel de precisión…

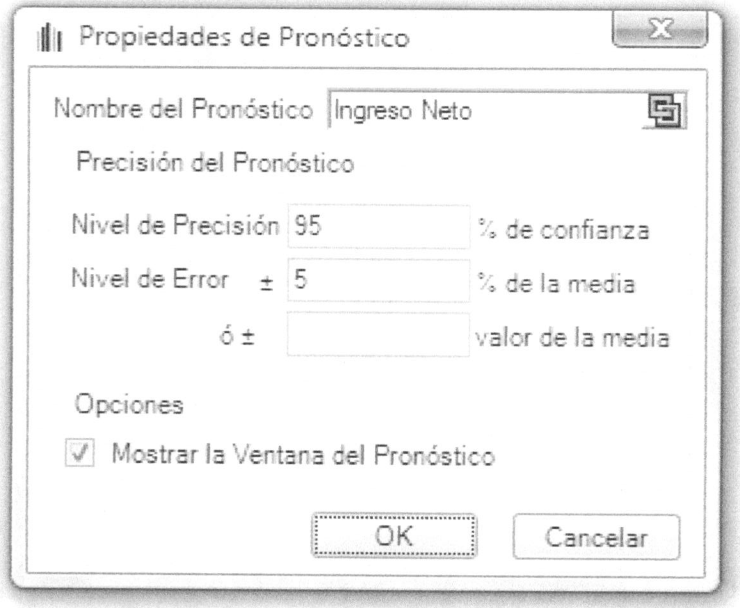

Triangulación y Trilateración

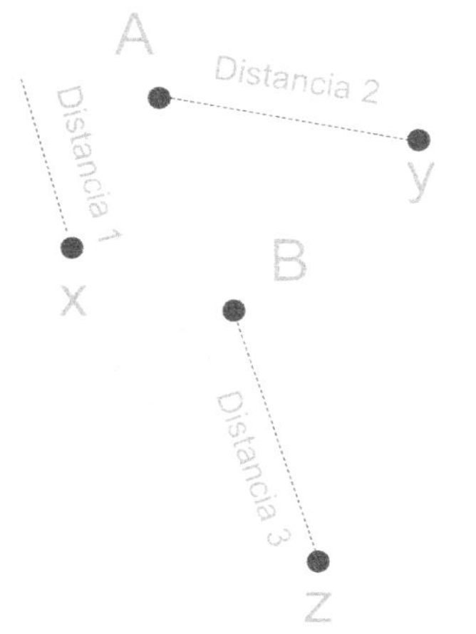

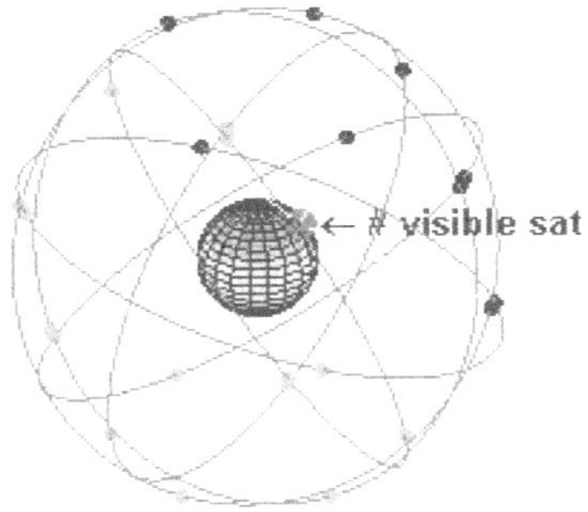

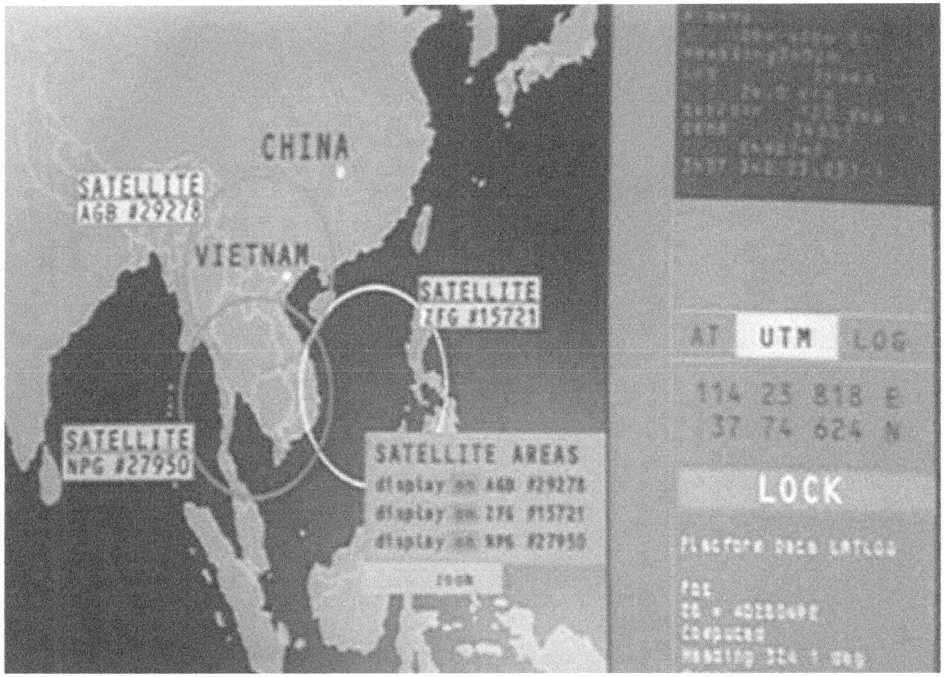

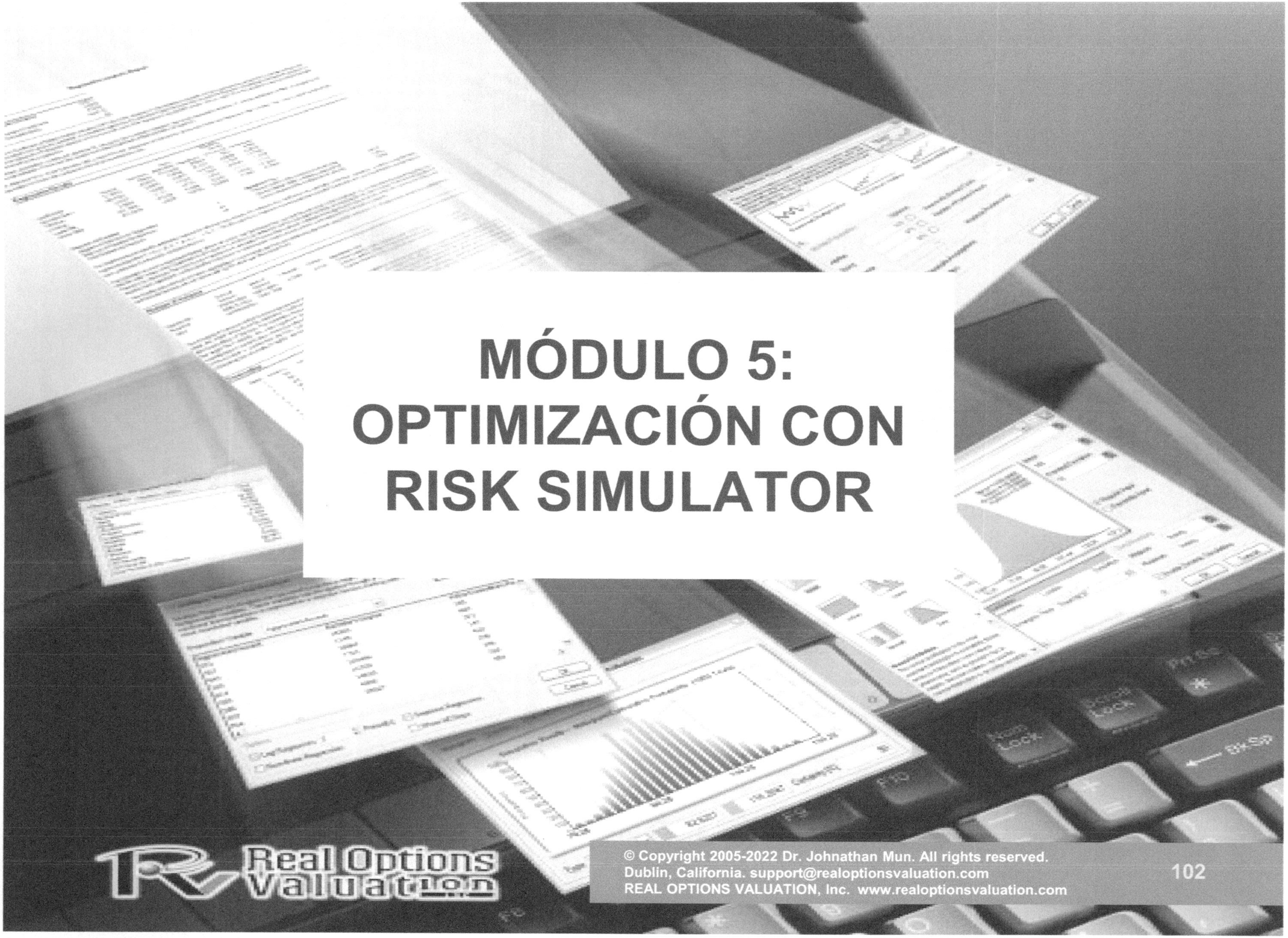
MÓDULO 5:
OPTIMIZACIÓN CON
RISK SIMULATOR
Real Options Valuation
© Copyright 2005-2022 Dr. Johnathan Mun. All rights reserved.
Dublin, California. support@realoptionsvaluation.com
REAL OPTIONS VALUATION, Inc. www.realoptionsvaluation.com
102

Capítulo 1:
Introducción a la
Optimización
Stochastic Process Forecasting
Real Options
Valuation

¿Qué es Optimización?

Una aproximación usada para encontrar la combinación de entradas que permita el mejor resultado posible satisfaciendo ciertas condiciones pre-especificadas. Por ejemplo:

- Las acciones a incluir en un portafolio, así como el peso de cada acción como un porcentaje del presupuesto total.
- Optimización del equipo de trabajo para una línea de producción.
- Proyección y selección de estrategias y priorización
- Optimización de Inventarios.
- Precios óptimos y tasas de regalías
- Utilización de empleados para planeamiento de la fuerza de trabajo
- Configuración de máquinas para programación de producción.
- Localización de bodegas para distribución
- Flexibilidad en el diseño de manufacturas.
- Políticas de tratamiento en el manejo de residuos.

Estudio de Caso: Viajes de un Asesor Financiero

- Usted tiene que viajar y visitar clientes en Nueva York, Chicago y Seattle.
- Puede comenzar desde cualquier ciudad y se quedará en su ciudad de destino. Usted debe comprar 2 tiquetes de avión para las tres ciudades.
- Su meta es viajar de la forma más económica posible.

Tarifas Aéreas

Route	Airfare
Seattle - Chicago	$325
Chicago - Seattle	$225
New York - Seattle	$350
Seattle - New York	$375
Chicago - New York	$325
New York - Chicago	$325

¿Cómo Resolvería Usted el Caso?

- Aproximación temporal – intentar con diferentes permutaciones
- Enumeraciones – Ver todas las alternativas posibles

Todas las permutaciones

Seattle-Chicago-New York	$325 + $325 = **$650**
Seattle-New York-Chicago	$375 + $325 = **$700**
Chicago-Seattle-New York	$225 + $375 = **$600**
Chicago-New York-Seattle	$325 + $350 = **$675**
New York-Seattle-Chicago	$350 + $325 = **$675**
New York-Chicago-Seattle	$325 + $225 = **$550**

Adicionalmente Si Usted Desea Visitar San Antonio y Denver…

- Cinco ciudades a visitar (Seattle, Chicago, Nueva York, San Antonio, y Denver)

  5! = 5 x 4 x 3 x 2 x 1 = 120 permutaciones posibles

¿Qué hacer si son 100 ciudades?

100! = 100 x 99 x 98 … x 1 =
93,326,215,443,944,200,000,000,000,000,000,000,000,00
0,000,000,000,000,000,000,000,000,000,000,000,000,000
,000,000,000,000,000,000,000,000,000,000,000,000,000,
000,000,000,000,000,000,000,000,000,000,000,000,000

o 9.3 X 10^{157} combinaciones diferentes

¿Cuánto tiempo le tomaría evaluar estas combinaciones en un Super Computador?

100^{120} años!!!

Métodos Heurísticos y Algoritmos

Desde luego, necesitamos usar software de optimización para obtener la solución. Risk Simulator emplea una variedad de heurísticos y algoritmos para encontrar los mejores y más óptimos conjuntos de soluciones.

Risk Simulator utiliza algoritmos inteligentes para acelerar el proceso de búsqueda y eliminar ciertas áreas que son subóptimas, logrando así incrementar la eficiencia.

Tipos de Optimización

Las optimizaciones pueden ser lineales o no lineales, y pueden ser discretas enteras o continuas:

Una optimización discreta entera puede tomar únicamente un valor entero específico como 0, 1, 2, 3, y así sucesivamente

Una optimización contínua puede utilizar variables de decisión continuas y tomar cualquier valor.

Ambos tipos de distribución pueden ser lineales o no lineales. Esto es, la función objetivo y las restricciones pueden ser todas lineales o no lineales

Pasos Requeridos en Una Optimización

Para ejecutar un modelo de optimización, primero se deben determinar y crear algunas variables:

- Variable Objetivo: la variable puede ser maximizada o minimizada (valor presente neto, pérdidas catastróficas, riesgo, tiempos de reposo, y así sucesivamente).
- Variables de decisión y sus rangos permitidos: variables sobre las cuales usted tiene control (qué tanto producir, que tanto invertir, etc.)
- Restricciones: restricciones o condiciones que deben ser satisfechas en la optimización (presupuesto, tiempo, recursos, etc.).
- Supuestos de simulación: supuestos Monte Carlo cuando se ejecutan optimizaciones dinámicas o estocásticas.

Procedimientos de optimización

- Optimización Estática
  - Optimización sin simulación: RAPIDA
  - Gran punto de arranque antes de hacer un análisis de optimización avanzado
- Optimización Dinámica
  - Simulación de N intentos, paradas, ajuste de las celdas de supuestos con los estadísticos simulados, y luego optimización.
  - Algún tipo de proceso de simulación-optimización
  - Cuentas para riesgo e incertidumbre
- Optimización Estocástica
  - Simulación de N intentos, paradas, ajuste de las celdas de supuestos con los estadísticos simulados, y luego optimización, entonces el proceso se repite nuevamente por N veces.
  - Una serie de optimizaciones dinámicas en la cual cada variable de decisión tiene una distribución de pronóstico.
  - Un rango de valores óptimos en lugar de estimaciones de punto único.

Capítulo 2:
Optimización
Contínua
(ejercicios paso a paso)
Stochastic Process Forecasting
Real Options
Valuation

Capítulo 3:
Optimización
Entera
(ejercicios Paso a Paso)
Real Options
Valuation

MÓDULO 6: PRONÓSTICOS

Capítulo 1:
Técnicas de
Pronósticos y
Tipos de Datos
Stochastic Process Forecasting
Real Options
Valuation

¿Qué es Pronóstico?

Pronosticar es una forma de predecir el futuro donde:

- Los datos pueden ser de series de tiempo
- Los datos pueden ser de corte transversal
- Los datos pueden ser de panel de expertos

Las técnicas principales de pronóstico:

- Simulación Monte Carlo
  - Usando el método Delphi, opinión de expertos, y distribuciones personalizadas
  - Aplicable tanto para datos de series de tiempo, de corte transversal y
  - panel de expertos
- Análisis de series de tiempo
  - Examinar datos históricos para predecir las tendencias del futuro y se utiliza únicamente para los datos de series de tiempo.
  - Método de selección basado en ajustes estadísticos y minimización de errores.
- Extrapolación no lineal
  - Aplicable únicamente en datos de series de tiempo y usa ciclos históricos y tendencias para producir los resultados futuros.
- Análisis de regresión multivariada
  - Usa relaciones precedentes entre variables, es aplicable a datos de series de tiempo, de corte transversal y de panel de expertos.
- Procesos estocásticos
  - Aplicable únicamente a los datos de series de tiempo y sólo usa supuestos mínimos para pronosticar el futuro y adaptar la Simulación Monte Carlo y las matemáticas estocásticas para predecir el futuro
- Box-Jenkins ARIMA
  - Aplicable únicamente a datos de series de tiempo, es una avanzada técnica econométrica.

Árbol de la Metodología de Pronóstico

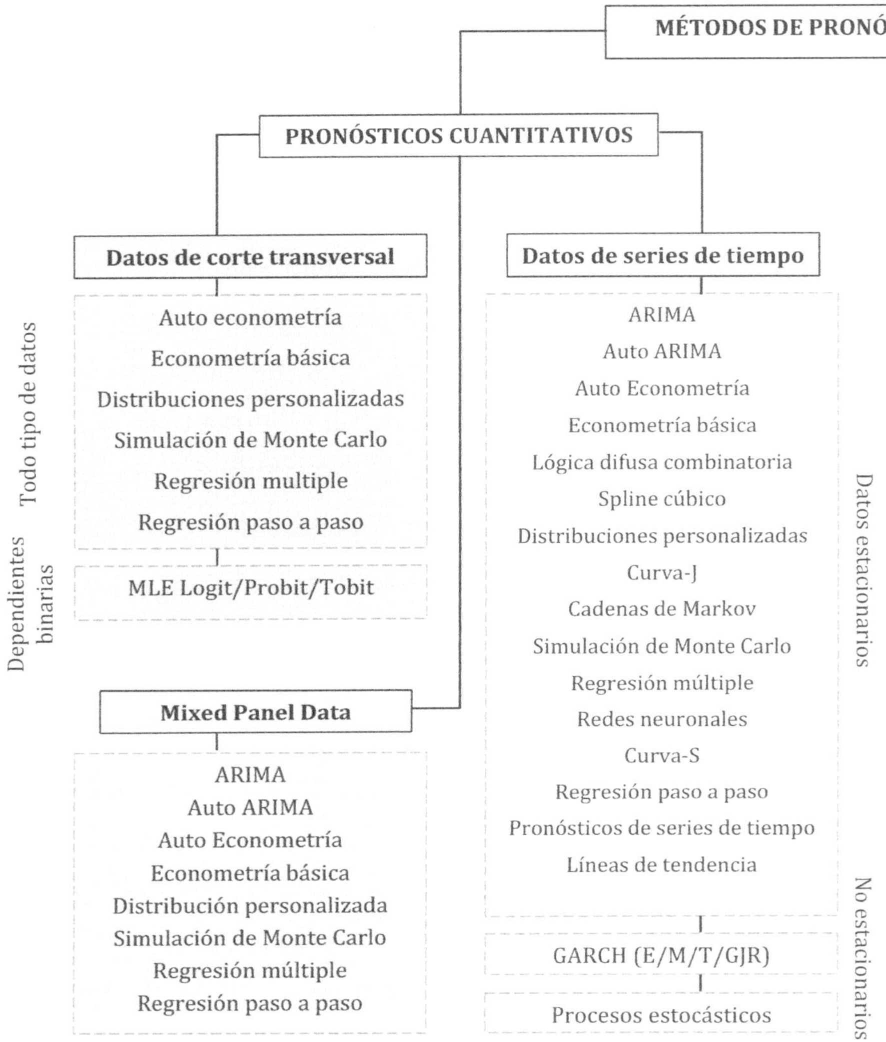

NOTAS

- La econometría y los métodos de regresión requieren por lo menos una variable independiente. Las variables tiempo-indexadas y dummy se pueden utilizar para modelar series de tiempo y modelos estacionales.
- Conjuntos difusos regresan números difusos.
- GARCH es para estimar volatilidades basadas en los precious como entradas.
- MLE require que la variable dependiente esté truncada o limitada (p.ej., binaria) y las variables independientes pueden tomar cualquier forma. En contraste, los métodos de econometría y regresion no pueden tener valores binarios para sus variables dependientes (pero pueden tener variables dummy como independientes)
- Datos de panel mixto son datos que incluyen cortes transversales y series de tiempo en una matriz grande.

Debida Diligencia en los Pronósticos: Cuidarse de la Caja Negra

- Pronósticos fuera del rango
- Errores del modelo (causalidad de Granger y causalidad circular)
- No linealidad e interacciones
- Modelos mal ajustados (mal bondad de ajuste)
- Cambios y quiebres estructurales
- Errores de especificación y métodos econométricos incorrectos
- Variables omitidas
- Multicolinealidad
- Variables redundantes
- Micronumerosidad y datos no estacionales
- Heterocedasticidad y homocedasticidad
- Autocorrelación y correlación serial
- Estacionalidad y ciclicidad
- Errores no-esféricos y dependientes
- Paseos aleatorios, no predecibilidad y procesos estocásticos:
  - Movimiento Browniano
  - Reversión de la media
  - Proceso de difusión de salto
  - Procesos mixtos
- Y muchos, muchos, muchos otros asuntos técnicos…

Homocedasticidad vs. Heterocedasticidad

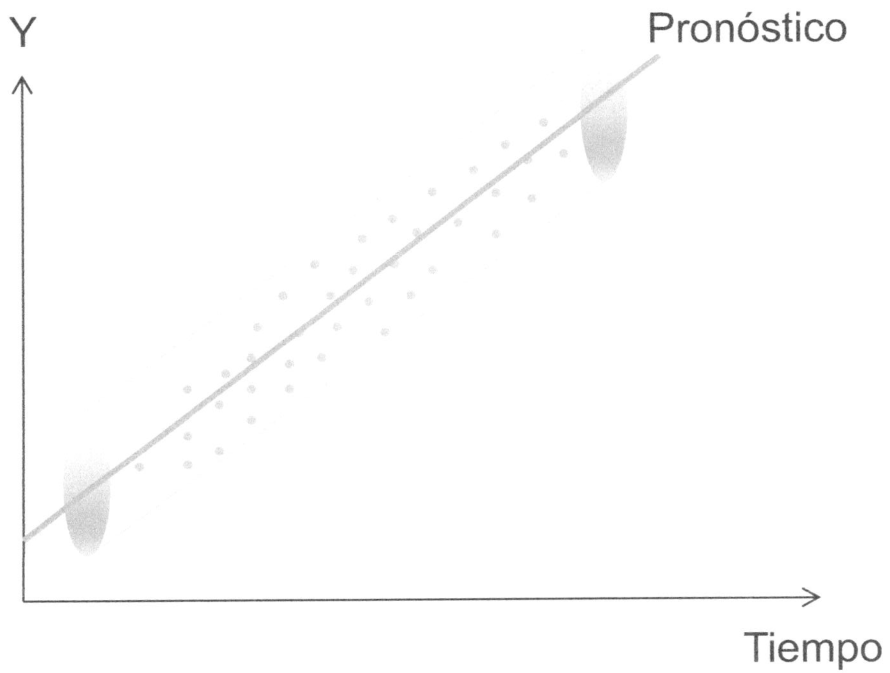

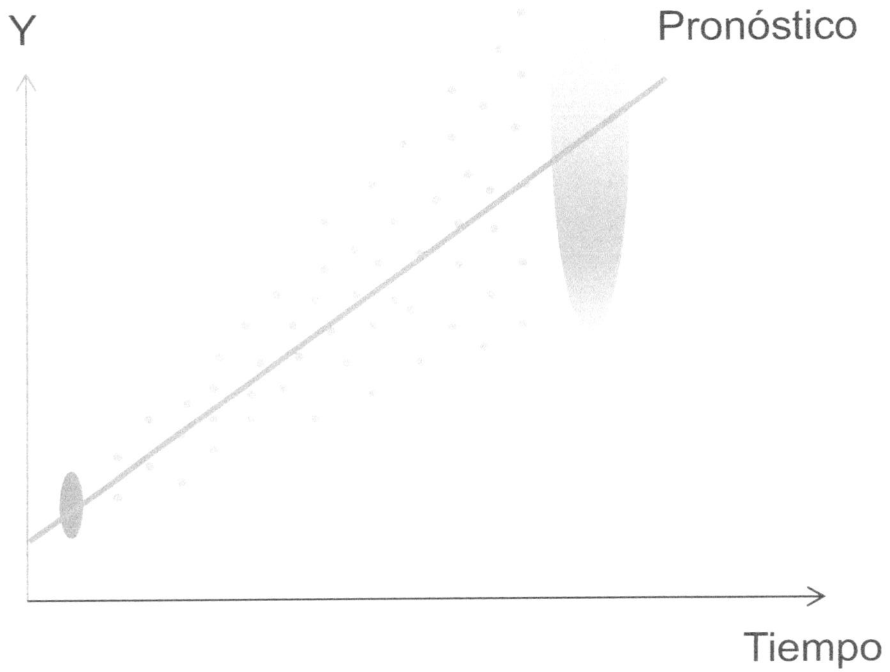

La línea de mejor ajuste que mínimiza los errores (línea ajustada frente a los datos reales) es la línea de pronóstico (p.ej., análisis de regresión). Los errores se pueden visualizar, ya sea como constantes en el tiempo (homocedasticidad), como un cono (el error de pronóstico es el margen de maniobra de la línea de pronóstico dentro de este cono) o puede ser como un abanico en el tiempo (heterocedasticidad) donde cuanto más lejos se vaya, aumenta el nivel de incertidumbre en los pronósticos...

Homocedasticidad vs. Heterocedasticidad

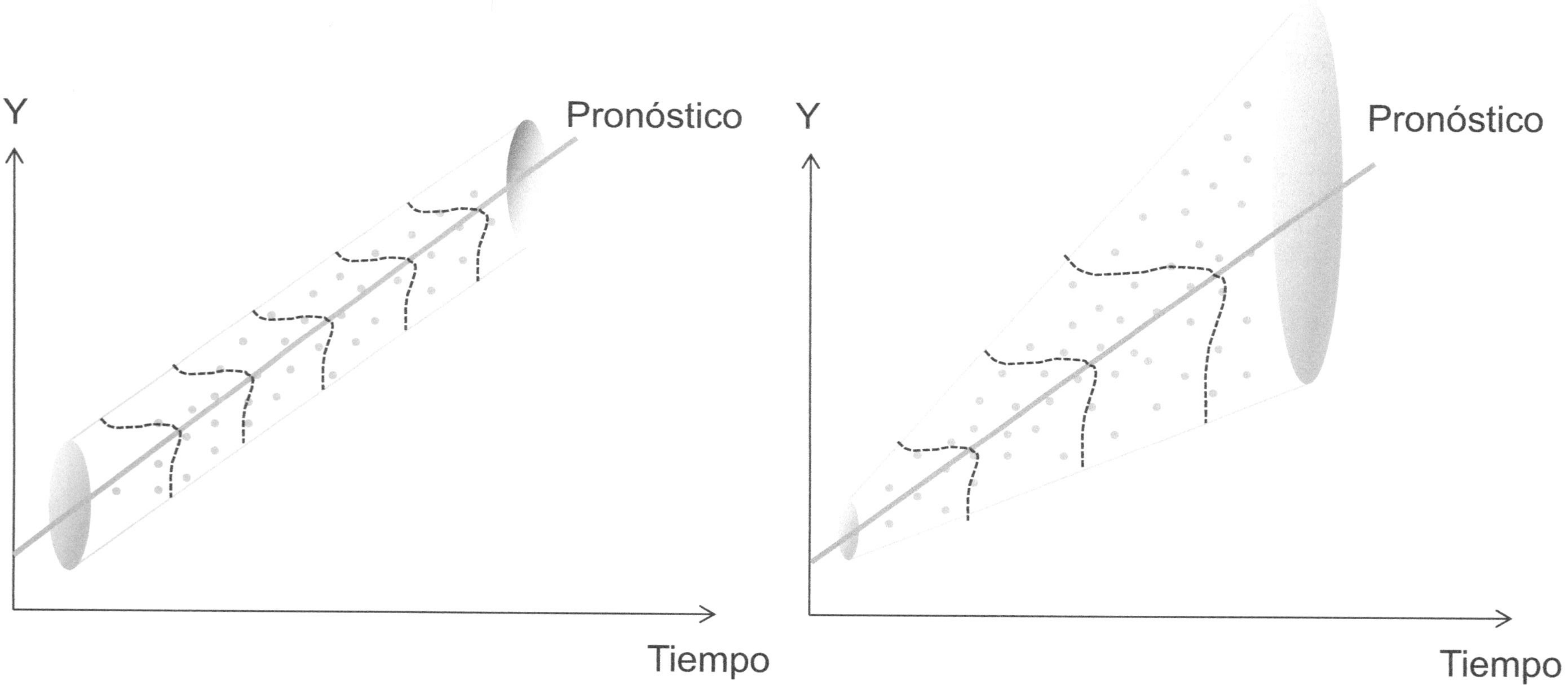

El error de pronóstico es constate en el tiempo para datos homocedasticos, mientras que los errores de pronóstico aumentan con el tiempo (la incertidumbre aumenta con el paso del tiempo) para datos heterocedasticos. Si no se tiene en cuenta la heterocedasticidad en el modelo, el nivel de exactitud del pronóstico a corto plazo es alto (baja incertidumbre), pero esta condición es engañosa ya que la incertidumbre aumentará con el paso del tiempo.

Capítulo 2:
Pronósticos Sin
Datos
Stochastic Process Forecasting
Real Options
Valuation

Pronósticos Cualitativos vs Cuantitativos

- Generalmente los pronósticos se pueden dividir en cuantitativos y cualitativos. Los pronósticos cualitativos se utilizan cuando existen datos pequeños y no confiables históricos, contemporáneos o comparables. Existen algunos métodos cualitativos como el Dephi o panel de expertos (una construcción de pronósticos de consenso hecho por expertos, o miembros del equipo interno), supuestos de los administradores (metas de tasas de crecimiento establecidas por la gerencia superior), así como investigaciones de mercado o datos externos o encuestas (datos obtenidos a través de terceras fuentes, índices de la industria y sector, o de investigaciones del mercado activo). Estas estimaciones pueden ser tanto de punto único (un consenso promedio) como de un grupo de valores estimados (una distribución de pronósticos). Éstos pueden ser introducidos posteriormente en el Risk Simulator como una distribución personalizada y los pronósticos resultantes pueden ser simulados. Esto es, para ejecutar una distribución no paramétrica usando los puntos de pronóstico como la distribución.
- En el lado cuantitativo de los pronósticos, la disponibilidad de datos, o los datos que requieren ser pronosticados se pueden dividir en series de tiempo (valores que tienen un elemento de tiempo en ellos, como utilidades de diferentes años, tasas de inflación, etc.), de corte transversal (valores que son independientes del tiempo, como el promedio de puntos de los estudiantes universitarios de segundo año en un año determinado, ofreciendo para cada estudiante los niveles de puntajes SAT, IQ, y número de bebidas alcohólicas consumidas por semana), o datos de panel mixto que son una mezcla entre series de tiempo y datos panel, p.ej., pronosticar ventas de los próximos 10 años aportando los gastos de mercadeo y las proyecciones de participación de mercado, lo cual significa que los datos de ventas son series de tiempo pero las variables exógenas, como los gastos de mercadeo y la participación de mercado, existen para apoyar el modelo de pronósticos.

Usando la Distribución Personalizada para Pronósticos Cualitativos

- Especial para el METODO DELPHI
- Obtenga los datos generales de un grupo de expertos y clasifíquelos, p.ej., cuente la frecuencia de ocurrencia de cada valor y coloque estos valores en la distribución personalizada:
  - Defina un supuesto como lo hace usualmente y escoja “Distribución personalizada”
  - Haga clic en “Crear una distribución”
  - Inicie ingresando los valores X (grupo de valores de los expertos) y su peso (frecuencia de ocurrencia)
  - Haga clic sobre “Actualizar Gráfico” para ver el gráfico y asegurarse que la distribución personalizada luce como se espera.
  - Haga Clic sobre “Aplicar” para insertar la distribución en la Galería de Supuestos y cierre el formato.
  - Regrese a la “Galería de Supuestos”, haga clic en OK para confirmar la creación de este supuesto personalizado.

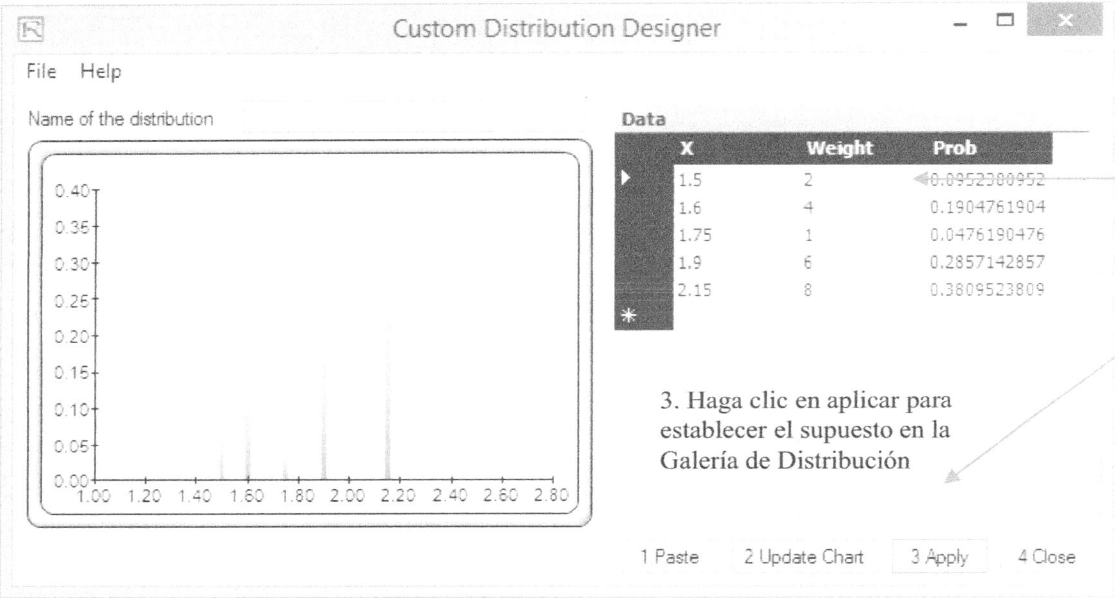

Cierre esta ventana de distribuciones para regresar a la Galería de Supuestos principal

1. Ingrese los valores relevantes de X, peso y frecuencia y haga clic en TAB

2. Haga clic sobre “Actualizar Gráfico” para ver la vista gráfica de los datos ingresados.

3. Haga clic en “Archivo”, “Guardar” para grabar la distribución recientemente creada, cierre el diseñador y establezca un supuesto (use “Personalizar” y escoja la distribución creada).

Capítulo 3:
Pronósticos con
Análisis de Series
de Tiempo
Real Options
Valuation

Pronósticos de Series de Tiempo

- A continuación aparecen los ocho modelos más comunes de series de tiempo, segregados por estacionalidad y tendencias. Por ejemplo, si la variable de datos no tiene tendencia o estacionalidad entonces puede ser suficiente un modelo sencillo de promedios móviles o un modelo de "suavizamiento exponencial simple." Desde luego, si la estacionalidad existe pero no está presente una tendencia, un modelo "Aditivo Estacional" o "Multiplicativo Estacional" podría ser mejor.

	Sin Estacionalidad	Con Estacionalidad
Sin Tendencia	Promedio Móvil Simple	Aditivo Estacional
Sin Tendencia	Suavizamiento Exponencial Simple	Multiplicativo Estacional
Con Tendencia	Promedio Móvil Doble	Aditivo Holt–Winters
Con Tendencia	Suavizamiento Exponencial Doble	Multiplicativo Holt–Winters

Análisis de Pronósticos de Series de Tiempo

Para ejecutar un pronóstico de series de tiempo, escriba o abra una serie de datos históricos como la base de pronóstico. Los datos se deben organizar en una fila sencilla como se muestra abajo. Seleccione la serie completa de datos (excluyendo el título) y haga clic sobre.

Simulador de Riesgo | Pronóstico | Análisis de Series de Tiempo.

1. Abra o escriba algunos datos históricos

2. Inicie el análisis de series de tiempo

3. Usted puede seleccionar cualquiera de los 8 métodos a escoger o escoger "Modelo de Selección Automática" para que el software encuentre el modelo que mas se ajuste.

NOTA: El máximo de tiempo de activación está establecido en 300 segundos. Típicamente no se requieren cambios. No obstante, cuando se pronostica con una significante cantidad de datos históricos, el análisis puede tomar mas tiempo y si el proceso excede este tiempo de activación, el proceso terminará. Finalmente, la opción de parámetro Polar le permite optimizar los parámetros alpha, beta, y gamma para incluir cero y uno. Ciertos programas permiten estos parámetros polares mientras que otros no. Risk Simulator le permite escoger cuáles usar. Típicamente no es necesario usar parámetros polares.

Las Rentas Históricas de Ventas

Año	*Cuartas*	*Periodo*	*Las Ventas*
2000	1	1	$684.20
2000	2	2	$584.10
2000	3	3	$765.40
2000	4	4	$892.30
2001	1	5	$885.40
2001	2	6	$677.00
2001	3	7	$1,006.60
2001	4	8	$1,122.10
2002	1	9	$1,163.40
2002	2	10	$993.20
2002	3	11	$1,312.50
2002	4	12	$1,545.30
2003	1	13	$1,596.20
2003	2	14	$1,260.40
2003	3	15	$1,735.20
2003	4	16	$2,029.70
2004	1	17	$2,107.80
2004	2	18	$1,650.30
2004	3	19	$2,304.40
2004	4	20	$2,639.40

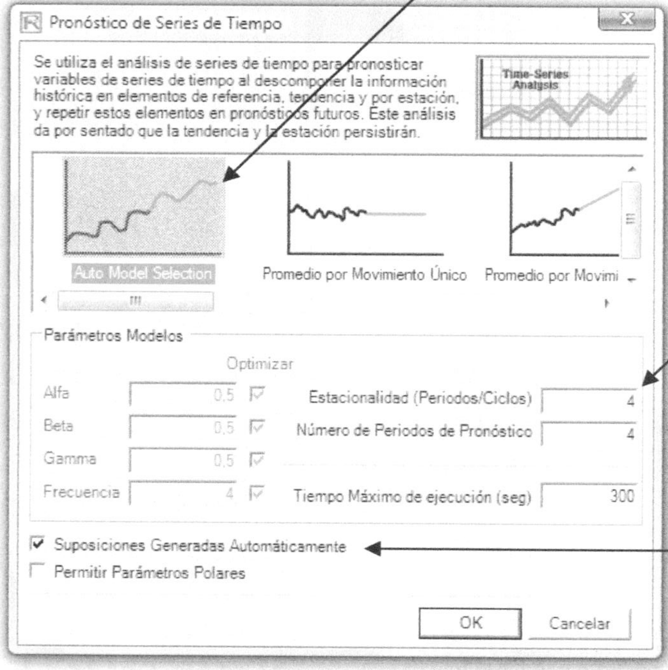

4. Si usted escoge "Modelo de Selección Automática" o cualquier modelo con un componente de estacionalidad, ingrese el número de estaciones por ciclo.

5. Ingrese el número deseado de periodos a pronosticar.

6. Si existe un perfil de simulación, usted puede chequear esta opción y los resultados del pronóstico, tendrán supuestos predefinidos.

Interpretando el Reporte del Análisis de Series de Tiempo

El gráfico ilustra los resultados generados por el uso de la herramienta de Pronóstico. El modelo seleccionado por el software, como el modelo que más se ajusta, fue el "Modelo Multiplicativo de Holt-Winters". En el reporte, el ajuste del modelo y la gráfica de Pronóstico indican que la tendencia y estacionalidad han sido seleccionadas por el Modelo Multiplicativo de Holt-Winters. El reporte del análisis de series de tiempo ofrece los parámetros alpha, beta, y gamma, error medio, datos ajustados, valores pronosticados, y la gráfica ajustada. Los parámetros son simples para la referencia. Alpha captura el efecto de memoria de los cambios de nivel de base sobre el tiempo, beta es el parámetro de tendencias que mide la fuerza de la tendencia, mientras que Gamma mide la fuerza de la estacionalidad de los datos históricos. El análisis desglosa los datos históricos en estos 3 elementos y luego los organiza para el pronóstico futuro. Los datos ajustados ilustran los datos históricos así como los datos ajustados usando el modelo recompuesto y mostrando cuan cerca las proyecciones en el pasado (una técnica llamada backcasting). Los valores pronosticados son simples estimaciones de punto o supuestos (si se escogió la generación automática de supuestos y si existe un perfil de simulación). El gráfico ilustra estos valores históricos, ajustados, y pronosticados. La gráfica es una poderosa herramienta de comunicación visual para ver que tan bueno es el modelo de pronóstico.

Este de análisis de series de tiempo contiene los ocho modelos de series de tiempo. Usted puede escoger un modelo específico para ejecutarlo basado en la tendencia y en los criterios de estacionalidad o escoger la selección automática la cual automáticamente interactúa entre los 8 modelos, optimizando los parámetros y encontrando el modelo que más se ajusta a sus datos. Alternativamente si usted escoge uno de los 8 modelos, puede desmarcar las "casillas de *optimizar*" e ingresar sus propios parámetros alpha, beta, y gamma. Adicionalmente debe incluir sus propios periodos de estacionalidad.

Multiplication Holt-Winter

Sumario Estadístico

Alfa, Beta, Gamma	RMSE	Alfa, Beta, Gamma	RMSE
0.00, 0.00, 0.00	914.824	0.00, 0.00, 0.00	914.824
0.10, 0.10, 0.10	415.322	0.10, 0.10, 0.10	415.322
0.20, 0.20, 0.20	187.202	0.20, 0.20, 0.20	187.202
0.30, 0.30, 0.30	118.795	0.30, 0.30, 0.30	118.795
0.40, 0.40, 0.40	101.794	0.40, 0.40, 0.40	101.794
0.50, 0.50, 0.50	102.143		

El análisis se llevó a cabo ejecutando alfa = 0.0001, beta = 1.000, gamma = 1.0000, y estacionalidad = 6

Sumario del Análisis Tiempo-Series

Cuándo tanto la temporada como la tendencia existen, los modelos más avanzados se requieren a descomponerse los datos en sus elementos despreciablees: un nivel (L) del caso de la base compensado por el parámetro alfa, un componente (b) de la tendencia compensado por el parámetro de beta, y un componente (S) de temporada compensado por el parámetro de la gamma. Varios métodos existen pero el dos muy común son los Inviernos de Holt' temporada de añadidura e Inviernos de Holt' los métodos de temporada de multiplicative. En el modelo de multiplicative de Holt-Winter, el nivel despreciable del caso, la temporada, y la tendencia se agregan para

La prueba que mejor se adapta para el pronóstico promedio utiliza la media de la raíz cuadrada de los errores al cuadrado (RMSE). La RMSE calcula la raíz cuadrada de la desviación al cuadrado promedio de los valores adaptados contra los puntos de datos reales

El Error Cuadrático Medio (MSE) es una medida de error absoluto que ajusta los errores (la diferencia entre los datos históricos y los datos del pronóstico ajustado pronosticados por el modelo) para prevenir que los errores positivos y negativos se cancelen entre sí. Esta medida también tiende a exagerar errores grandes ponderando los errores grandes con mayor importancia que los errores pequeños cuadrándolos, lo cual puede ayudar cuando se comparan diferentes modelos de tiempo-series. El Error de la Media al Cuadrado (RMSE) es la raíz cuadrada de MSE y es la medida más popular de error, también conocida como pérdida de la función cuadrática. El RMSE puede definirse como el promedio de los valores absolutos de los errores del pronóstico y es muy apropiado cuando el costo de los errores del pronóstico es proporcional a el tamaño absoluto del error del pronóstico. El RMSE se utiliza como un criterio de selección para los mejores modelos tiempo-series ajustados

El Porcentaje de la Media de Error Absouto (MAPE) es una medida de error relativo como un porcentaje promedio de error de los datos históricos y es más apropiado cuando el costo del error del pronóstico tiene una relación más cercana a el porcentake de error que a un número dado de error. Finalmente, una medida asociada es la estadística de la U de Theil, la cual mide la credulidad del pronóstico del modelo. Es decir, si la estadística de la U de Theil es menor a 1.0, entonces el método utilizado para el pronóstico proporciona un estmiado que es estadísticamente mejor que especulario

Periodo	Real tico	Ajustado
1	684.20	
2	584.10	
3	765.40	
4	892.30	
5	885.40	684.20
6	677.00	667.55
7	1006.60	935.45
8	1122.10	1198.09
9	1163.40	1112.48
10	993.20	887.95
11	1312.50	1348.38
12	1545.30	1546.53
13	1596.20	1572.44
14	1260.40	1299.20
15	1735.20	1704.77
16	2029.70	1976.23
17	2107.80	2026.01
18	1650.30	1637.28
19	2304.40	2245.93
20	2639.40	2643.09
Forecast 21		2713.69
Forecast 22		2114.79
Forecast 23		2900.42
Forecast 24		3293.81

Medidas de Error	
RMSE	71.8132
MSE	5157.1348
MAD	53.4071
MAPE	4.50%
U de Theil	0.3054

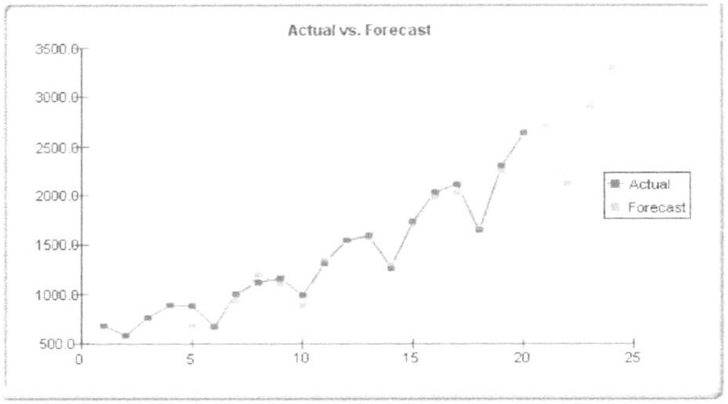

Capítulo 4:
Extrapolación No Lineal
Stochastic Process Forecasting
Real Options Valuation

Pronóstico de Extrapolación No Lineal

- La extrapolación hace proyecciones estadísticas usando tendencias históricas que se proyectan para un periodo específico de tiempo en el futuro. Solo se emplea para pronósticos de series de tiempo. Para la información de secciones cruzadas o de panel mixto (series de tiempo con información de secciones cruzados), la regresión multivariada es más apropiada. Esta metodología es útil cuando no se esperan grandes cambios, es decir, cuando se espera que los factores causales permanezcan constantes o cuando éstos no son entendidos en una determinada situación. También ayuda a desalentar la introducción de tendencias personales en el proceso. La extrapolación es confiable, relativamente simple y barata. Sin embargo, la extrapolación, la cual supone que las tendencias históricas y recientes van a continuar, produce grandes errores de pronóstico si las discontinuidades ocurren en el periodo de tiempo proyectado. Es decir, la extrapolación pura de las series de tiempo, asume que todo lo que necesitamos conocer está contenido en los valores históricos de la serie que está siendo pronosticada. Si asumimos que el comportamiento pasado es un buen predictor del comportamiento futuro, la extrapolación llama la atención. Esto hace que sea una aproximación útil cuando lo único que se necesita son muchos pronósticos de corto plazo.
- Esta metodología estima la función f(x) para buscar un valor arbitrario en x, al interpolar una curva no-lineal a través de todos los valores de x, y usando esta curva, se extrapolan los valores futuros más allá del conjunto de información histórica. La metodología emplea la forma funcional polinomial y la forma funcional racional (un radio de dos polinomios). Normalmente, una forma funcional polinomial es suficiente para los datos que se comportan correctamente; sin embargo, las formas racionales funcionales son a veces más precisas.
- Cuando los datos históricos se han suavizado y continúan algunos 'patrones no-lineales y curvas, la extrapolación es mejor que el análisis de series de tiempo. Sin embargo, cuando los patrones de la información siguen ciclos de temporadas y tendencias, el análisis de series de tiempo proporcionará mejores resultados.
- Para ejecutar una extrapolación no-lineal, digite o abra un conjunto de datos históricos ya existente como base para pronosticar. La información se organiza en una sola columna. Seleccione todas las series de datos (excluya el titulo) y haga clic en ***Simulador de Riesgo | Pronósticos | Extrapolación no-lineal***.

Ejecutar e Interpretar una Extrapolación No Lineal

Para ejecutar un pronóstico de extrapolación no-lineal:

- Escriba o abra los datos de series de tiempo.
- Seleccione toda la columna de información e inicie. ***Simulador de Riesgo | Pronósticos| Extrapolación no-lineal***

- Escoja la selección automática e ingrese el número de periodos a pronosticar y ejecute el análisis.

Utilidad de Ventas Históricas
Tazas de Crecimiento Polinómicas

Año	Mes	Periodo	Ventas
2004	1	1	$1.00
2004	2	2	$6.73
2004	3	3	$20.52
2004	4	4	$45.25
2004	5	5	$83.59
2004	6	6	$138.01
2004	7	7	$210.87
2004	8	8	$304.44
2004	9	9	$420.89
2004	10	10	$562.34
2004	11	11	$730.85
2004	12	12	$928.43

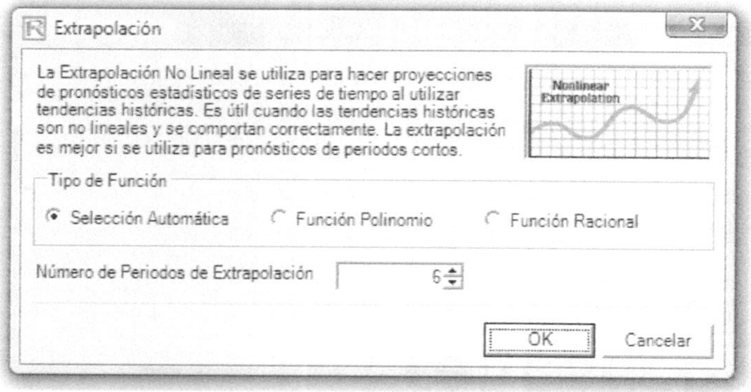

El reporte generado muestra la información histórica, los pronósticos ajustados, los errores en los ajustes y los valores de pronósticos, al igual que los parámetros de error relevantes y los cuadros del pronóstico. Ahora puede comparar el cuadro y las estadísticas del pronóstico con las generadas en el análisis de series de tiempo.

Extrapolación No Linear

Statistical Summary

La Extrapolación involucra la elaboración de proyecciones estadísticas utilizando tendencias históricas que son proyectadas para un periodo específico de tiempo en el futuro. Solamente se utilizan para pronósticos de tiempo-series. Para los datos seccionados o mezclados (tiempo-series con datos seccionados), la regresión multivariada es la más adecuada. Esta metodología es más útil cuando existen cambios mayores que no son esperado, es decir, se espera que factores causales sigan constantes o cuando los factores causales de una situación no están del todo claros. También ayuda a desalentar la introducción preferencias personales en el proceso. La Extrapolación es altamente confiable, relativamente sencilla, y económica. Sin embargo, la extrapolación, que asume que las tendencias recientes e históricas continuarán, produce gran cantidad de errores de pronóstico si llega a ocurrir una discontinuidad dentro del periodo de tiempo. Es decir, la extrapolación pura de la serie de tiempo asume que todo lo que necesitamos saber está dentro de los valores históricos de las series que están siendo pronosticadas. Si asumimos que el comportamiento pasado es una buena manera de predecir el comportamiento futuro, la extrapolación es idónea. Esto la hace un útil acercamiento cuando todo lo que se necesita son varios pronósticos de corto plazo.

Esta metodología estima la función f(x) de cualquier valor x arbitrario, interpolando una curva no linear lisa a través de todos los valores x, y utilizando esta curva, se extrapolan los valores futuros de x más allá del conjunto de datos históricos. La metodología empleada la forma funcional polinómica o la forma funcional racional (un radio de dos polinómicas). Normalmente, una función polinómica es suficiente para datos con comportamiento típicos, sin embargo, las formas funcionales racionales son en ocasiones más exactas (especialmente con funciones polares, como por ejemplo, funciones con denominadores cercanos a cero).

Periodo	Real 'e	Pronóstico	Error Estimado
1	1.00		
2	6.73	1.00	
3	20.52	-1.42	-8.15
4	45.25	99.82	119.36
5	83.59	55.92	-46.67
6	138.01	136.71	14.39
7	210.87	211.96	1.69
8	304.44	304.43	-0.41
9	420.89	420.89	0.01
10	562.34	562.34	0.00
11	730.85	730.85	0.00
12	928.43	928.43	0.00
?ronóstico 13		1157.03	0.00
?ronóstico 14		1418.57	0.00
?ronóstico 15		1714.95	0.00
?ronóstico 16		2048.00	0.00
?ronóstico 17		2419.55	0.00
?ronóstico 18		2831.39	0.00

Medidas de Error

RMSE	19.6799
MSE	387.2974
MAD	10.2095
MAPE	31.56%
U deTheil	1.1210

Tipo de Función: Racional

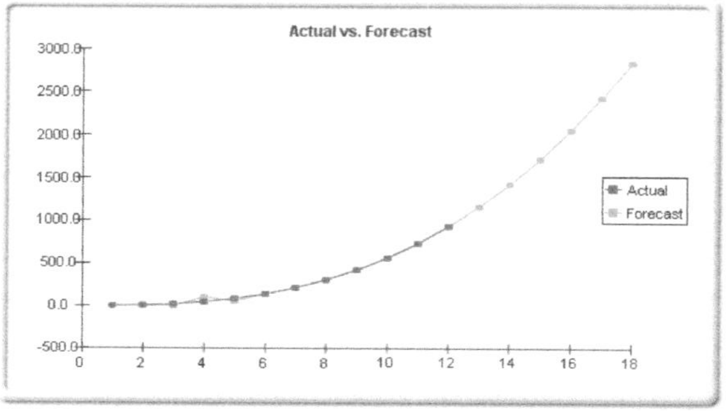

Capítulo 5:
Análisis de
Regresión
Multivariada
Real Options
Valuation

Análisis de Regresión Multivariada

- Se asume que el usuario tiene conocimiento suficiente sobre los fundamentos del análisis de regresión. La ecuación de la regresión lineal bivariada general toma la forma donde β_0 es el intercepto, β_1 la pendiente, y *e* es el término de error. Es bivariada ya que solo hay dos variables, una *Y* o variable dependiente y una *X*, o variable independiente, la cual también se conoce como regresora (algunas veces una regresión bivariada también se conoce como una regresión univariada, ya que solo hay una variable *X* independiente). La variable dependiente se llama así ya que ésta *depende* de la variable independiente, por ejemplo, los ingresos de ventas dependen de la cantidad de costos invertidos en publicidad y promoción de un producto, haciendo que la variable dependiente sea las ventas y la variable independiente sea los costos de mercado. Un ejemplo de una regresión bivariada se ve al insertar la línea mejor ajustada a través de un conjunto de puntos de información en un plano de dos dimensiones. En otros casos, se puede realizar una regresión multivariada, donde existan múltiples o *k* números de variables X independientes o regresores, donde la ecuación de regresión general tomará la forma funcional de $Y = \beta_0 + \beta_1 X_1 + \beta_2 X_2 + \ldots + \beta_k X_k$. En este caso, la línea de mejor ajuste estará en un plano dimensional $k + 1$.
- Para ejecutar una regresión multivariada, escriba o abra un conjunto de datos históricos como base sobre la cual pronosticar. La información debe estar arreglada en múltiples columnas. Seleccione todas las series de información (incluyendo el titulo) y haga clic en ***Simulador de Riesgo | Pronósticos | Análisis de Regresión Multivariada.***

Ejecutar un Análisis de Regresión Multivariada

Para ejecutar un análisis de regresión multivariada:

- Escriba o abra los datos de series de tiempo o transversales y seleccione todas las columnas y haga clic en ***Simulador de Riesgo | Pronósticos | Análisis de Regresión Múltiple***

- Revise que la información se haya ingresado correctamente o haga los cambios y ediciones requeridas en este punto, incluyendo el cambio de nombre de las variables.

- Seleccione cualquiera de las opciones requeridas y haga clic en OK y ejecute el análisis de regresión múltiple.

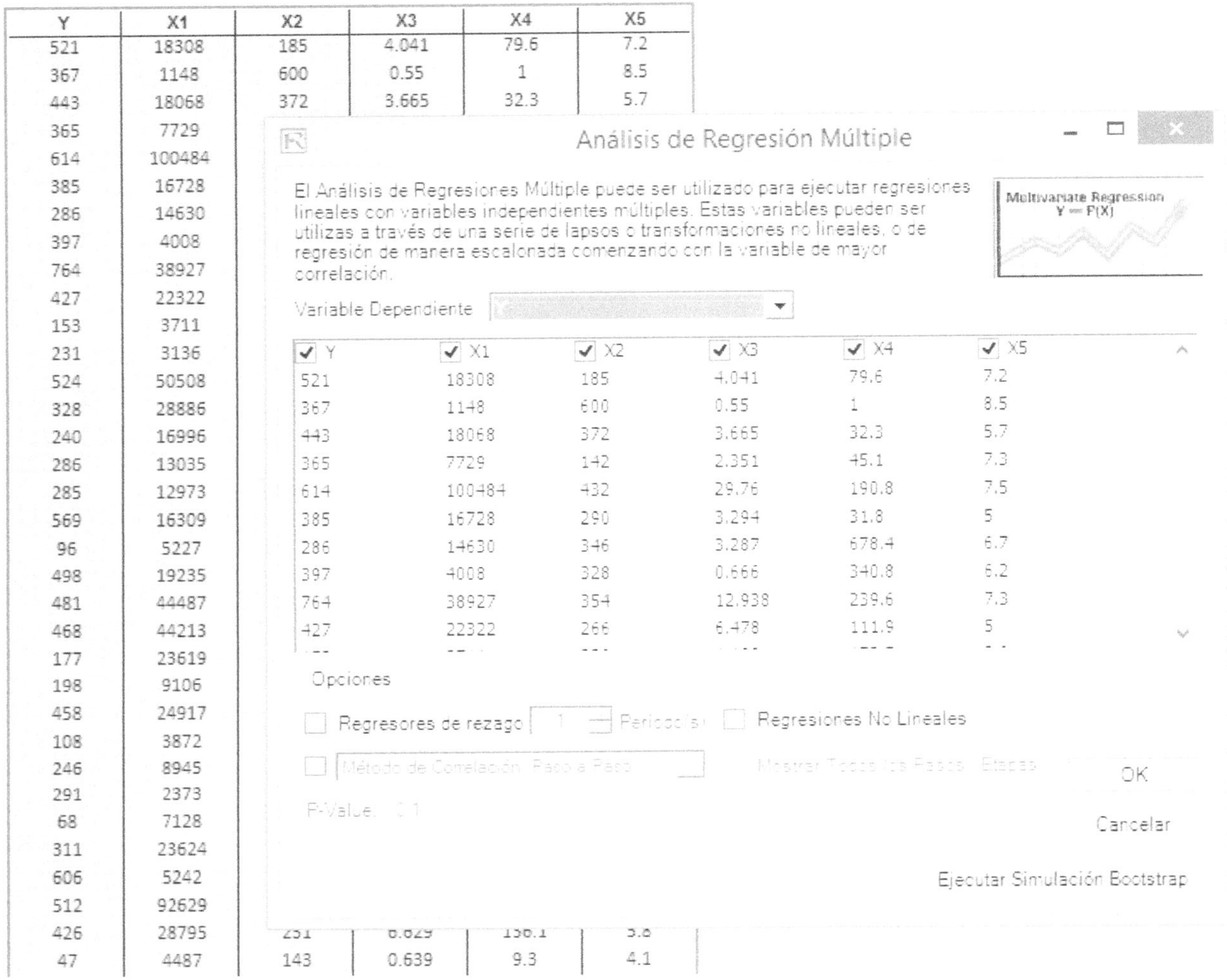

Reporte de la Regresión I

Análisis del Reporte de la Regresión

Estadísticas de Regresión	
R-Cuadrado (Coeficiente de Determinación)	0.3272
R-Cuadrado Ajustado	0.2508
R-Múltiple (Coeficiente de Correlación Múltiple)	0.5720
Error Estándar Estimado (EEy*)	149.6720
Observaciones n	50

El valor R-Cuadrado o el Coeficiente de Determinación, indica que el 75.6% de la variación en la variable dependiente puede explicarse y calcularse mediante el análisis de regresión de las variables independientes. Sin embargo, en una regresión múltiple, el R-Cuadrado Ajustado toma en cuenta la existencia de variables independientes adicionales o regresores y ajusta el valor de dicha R-Cuadrada Ajustada para obtener un panorama más exacto del poder intrínseco de la regresión, puesto que determina la variabilidad que es explicada por las variables explicativas o independientes, con respecto a la variable dependiente cuando se introduce una variable adicional al modelo. De ahí que sólo el 66.3% de la variación en la variable dependiente puede ser explicada por las variables independientes cuando se introduce una nueva variable al modelo.

El Coeficiente de Correlación Múltiple (R-Múltiple) mide la correlación entre la verdadera variable dependiente (Y) y la variable estimada o ajustada (Y*) basado en la ecuación de regresión, es decir, establece una medida del grado de asociación lineal entre la variable dependiente y la variable estimada, concretamente entre la variable dependiente y la recta de regresión estimada. Esta correlación también es la raíz cuadrada del Coeficiente de Determinación (R-Cuadrado).

Las estimaciones del Error Estándar (SEy*) describen la dispersión del conjunto de datos por encima y debajo de la línea de regresión lineal o plano. Este valor es utilizado como parte del cálculo para obtener el intervalo de confianza de las estimaciones posteriores.

Resultados de la Regresión

	Intercepto	X1	X2	X3	X4	X5
Coeficientes	57.9555	-0.0035	0.4644	25.2377	-0.0086	16.5579
Error Estándar	108.7901	0.0035	0.2535	14.1172	0.1016	14.7996
Estadístico t	0.5327	-1.0066	1.8316	1.7877	-0.0843	1.1188
P-Value	0.5969	0.3197	0.0738	0.0807	0.9332	0.2693
Inferior al 5%	-161.2966	-0.0106	-0.0466	-3.2137	-0.2132	-13.2687
Superior al 95%	277.2076	0.0036	0.9753	53.6891	0.1961	46.3845

Grados de Libertad	
Grados de Libertad para la Regresión	5
Grados de Libertad Residual	44
Grados Totales de Libertad	49

Pruebas de Hipótesis	
Estadístico t Crítico (99% de confianza con df de 44)	2.6923
Estadístico t Crítico (95% de confianza con df de 44)	2.0154
Estadístico t Crítico (90% de confianza con df de 44)	1.6802

Los coeficientes proporcionan el intercepto y la pendiente de la regresión estimada. Por ejemplo, los coeficientes son estimaciones de los posibles valores poblacionales b representados en la siguiente ecuación de regresión Y = b0 + b1X1 + b2X2 + ... + bnXn. El Error Estándar mide que tan exactos son los pronósticos de los coeficientes, y el estadístico t es la razón entre el valor correspondiente al coeficiente estimado y su respectivo Error Estándar.

El estadístico t se utiliza en la prueba de hipótesis, donde se establece la hipótesis nula (Ho) de manera que el coeficiente sea cero, y la hipótesis alternativa (Ha) diferente de cero, de manera que el verdadero valor del coeficiente no sea igual a cero. Una prueba t se lleva a cabo cuando el estadístico t se compara con los valores críticos de los Grados de Libertad Residual. La prueba t es muy importante ya que calcula si cada uno de los coeficientes es estadísticamente significativo en presencia de otros regresores. Esto significa que la prueba t comprueba estadísticamente cuando un regresor o una variable independiente debe continuar en la regresión o de lo contrario, debe descartarse.

El coeficiente es estadísticamente significativo si su estadístico t excede el estadístico crítico en los grados de libertad relevantes (df). Los tres principales niveles de confianza utilizados para medir la significancia son 90%, 95% y 99%. Si un estadístico t del coeficiente excede el nivel crítico, se le considera estadísticamente significativo. Alternativamente, el P - Value calcula cada probabilidad de ocurrencia del estadístico t, lo que significa que entre más pequeño sea el P - Value, más significativo será el coeficiente. Los niveles usuales de significancia para el P - Value son 0.01, 0.05, y 0.10, que corresponden a 99%, 95%, y 99% de los niveles de confianza respectivamente.

Reporte de la Regresión II

Análisis de Varianza

	Suma de Cuadrados	Suma del Promedio de Cuadrados	Estadístico F	P-Value
Regresión	479388.49	95877.70	4.28	0.0029
Residual	985675.19	22401.71		
Total	1465063.68			

Pruebas de Hipótesis

Estadístico F Crítico (99% de confianza con df de 5 y 44)	3.4651
Estadístico F Crítico (95% de confianza con df de 5 y 44)	2.4270
Estadístico F Crítico (90% de confianza con df de 5 y 44)	1.9828

El cuadro de Análisis de Varianza (ANOVA) proporciona una prueba con el estadístico F, apoyado en los resúmenes generales de las estadísticas significativas de los modelos. En lugar de buscar regresores individuales como en la prueba t, la prueba F busca en todas las propiedades estadísticas de los coeficientes. El estadístico F se calcula como la razón de la suma ponderada de cuadrados de la suma explicada de la regresión sobre la suma ponderada de cuadrados de la suma de residuales cuadrados. El numerador mide que tanto de la regresión se explica, mientras que el denominador mide que tanto no se explica. Por lo tanto, mientras más grande sea el estadístico F, más significativo será el modelo. El P - Value correspondiente es calculado para comprobar la hipótesis nula (Ho) en donde todos los coeficientes son simultáneamente iguales a cero, contra la hipótesis alternativa (Ha), en la cual todos son simultáneamente diferentes a cero, indicando un modelo de regresión estadísticamente significativo. Si el P - Value es más pequeño que los niveles de significancia alfa, es decir, 0.01, 0.05, o 0.10, entonces la regresión es significativa. La misma aproximación puede aplicarse comparando el estadístico F con los valores críticos de F en varios niveles de significancia.

Pronóstico

Periodo	Real (Y)	Pronóstico (P)	Error (E)
1	521.0000	299.5124	221.4876
2	367.0000	487.1243	(120.1243)
3	443.0000	353.2789	89.7211
4	365.0000	276.3296	88.6704
5	614.0000	776.1336	(162.1336)
6	385.0000	298.9993	86.0007
7	286.0000	354.8718	(68.8718)
8	397.0000	312.6155	84.3845
9	764.0000	529.7550	234.2450
10	427.0000	347.7034	79.2966
11	153.0000	266.2526	(113.2526)
12	231.0000	264.6375	(33.6375)
13	524.0000	406.8009	117.1991
14	328.0000	272.2226	55.7774
15	240.0000	231.7882	8.2118
16	286.0000	257.8862	28.1138
17	285.0000	314.9521	(29.9521)
18	569.0000	335.3140	233.6860
19	96.0000	282.0356	(186.0356)
20	498.0000	370.2062	127.7938
21	481.0000	340.8742	140.1258

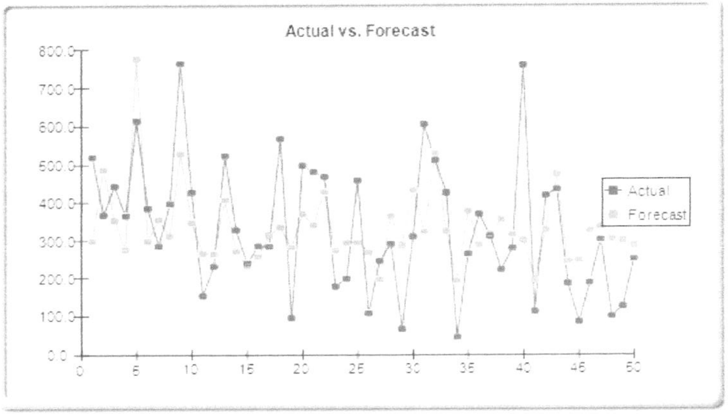

Capítulo 6:
Procesos
Estocásticos
Stochastic Process Forecasting
Real Options
Valuation

Pronósticos de los Procesos Estocásticos

- Un proceso estocástico es una ecuación matemática definida que puede crear una serie de resultados con el tiempo, que no son determinísticos por naturaleza. Es decir, una ecuación o proceso que no sigue ninguna regla simple discernible como que el precio aumente un *X* por ciento cada año o que los ingresos aumenten por este factor de *X* más un *Y* por ciento. Un proceso estocástico es por definición no-determinístico y uno puede ingresar números en la ecuación de un proceso estocástico y obtener resultados diferentes cada vez. Por ejemplo, el camino de un precio del valor de una acción es estocástico por naturaleza, y uno no puede predecir confiablemente el camino del precio exacto de una acción con certeza alguna. Sin embargo, la evolución del precio con el tiempo está guardada en un proceso que genera estos precios. *El proceso es arreglado y predeterminado, pero los resultados no lo son.* De ahí que por la simulación estocástica, podemos crear varios caminos de precios, obtener un muestreo estadístico de estas simulaciones y hacer inferencias de los caminos potenciales que el precio tomará dada la naturaleza y los parámetros del proceso estocástico usado para generar la serie de tiempo. En la herramienta de pronóstico de Risk Simulator, vienen incluidos cuatro procesos estocásticos, incluyendo el movimiento Browniano o el paseo aleatorio, que es el más común y frecuentemente usado debido a su simplicidad y a su amplio rango de aplicabilidad. Los otros tres procesos estocásticos son el proceso de reversión de la media, el de difusión de salto y el proceso mezclado.
- Lo interesante sobre los procesos estocásticos de simulación es que la información histórica no se requiere necesariamente. Es decir, el modelo no tiene que encajar con ningún conjunto de datos históricos específico. Sencillamente calcule los ingresos esperados y la volatilidad de la información histórica, o estímelos usando información externa comparable o haga supuestos sobre estos valores.
- Para ejecutar una regresión multivariada, escriba o abra un conjunto de datos históricos como una base sobre la cual se va a pronosticar. La información debe organizarse en múltiples columnas. Seleccione toda la información (incluyendo el titulo) y haga clic en ***Simulador de Riesgo | Pronósticos | Procesos Estocásticos***.

Ejecutar un Pronóstico de un Proceso Estocástico

Para ejecutar un pronóstico de un proceso estocástico:

- Haga clic en ***Simulador de Riesgo | Pronósticos | Procesos Estocásticos***

- Seleccione el proceso requerido, ingrese la entrada requerida e ingrese los parámetros de entrada requeridos y haga clic en Actualizar Cuadro para una iteración de muestra.

- Haga clic en OK para ejecutar el análisis

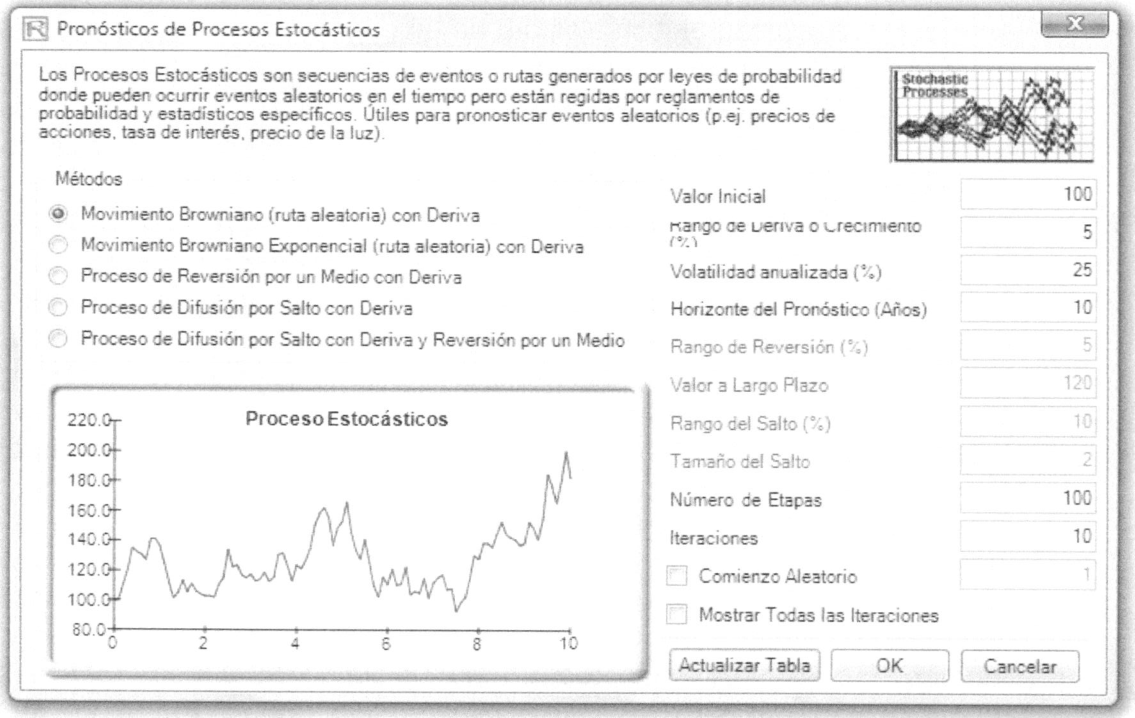

Para discusiones más detalladas vea los capítulos 8 de "Modeling Risk: Applying Monte Carlo Simulation, Real Options Analysis, Forecasting, and Optimization," (2015) escrito por el Dr. Johnathan Mun.

Reporte del Proceso Estocástico

El cuadro muestra un set de muestra de las iteraciones, mientras el reporte explica lo básico de los procesos estocásticos. Además, los valores del pronóstico (media y desviación estándar) para cada periodo de tiempo es proporcionado. Usando estos valores, usted puede decidir qué periodo de tiempo es relevante para su análisis, y configurar los supuestos basado en los valores de esa media y desviación estándar usando una distribución normal. Estos supuestos pueden ser simuladas después en su modelo personalizado.

Los Procesos Estocásticos Que Pronostican

El Resumen Estadistico

Un proceso estocástico es una sucesión de acontecimientos o senderos engendrados por leyes de probabilistic. Eso es los acontecimientos del azar pueden ocurrir con el tiempo pero son gobernados por específico estadístico y las órdenes de probabilistic. Los procesos estocásticos principales incluyen la Caminata del Azar o el Movimiento de Brownian. Significan Reversión y la Difusión del Salto. Estos procesos se pueden usar para pronosticar una multitud de las variables que siguen aparentemente el azar las tendencias pero más son restringidos por leyes de probabilistic.

El proceso del Movimiento de la Caminata del Azar Brownian se puede usar para pronosticar los precios de acciones, los precios de bienes, y de otros datos estocásticos de la serie de tiempo dados una tasa del deriva o el crecimiento y una inestabilidad alrededor del sendero del deriva. El proceso de Reversión de Medio se puede usar para reducir las fluctuaciones del proceso de la Caminata del Azar permitiendo el sendero al blanco un valor a largo plazo, hacelo útil para pronosticando las variables de la serie de tiempo que tiene una tasa a largo plazo tal como tasas de tipo de interés e inflado (éstos son las tasas a largo plazo del blanco por autoridades regulativas o el mercado). El proceso de la Difusión del Salto es útil para pronosticar los datos de la serie de tiempo cuando la variable puede exhibir ocasionalmente el azar los saltos, tal como precios de aceite o precio de la electricidad (los golpes distintos del acontecimiento de exogenous pueden hacer el salto de precios arriba o hacia abajo). Finalmente, estos tres procesos estocásticos se pueden mezclar y pueden ser emparejados como requerido.

Los resultados en el derecho indican el medio y la desviación típica de todas las iteraciones engendradas en cada paso de vez. Si la Exposición Toda opción de Iteraciones se escoge, cada senda de iteración se mostrará en una hoja de trabajo separada. El gráfico engendrado debajo de muestra un conjunto de la muestra de las sendas de iteración.

Los Procesos Estocásticos Que Pronostican.

Comience el Valor	100	Los Pasos	100.00	Salte la Tasa	N/A
Lleve la Tasa	5.00%	Iteraciones	10.00	Salte el Tamaño	N/A
Inestabilidad	25.00%	La Tasa de Reversión	N/A	La Semilla del Azar	1431155157
El Horizonte	10	El Valor a Largo Plazo	N/A		

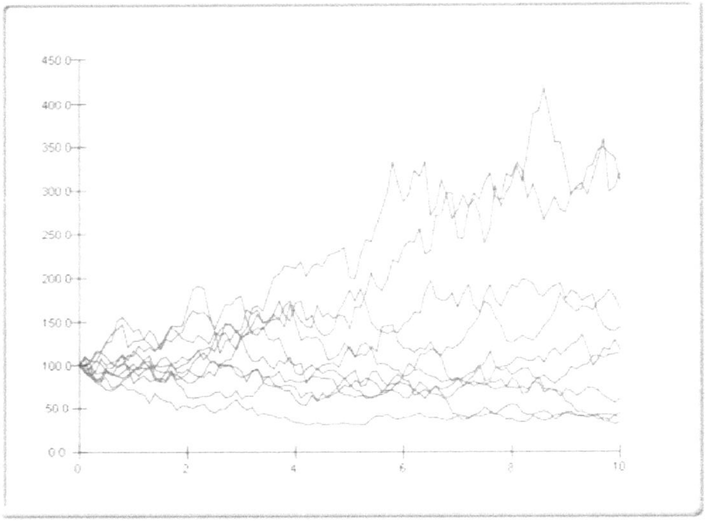

Time	Mean	Stdev
0.0000	100.00	0.00
0.1000	99.10	7.47
0.2000	96.03	7.22
0.3000	94.97	13.59
0.4000	97.39	15.57
0.5000	99.50	17.01
0.6000	97.79	20.92
0.7000	102.23	25.54
0.8000	105.54	26.54
0.9000	102.34	21.16
1.0000	102.77	20.86
1.1000	103.30	22.41
1.2000	103.27	19.23
1.3000	103.02	23.61
1.4000	97.78	19.65
1.5000	96.84	20.53
1.6000	100.92	25.22
1.7000	105.18	26.90
1.8000	100.75	30.33
1.9000	101.20	29.71
2.0000	103.67	36.95
2.1000	108.09	42.76
2.2000	111.58	42.61
2.3000	111.25	41.54
2.4000	108.47	35.22
2.5000	107.13	32.56
2.6000	108.95	32.95
2.7000	114.64	38.78
2.8000	114.13	36.61
2.9000	114.97	35.91
3.0000	114.33	39.90
3.1000	112.69	39.94
3.2000	115.11	39.89
3.3000	117.64	42.82
3.4000	114.70	39.91
3.5000	115.52	43.45
3.6000	117.60	49.89
3.7000	120.21	51.94
3.8000	116.64	53.52
3.9000	118.70	56.12
4.0000	113.19	56.71
4.1000	109.09	58.33
4.2000	103.70	52.23
4.3000	108.41	53.12
4.4000	108.67	56.30
4.5000	105.96	52.42
4.6000	106.12	55.80
4.7000	107.70	55.11
4.8000	109.43	58.43
4.9000	114.50	59.64
5.0000	110.44	53.91
5.1000	109.68	53.96

Paseos Aleatorios-Movimiento Browniano

El proceso de Pasos Aleatorios por Movimiento Browniano puede ser usado para pronosticar los precios de las acciones, los precios de las materias primas y otra información de series de tiempo estocásticas dado un flujo o una tasa de crecimiento y una volatilidad alrededor del camino del flujo.

Brownian Motion Random Walk Process

The Brownian motion random walk process takes the form of $\frac{\delta S}{S} = \mu(\delta t) + \sigma\varepsilon\sqrt{\delta t}$ for regular options simulation, or a more generic version takes the form of $\frac{\delta S}{S} = (\mu - \sigma^2 / 2)\delta t + \sigma\varepsilon\sqrt{\delta t}$ for a geometric process. For an exponential version, we simply take the exponentials, and as an example, we have $\frac{\delta S}{S} = \exp\left[\mu(\delta t) + \sigma\varepsilon\sqrt{\delta t}\right]$.

The following are the variable definitions:

- S as the variable's previous value
- δS as the change in the variable's value from one step to the next
- μ as the annualized growth or drift rate
- σ as the annualized volatility

In order to estimate the parameters from a set of time-series data, the drift rate and volatility can be found by setting μ to be the average of the natural logarithm of the relative returns $ln\frac{S_t}{S_{t-1}}$, while σ is the standard deviation of all $ln\frac{S_t}{S_{t-1}}$ values.

Proceso de Reversión de la Media

El proceso de reversión de la media se puede utilizar para reducir las fluctuaciones del proceso de los paseos aleatorios, al permitir que el paseo le apunte a un valor de largo plazo, haciéndolo útil para pronosticar las variables de las series de tiempo que tienen una tarifa de largo plazo, tales como las tasas de interés y de inflación (éstas son dadas por las autoridades regulatorias o por el mercado).

Mean-Reversion Process

The following describes the mathematical structure of a mean-reverting process with drift: $\frac{\delta S}{S} = \eta(\bar{S}e^{\mu(\delta t)} - S)\delta t + \mu(\delta t) + \sigma\varepsilon\sqrt{\delta t}$. In order to obtain the rate of reversion and long term rate, using the historical data points, run a regression such that $Y_t - Y_{t-1} = \beta_0 + \beta_1 Y_{t-1} + \varepsilon$ and we find $\eta = -\ln[1+\beta_1]$ and $\bar{S} = -\beta_0 / \beta_1$.

The following are the variable definitions:

- η as the rate of reversion to the mean
- $\bar{S}$ as the long-term value the process reverts to
- Y as the historical data series
- β_0 as the intercept coefficient in a regression analysis
- β_1 as the slope coefficient in a regression analysis

Proceso de Difusión de Salto

El proceso de difusión de salto es útil para pronosticar información de series de tiempo cuando la variable puede exhibir ocasionalmente paseos aleatorios, tales como los precios del petróleo o la electricidad (los choques entre eventos discretos y exógenos pueden hacer que los precios suban o bajen).

Jump Diffusion Process

A jump diffusion process is similar to a random walk process but there is a probability of a jump at any point in time. The occurrences of such jumps are completely random but its probability and magnitude are governed by the process itself. The model is defined as: $\frac{\delta S}{S} = \eta(\bar{S}e^{\mu(\delta t)} - S)\delta t + \mu(\delta t) + \sigma\varepsilon\sqrt{\delta t} + \theta F(\lambda)(\delta t)$ for a jump diffusion process.

The following are the variable definitions:

θ as the jump size of S

$F(\lambda)$ as the inverse of the Poisson cumulative probability distribution

λ as the jump rate of S

The jump size can be found by computing the ratio of the post-jump to the pre-jump levels, and the jump rate can be imputed from past historical data. The other parameters are found the same way as above.

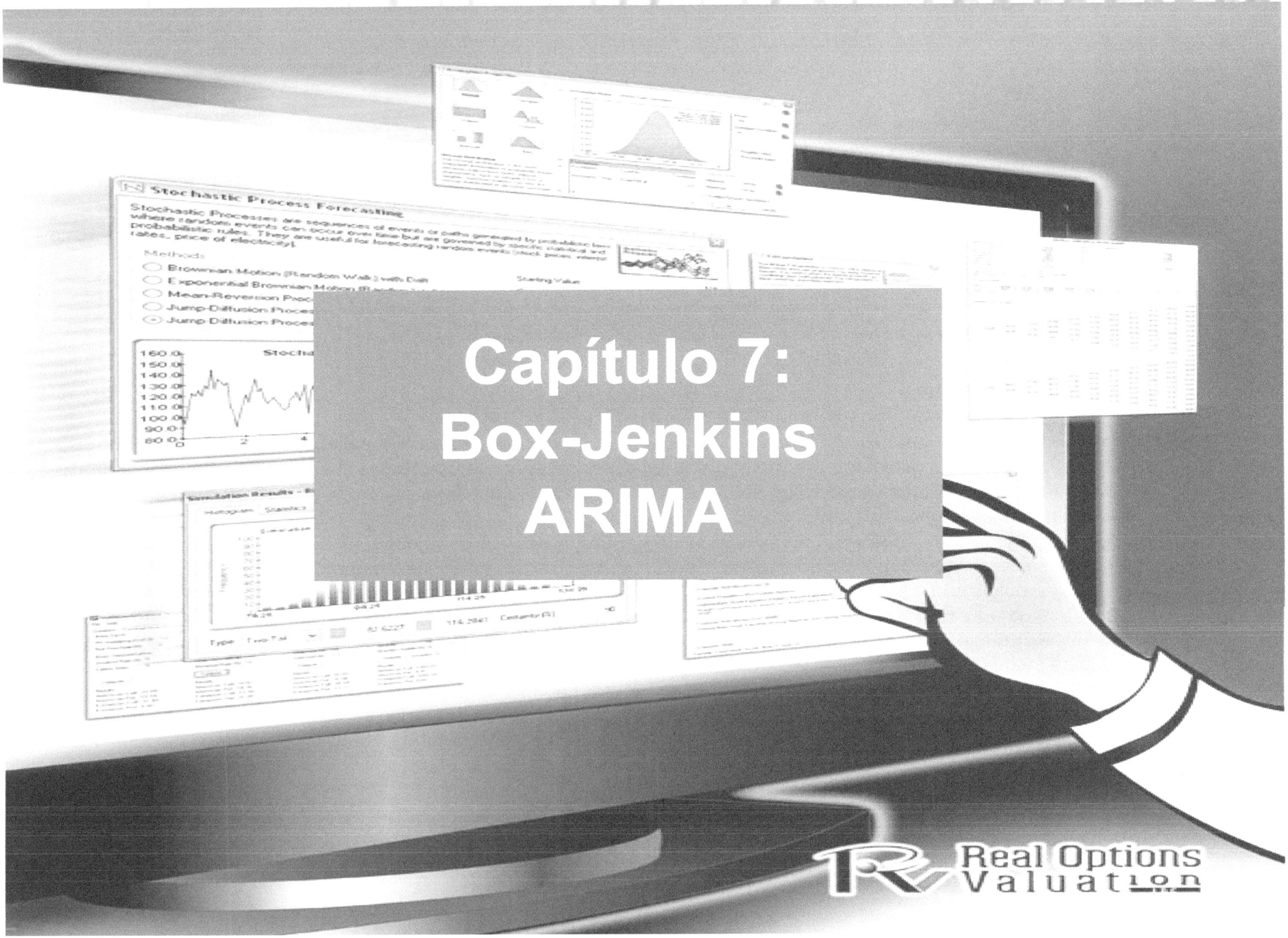
Capítulo 7:
Box-Jenkins
ARIMA
Real Options
Valuation

ARIMA

Una herramienta avanzada de pronóstico de series de tiempo, muy poderosa, es ARIMA o *Modelo Autorregresivo Integrado de Media Móvil*. El pronóstico ARIMA reúne tres herramientas separadas en un modelo integral. El primer segmento de herramientas es el autorregresivo o el término "AR", el cual corresponde al número de valores rezagados del residual en el modelo de pronósticos incondicional. En esencia, el modelo captura la variación histórica de los datos reales en un modelo de pronóstico y usa esta variación o residual para crear un mejor modelo predictivo. El segundo segmento de herramientas es el orden de integración o el término "I". Este término de integración corresponde al número de diferenciación de las series de tiempo que van a ser pronosticadas. Este elemento cuenta para cualquier tasa de crecimiento no-lineal existente en los datos. El tercer segmento de herramientas es la media móvil o el término "MA", el cual es esencialmente el promedio móvil de los errores de pronósticos rezagados. Al incorporar estos errores de pronósticos rezagados, el modelo, en esencia aprende de sus errores de pronóstico y los corrige a través del cálculo de media móvil. Además, los modelos ARIMA se pueden mezclar con variables exógenas, pero asegúrese de que las variables exógenas tengan suficientes puntos datos para cubrir el número adicional de periodos para pronosticar. Finalmente, tenga cuidado, ya que debido a la complejidad de los modelos, este puede tomar algunos minutos para ejecutarse.

Autoregressive Integrated Moving Average or ARIMA(p,d,q) models are the extension of the AR model that uses three components for modeling the serial correlation in the time series data. The first component is the autoregressive (AR) term. The AR(p) model uses the p lags of the time series in the equation. An AR(p) model has the form: $y_t = a_1 y_{t-1} + \ldots + a_p y_{t-p} + e_t$. The second component is the integration (d) order term. Each integration order corresponds to differencing the time series. I(1) means differencing the data once. I(d) means differencing the data d times. The third component is the moving average (MA) term. The MA(q) model uses the q lags of the forecast errors to improve the forecast. An MA(q) model has the functional form: $y_t = e_t + b_1 e_{t-1} + \ldots + b_q e_{t-q}$. Similarly, an ARMA(p,q) model has the combined functional form: $y_t = a_1 y_{t-1} + \ldots + a_p y_{t-p} + e_t + b_1 e_{t-1} + \ldots + b_q e_{t-q}$.

ARIMA

Pronósticos Box-Jenkins ARIMA

Las predicciones mediante los modelos Autoregresivos Integrados de Media Móvil (ARIMA) utilizan tecnicas avanzadas de modelación econométrica para ajustar con base en los datos históricos de una serie de tiempo, una predicción de su comportamiento en el futuro. Se requiere un conocimiento econométrico avanzado para modelar adecuadamente modelos ARIMA. Revise el siguiente ejemplo de Excel sobre modelos ARIMA para más detalles. Sin embargo usted puede comenzar rápidamente a utilizar esta herramienta, siguiendo las instrucciones dadas a continuación:

1. **Simulador de Riesgo | Pronóstico | ARIMA**
2. Seleccione el area donde se encuentra la Serie de Tiempo a pronosticar y seleccione el área ocupada por las celdas **B5:B440.**
3. Asigne según su criterio diferentes valores para P, D, y Q. Luego escoja un número de periodos a pronosticar (por ejemplo: 1,0,0 para P, D, Q y 5 para el Pronóstico)
4. De click en **OK** ára iniciar el proceso ARIMA y revisar el informe del proceso ARIMA para detalles de los resultados.

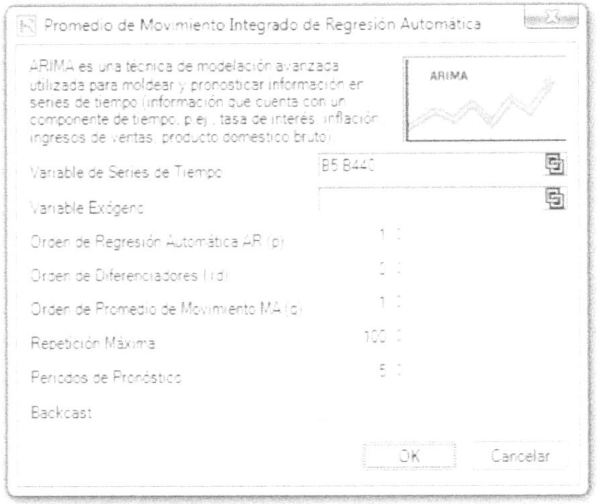

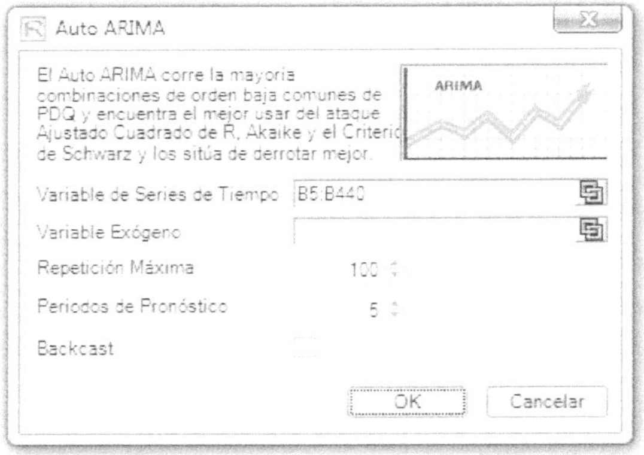

Modelos Auto ARIMA

Una modelación apropiada ARIMA requiere comprobar y encontrar los procesos Autoregresivos y de Media Móvil de los datos de la serie de tiempo utilizada, y así poder calibrar correctamente los valores P, D y Q del modelo. Sin embargo, usted puede utilizar la herramienta AUTO ARIMA para generar automáticamente todas las combinaciones de P, D y Q y comprobar cuál es la combinación de valores que permita encontrar el mejor ajuste para un modelo ARIMA. Para ello, siga estos pasos:

1. **Simulador de Riesgo | Pronóstico | Auto ARIMA**
2. Seleccione el area donde se encuentra la Serie de Tiempo a pronosticar y seleccione el área ocupada por las celdas B5:B440
3. Defina los parametros a seguir en el modelo ARIMA como variable exogena (opcional) el número maximo de iteraciones del proceso, el periodo a pronósticar y los rezagos

NOTA: Puede ejecutar ARIMA utilizando únicamente su propia información de series de tiempo, o agregar variables independientes exógenas.

Puede pronosticar cuántos períodos desee al utilizar su propia información de series de tiempo. Sin embargo, cuando se agregan las variables independientes, se debe mantener lo siguiente:

Período de pronósticos≤ (número de filas de datos de la variable independiente)- (número de filas de datos de la series de tiempo)

Reporte ARIMA (Parte I)

ARIMA (Autoregressive Integrated Moving Average)

La Estadística del Regresion

Cuadrado de R (Coeficiente de la Determinación)	0.9999	Akaike Information Criterion (AIC)	4.6213
Ajustado Cuadrado de R	0.9999	Schwarz Criterion (SC)	4.6632
Múltiples R (Múltiples Coeficiente de la Correlación)	1.0000	Apunte la Probabilidad (Log Likelihood)	-1005.1340
El Error Uniforme de las Estimaciones (SEy)	297.5246	Durbin-Watson (DW) Estadística	1.8588
El Número de Observaciones	435	El Número de Iteraciones	5

*Autoregressive Integrado Móvil Promedia o ARIMA (P, D, Q) los modelos son la extensión del modelo de AR que usa tres componentes para modelar la correlación de serie en los datos de la serie de tiempo. El primer componente es el término de autoregressive (AR). El modelo de AR (p) usa las demoras P de la serie cronológica en la ecuación. Un modelo de AR (p) tiene la forma: y(t)=a(1)*y(t-1)+...+a(p)*y(t-p)+e(t).The segundo componente es el término de la orden de la integración (d). Cada orden de la integración corresponde a differencing la serie cronológica. Yo (1) differencing de medios los datos una vez. Yo (d) differencing de medios los datos D cronometran. El tercer componente es el móvil promedia (MA) el término. El modelo de MA (q) usa las demoras Q de los errores del pronóstico para mejorar el pronóstico. Un modelo de MA (q) tiene la forma: y(t)=e(t)+b(1)*e(t-1)+...+b(q)*e(t-q).Finally, un ARMA (P, Q) el modelo tiene la forma combinada: y(t)=a(1)*y(t-1)+...+a(p)*y(t-p)+e(t)+b(1)*e(t-1)+...+b(q)*e(t-q)*

El Cuadrado de R, o Coeficiente de la Determinación, indica la por ciento variación en la variable dependiente que se puede explicar y puede ser justificado por las variables independientes en este análisis del retroceso. Sin embargo, en un múltiples retroceso, el Ajustado Cuadrado de R tiene en cuenta la existencia de variables o regressors independientes adicionales y ajusta este valor Cuadrado de R a un panorama más exacto el poder explicativo del retroceso. Sin embargo, bajo algún ARIMA modelando las circunstancias (por ejemplo, con modelos de nonconvergence), el Cuadrado de R tiende a ser informal.

El Múltiples Coeficiente de la Correlación (Múltiples R) mide la correlación entre la variable (Y) dependiente verdadera y el estimado o quedado (Y) basado en la ecuación del retroceso. Esta correlación es también la raíz cuadrada del Coeficiente de la Determinación (Cuadrado de R).

El Error Uniforme de las Estimaciones (SEy) describe la dispersión de puntos de datos encima de y debajo de la línea del retroceso o el avión. Este valor se usa como parte del cálculo para obtener el intervalo de la confianza de las estimaciones posteriores.

El AIC y SC a menudo se usan en la selección ejemplar. SC impone una pena más grande para coeficientes adicionales. Generalmente, el usuario debe escoger un modelo con el valor más bajo del AIC y SC.

La estadística de Durbin Watson mide la correlación de serie en el residual. Generalmente, menos de 2 de DW implican la correlación de serie positiva.

Resultados Regresion

	Intercepte	AR(1)	MA(1)
Coeficientes	-0.0626	1.0055	0.4936
El Error Uniforme	0.3108	0.0006	0.0420
Estadística T	-0.2013	1691.1373	11.7633
Valor P Probabilidad	0.8406	0.0000	0.0000
Bajo 5%	0.4498	1.0065	0.5628
Superior 95%	-0.5749	1.0046	0.4244

Los Grados del Libertad		**La Prueba del Hipótesis**	
Los grados de la Libertad para el Retroceso	2	Estadística T Crítica (99% de confianza con df de 432)	2.5873
Los grados de la Libertad para Residual	432	Estadística T Crítica (95% de confianza con df de 432)	1.9655
Los Grados Totales de la Libertad	434	Estadística T Crítica (90% de confianza con df de 432)	1.6484

Los Coeficientes proporcionan el retroceso estimado intercepta e inclina. Por ejemplo, los coeficientes son las estimaciones del verdadero; los valores de población B en la ecuación Y siguiente del retroceso = $b_0 + b_1X_1 + b_2X_2 + ... + B_nX_n$. El Error Uniforme mide cuán exactos los Coeficientes predichos son, y la Estadística T es las razones de cada Coeficiente predicho a su Error Uniforme.

La Estadística T se usa en probar de hipótesis, donde ponemos la hipótesis (Ho) nula tanto que el medio verdadero del Coeficiente = 0, y la hipótesis (ah) alterna tanto que el medio verdadero del Coeficiente no sean igual a 0. Una prueba T es es realizado y la Estadística T calculada es comparada con los valores críticos en los Grados pertinentes de la Libertad para Residual. La prueba T es muy importante como calcula si cada uno de los coeficientes son estadísticamente significativos en la presencia del otro regressors. Esto significa que la prueba T verifica estadísticamente si un regressor o la variable independiente deben permanecer en el retroceso o deben ser dejados caer.

El Coeficiente es estadísticamente significativo si su Estadística T calculada excede la Estadística T Crítica en los grados pertinentes de la libertad (df). Los tres niveles principales de la confianza usaron para probar para el significado son 90%, 95% y 99%. Si una Estadística de Coeficiente T excede el nivel Crítico, se considera estadísticamente significativo. Alternativamente, el Valor P calcula cada probabilidad de t-Statistic de la ocurrencia, que significa que el más pequeño el Valor P, el más significativo el Coeficiente. Los niveles significativos usuales para el Valor P son 0.01, 0.05, y 0.10, correspondiendo al 99%, 95%, y 99% de confianza nivelan.

Los Coeficientes con su P Avaluan puesto los toques de luz en azul indica que ellos son estadísticamente significativos en la 90% de confianza o 0.10 nivel alfa, mientras esos punto culminante en rojo indica que ellos no son estadísticamente significativos en cualquier otros niveles alfas.

El Análisis de Variación

	Las Sumas de Cuadrados	Medios de Cuadrados	La Estadística F	Valor P Probabilidad	La Prueba del Hipótesis	
Regresion	38415447.5277	19207723.7638	3171851.1034	0.0000	Estadística F Crítica (99% de confianza con df de 2 y 432)	4.6546
Residual	2616.0549	6.0557			Estadística F Crítica (95% de confianza con df de 2 y 432)	3.0166
El Suma	38418063.5826	19207729.8195			Estadística F Crítica (90% de confianza con df de 2 y 432)	2.3149

El Análisis de tabla de Variación (ANOVA) proporciona una prueba F del modelo del retroceso el significado estadístico completo. En vez de mirar regressors individual como en la prueba T, la prueba F mira todo el estimó las propiedades estadísticas de Coeficientes. La Estadística F se calcula como la razón del Medio del Retroceso de Cuadrados al Medio Residual de Cuadrados. El numerador mide cuánto del retroceso es explicado, mientras el denominador mide cuánto es inexplicado. De aquí en adelante, la más grande la Estadística F, el más significativo el modelo. El Valor P correspondiente se calcula para probar la hipótesis (Ho) nula donde todos los Coeficientes son simultaneamente iguales poner cero de a, contra la hipótesis (ah) alterna que ellos son todo simultaneamente diferente del cero, indicando un modelo completo significativo del retroceso. Si el Valor P es más pequeño que el 0.01, 0.05, o 0.10 significado alfa, entonces el retroceso es significativo. El mismo enfoque puede ser aplicado a la Estadística F comparando la Estadística F calculada con los valores F críticos en varios niveles del significado.

Reporte ARIMA (Parte II)

La Correlación del Auto (Autocorrelation)

El Retraso	AC	PAC	Bajo Salta	Superior Atado	Q-Estadística	Probabilidad
1	0.9921	0.9921	(0.0958)	0.0958	431.1216	-
2	0.9841	(0.0105)	(0.0958)	0.0958	856.3037	-
3	0.9760	(0.0109)	(0.0958)	0.0958	1,275.4318	-
4	0.9678	(0.0142)	(0.0958)	0.0958	1,688.5499	-
5	0.9594	(0.0098)	(0.0958)	0.0958	2,095.4625	-
6	0.9509	(0.0113)	(0.0958)	0.0958	2,496.1572	-
7	0.9423	(0.0124)	(0.0958)	0.0958	2,890.5594	-
8	0.9336	(0.0147)	(0.0958)	0.0958	3,278.5669	-
9	0.9247	(0.0121)	(0.0958)	0.0958	3,660.1152	-
10	0.9156	(0.0139)	(0.0958)	0.0958	4,035.1192	-
11	0.9066	(0.0049)	(0.0958)	0.0958	4,403.6117	-
12	0.8975	(0.0068)	(0.0958)	0.0958	4,765.6032	-
13	0.8883	(0.0097)	(0.0958)	0.0958	5,121.0697	-
14	0.8791	(0.0087)	(0.0958)	0.0958	5,470.0032	-
15	0.8698	(0.0064)	(0.0958)	0.0958	5,812.4256	-
16	0.8605	(0.0056)	(0.0958)	0.0958	6,148.3694	-
17	0.8512	(0.0062)	(0.0958)	0.0958	6,477.8620	-
18	0.8419	(0.0038)	(0.0958)	0.0958	6,800.9622	-
19	0.8326	(0.0003)	(0.0958)	0.0958	7,117.7709	-
20	0.8235	0.0002	(0.0958)	0.0958	7,428.3952	-

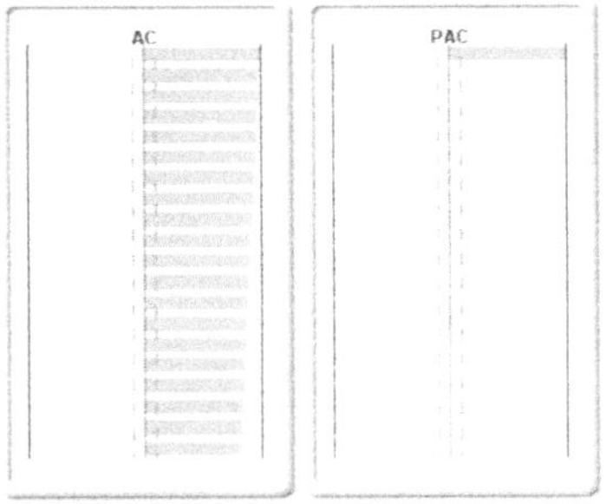

Si AC(1) de autocorrelación es no cero, significa que la serie es primero orden de serie puesta en correlacción. Si AC(k) muere lejos más o menos geométricamente con demora creciente, implica que la serie sigue un proceso de la orden baja de autoregressive. Si gotas de AC(k) para poner cero de a después que un número pequeño de demoras implica que la serie sigue un de orden baja moviendo promedia el proceso. PAC (k) parcial de la correlación mide la correlación de los valores que son los periodos K aparte después de quitar la correlación de las demoras que intervienen. Si el modelo de autocorrelación puede ser capturado por un autoregresión de la orden menos que K, entonces el autocorrelación parcial en demora K será cercano poner cero de a. La estadística de la caja Q de Ljung y sus valores P en demora K tienen la hipótesis nula que no hay autocorrelación arriba ordenar K. El punteó las líneas en los complot del autocorrelacións son el aproximado dos error uniforme salta. Si el autocorrelación está dentro de éstos salta, no es significativamente diferente del cero en (aproximadamente) el 5% de nivel del significado.

Prognóstico

Periodo	Verdadero (Y)	Pronóstico (F)	Error (E)
2	139.3999939	139.6056	(0.2056)
3	139.6999969	140.0069	(0.3069)
4	139.6999969	140.2586	(0.5586)
5	140.6999969	140.1343	0.5657
6	141.1999969	141.6948	(0.4948)
7	141.6999969	141.6741	0.0259
8	141.8999939	142.4339	(0.5339)
9	141	142.3587	(1.3587)
10	140.5	141.0466	(0.5466)
11	140.3999939	140.9447	(0.5447)
12	140	140.8451	(0.8451)
13	140	140.2946	(0.2946)
14	139.8999939	140.5863	(0.6863)
15	139.8000031	140.2823	(0.4823)
16	139.6000061	140.2726	(0.6726)
17	139.6000061	139.9775	(0.3775)
18	139.6000061	140.1232	(0.5231)
19	140.1999969	140.0513	0.1487
20	141.3000031	140.9862	0.3138
21	141.1999969	142.1738	(0.9738)
22	140.8999939	141.4377	(0.5377)
23	140.8999939	141.3513	(0.4513)
24	140.6999969	141.3939	(0.6939)
25	141.1000061	141.0731	0.0270
26	141.6000061	141.8311	(0.2311)
27	141.8999939	142.2065	(0.3065)
28	142.1000061	142.4709	(0.3709)
29	142.6999969	142.6402	0.0598
30	142.8999939	143.4561	(0.5561)
31	142.8999939	143.3532	(0.4532)
32	143.5	143.4040	0.0960
33	143.8000031	144.2784	(0.4784)
34	144.1000061	144.2966	(0.1966)
35	144.8000031	144.7374	0.0626
36	145.1999969	145.5692	(0.3692)
37	145.1999969	145.7582	(0.5582)
38	145.6999969	145.6649	0.0351
39	146	146.4605	(0.4605)
40	146.3999939	146.5176	(0.1176)
41	146.8000031	147.0891	(0.2891)
42	146.6000061	147.4066	(0.8066)

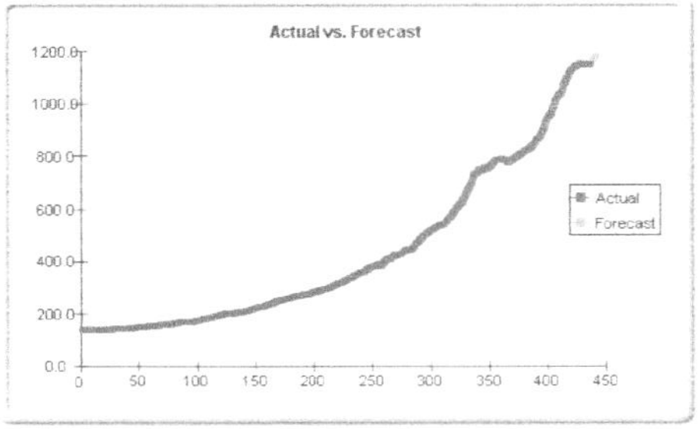

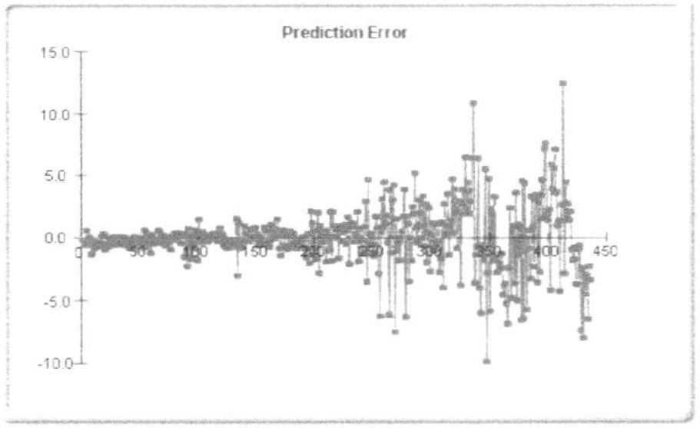

MÓDULO 7: ANÁLISIS DE OPCIONES REALES: TEORÍA Y ANTECEDENTES

Capítulo 1:
Introducción a Opciones Reales: ¿Qué, Dónde, Quién, Cuándo, Cómo y Por qué?
Stochastic Process Forecasting
Real Options Valuation

Lo Que Dicen los Siarios de Negocios…

Harvard Business Review (Septiembre/Octubre 1998)

"Desafortunadamente, la herramienta financiera en la que más se confía para estimar el valor de una estrategia, es el flujo de caja descontado, el cual asume que seguiremos un plan predeterminado sin importar cómo se desarrollan los eventos. Una mejor aproximación a la valoración incorporaría tanto la incertidumbre inherente en los negocios y la toma activa de decisiones requerida para que una estrategia sea exitosa. Ayudaría a los ejecutivos a pensar estratégicamente al capturar el valor de hacer eso solamente- de administrar activamente en vez de pasivamente; y las Opciones Reales pueden dar esa idea extra."

Business Week (Junio 1999)

"La revolución de las opciones reales en la toma de decisiones es la siguiente gran idea para venderle a los clientes y tiene el potencial de ser la siguiente mayor innovación en los negocios."

"Hacer este análisis ha proporcionado mucha intuición que uno no tenía en el pasado… es claro que una nueva generación de analistas de negocios estudiarán esta opción. Silicon Valley está adoptando rápidamente los conceptos del análisis de las opciones reales."

Industry Week (Diciembre 6, 1999)

"Con el grado de cambio que está ocurriendo en la industria, los antiguos modelos simplemente no funcionan más… una herramienta prometedora para determinar el valor estratégico de una adquisición es la valoración de las Opciones Reales "

"En contraste, la belleza de la teoría de las Opciones Reales- una aproximación que ata el valor de pequeñas inversiones iniciales con las oportunidades posteriores para grandes pagos totales- es que trabaja bien con incertidumbre e incentiva la flexibilidad en la administración."

Descripción de las Opciones Reales (RO)

- QUÉ: ¿Qué son las RO?
- POR QUÉ: ¿Por qué son superiores las RO (¿lo son?) comparadas con la mayoría de metodologías tradicionales de valoración? Diferencias y similitudes?
- ¿QUIÉN?: Ejemplos de compañías que usen RO
- CUÁNDO: ¿Cuándo y bajo qué circunstancias son mejores y más aplicables las RO?
- DÓNDE: Industrias y características de las firmas que usan las RO?
- CÓMO: ¿Cómo se usan las RO?

¿Qué son las Opciones Reales?

Definición

- Un enfoque sistemático e integrado de análisis de decisiones
- Incorpora teoría financiera, análisis económico, ciencias de decisión aplicadas, finanzas de inversión, teoría de opciones y modelación estadística en la valoración de activos reales distinto de los activos financieros.
- Útil en un ambiente empresarial incierto y dinámico en donde las decisiones de negocios son flexibles y dinámicas.
- Aplicable en el contexto de toma de decisiones estratégicas, valorando y justificando las oportunidades de inversión y los gastos de capital en el comercio electrónico, los negocios electrónicos, tecnologías de la información, investigación y desarrollo, biotecnología e industrias de alta tecnología.

¿Por Qué son Importantes las Opciones Reales para Tomar Decisiones?

Enfoque tradicional del Valor Presente Neto:
- Proporciona un camino de decisión única
- Permite que solo haya un resultado futuro
- Se bloquea en una única tasa de riesgo
- Requiere que todos los supuestos se determinen al principio.

Enfoque de las Opciones Reales:
- Permite múltiples caminos de decisión
- Maximiza la flexibilidad financiera
- Reconoce la toma de decisiones gerenciales
- Incorpora nuevos supuestos en el tiempo
- Permite el riesgo variable

La Intuición: Análisis DCF

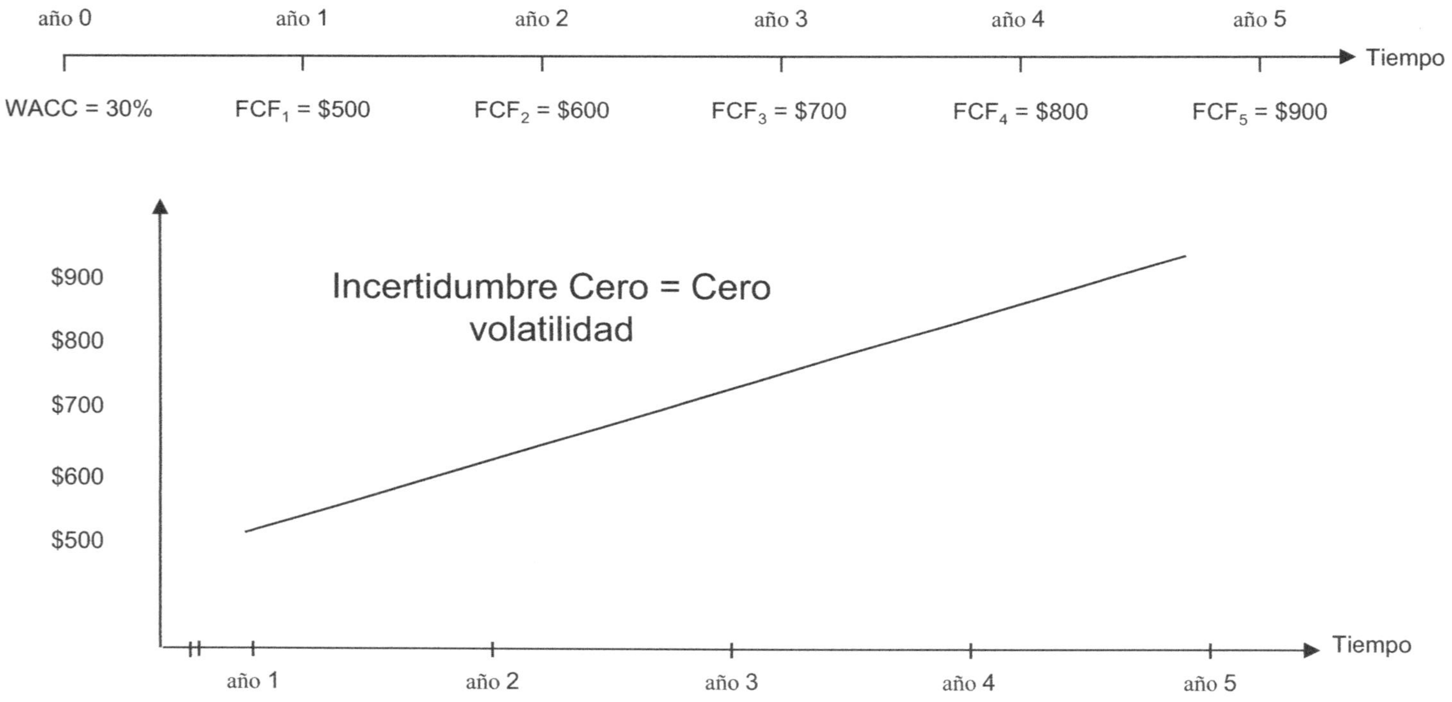

Esta proyección de línea recta de flujo de caja es la base del análisis DCF. Supone un conjunto estático y conocido de flujos de caja futuros.

La Intuición: DCF con Simulación

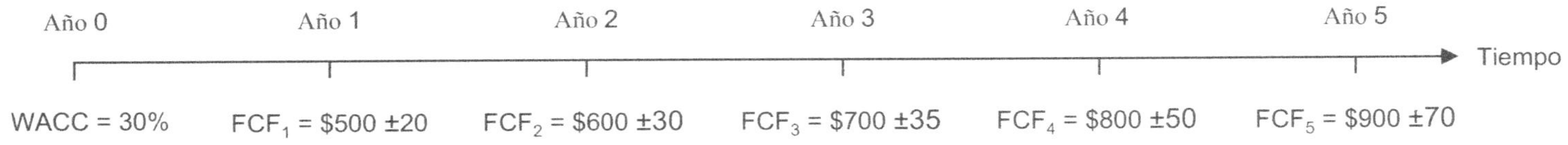

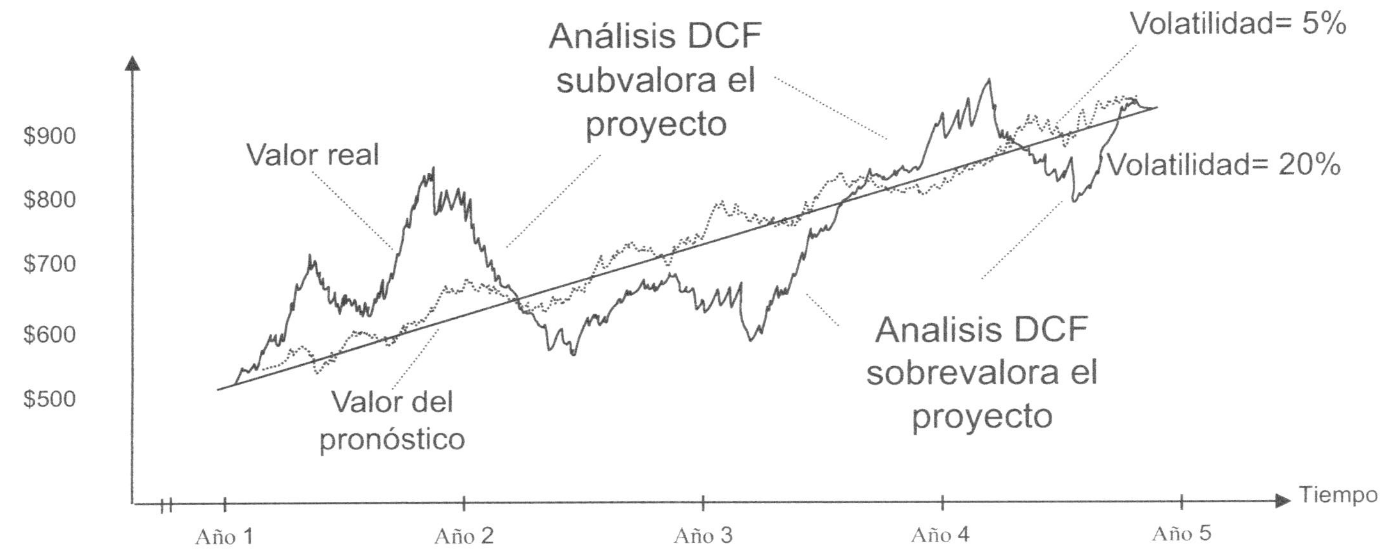

Esta gráfica muestra que, en la realidad, en diferentes momentos, los flujos de caja reales pueden estar arriba, abajo, o en la línea de valor de pronóstico debido a la incertidumbre y el riesgo. Cuan más alto sea el riesgo, más alta la volatilidad y más alta la fluctuación de los flujos de caja reales alrededor del valor de pronóstico. Cuando la volatilidad es cero, los valores colapsan al valor estático de línea recta del pronostico.

La Intuición: Análisis de las Opciones Reales

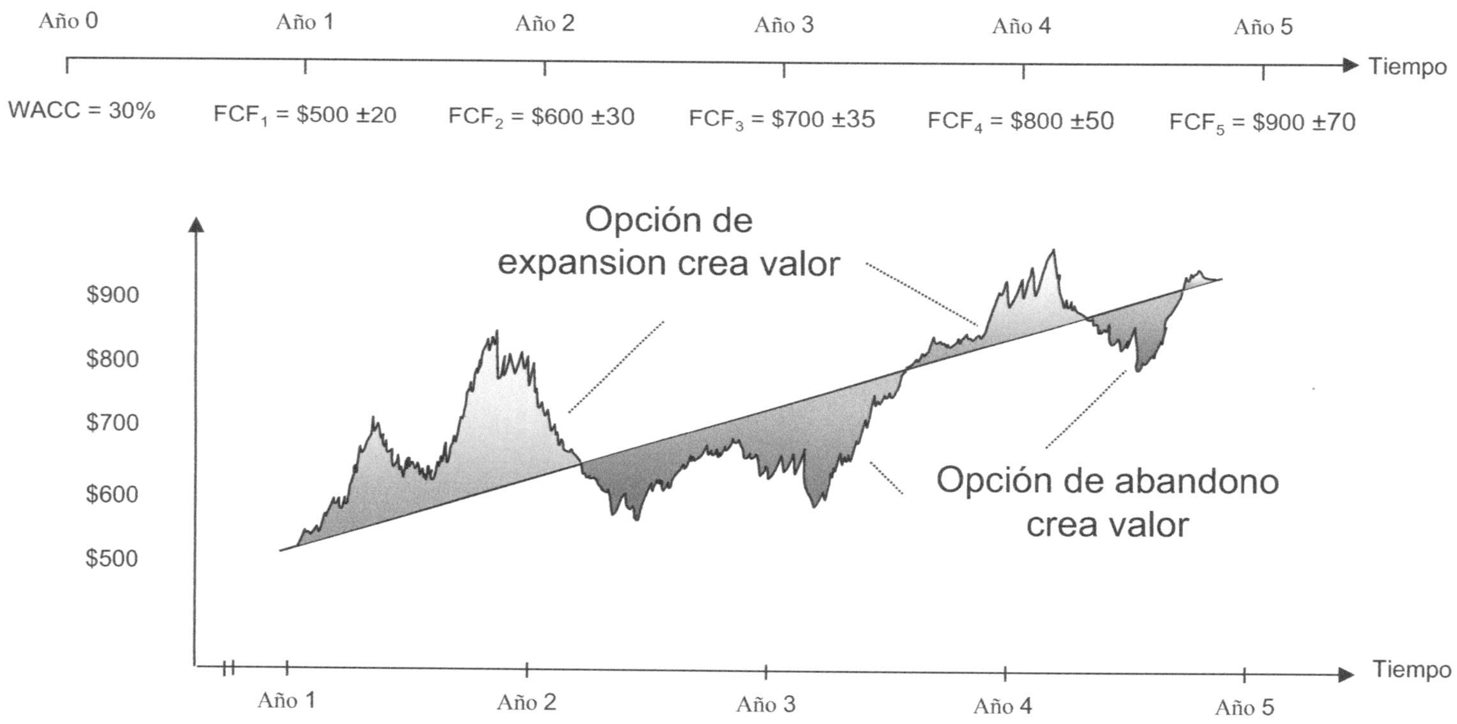

Si una firma esta posicionada estratégicamente para aprovechar estas fluctuaciones, hay valor en la incertidumbre. El análisis de opciones también proporciona puntos de activación y tiempos óptimos (p.ej., cuando es óptimo ejecutar).

Gestión Integrada de Gestión de Riesgos (IRM)

1 IDENTIFICACIÓN DEL RIESGO

MONITOREO DE GESTIÓN CUALITATIVA

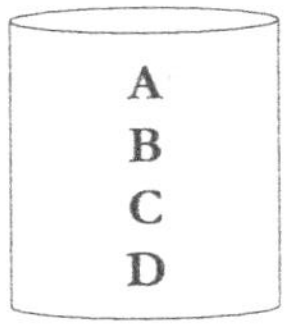

Inicie con una lista de proyectos o estrategias para ser evaluadas que ya hayan pasado por el monitoreo cualitativo...

2 PREDICCIÓN DEL RIESGO

MODELACIÓN DE PREDICCIÓN DE PRONÓSTICOS

Retroajuste, pronósticos y análisis de escenarios

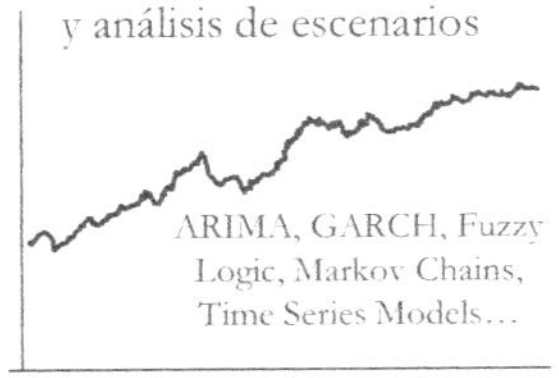

... Con la ayuda de algoritmos de pronóstico, los resultados futuros se pueden predecir...

3 MODELACIÓN DEL RIESGO

MODELOS ESTÁTICOS DE CASO BASE

... Crear modelos financieros estáticos de base o modelos económicos para cada proyecto...

4 ANÁLISIS DEL RIESGO

SIMULACIÓN DE RIESGOS DINÁMICA DE MONTECARLO

Simula miles de resultados de escenarios

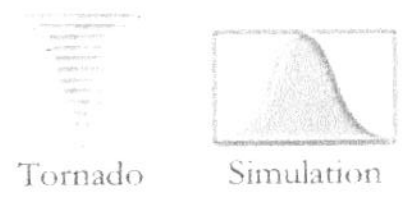

... Análisis Tornado identifica los factores críticos de éxito, después se ejecutan las sensibilidades dinámicas y simulaciones de riesgo de Monte Carlo...

5 MITIGACIÓN DEL RIESGO

ENMARCAR EL PROBLEMA EN OPCIONES REALES

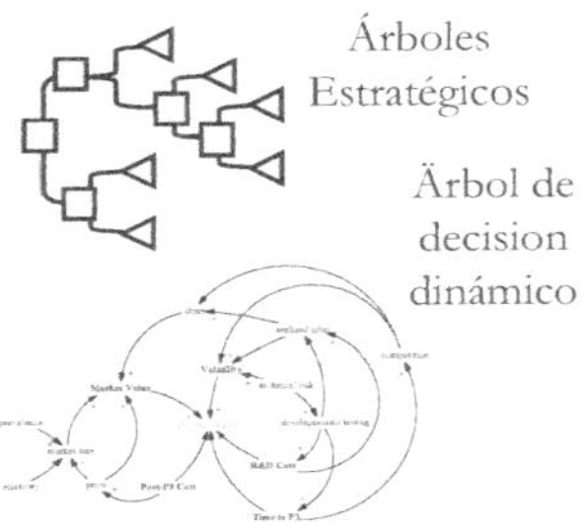

... Opciones reales estratégicas están enmarcadas para cubrir y mitigar riesgos a la baja y aprovechar potenciales de crecimiento...

6 COBERTURA DEL RIESGO

VÁLORACIÓN Y MODELACIÓN DE OPCIONES REALES

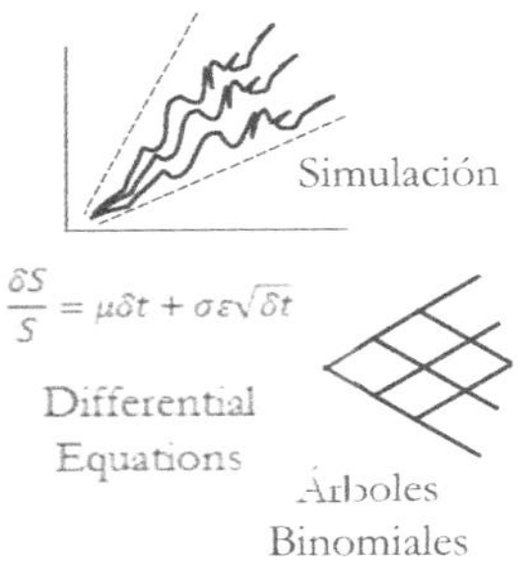

$$\frac{\delta S}{S} = \mu \delta t + \sigma \varepsilon \sqrt{\delta t}$$

... Las opciones reales son valoradas mediante árboles binomiales y modelos diferenciales parciales de forma cerrada con la simulación...

7 DIVERSIFICACIÓN DEL RIESGO

OPTIMIZACIÓN DE PORTAFOLIOS Y RECURSOS

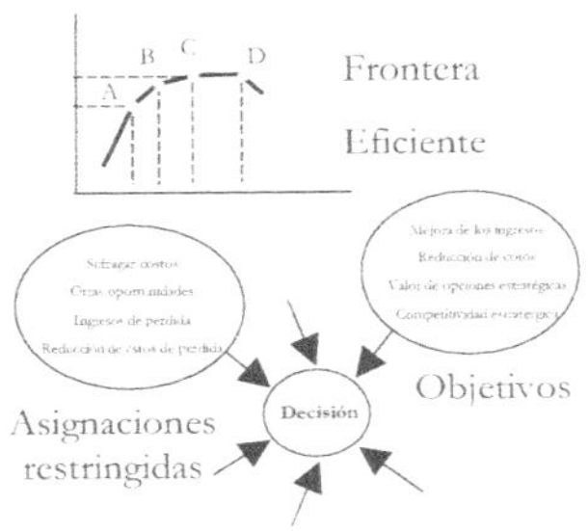

... Optimización estocástica en múltiples proyectos para una eficiente asignación de activos sujetos a las limitaciones de recursos...

8 GESTIÓN DEL RIESGO

REPORTES, PRESENTACIONES Y ACTUALIZACIONES

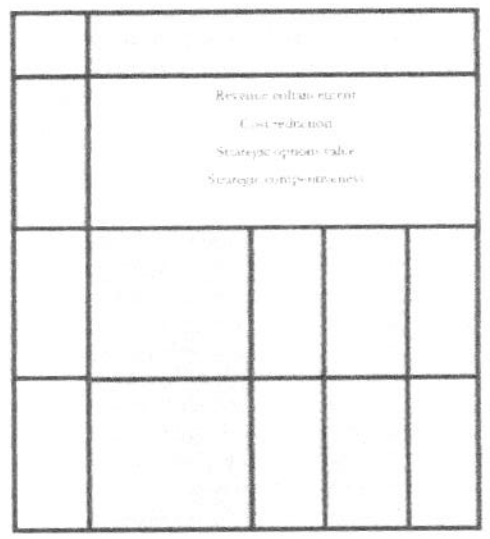

... Crear informes, tomar decisiones, y actualizar el análisis de forma iterativa cuando la incertidumbre se resuelve con el tiempo...

Capítulo 2:
Casos de Muestra
Aplicados a los
Negocios
Stochastic Process Forecasting
Real Options
Valuation

Ejemplos de Casos Empresariales de Alto Nivel
¿Quién usa las Opciones Reales?

Aeronáutica
Boeing, Airbus

Petróleo y Gas
BP, Shell

Alta Tecnología
Intel, Seagate

Farmacología
Merck, Pfizer

Investigación y Desarrollo
Portafolios, Motorola, Unilever, 3M

Infraestructura IT
Credit Suisse, Halliburton

Eléctrico/ Servicios Públicos
Plantas de energía, Carbón-Coke

Gobierno y Militar
Armada, Marinos, Fuerza Aérea, Ejército

Bienes Raíces
Desarrollo, Gestión

Bancos
Basilea II, Riesgo Crediticio/Mercado

Truncar el Riesgo Negativo y Aprovechar la Oportunidad Positiva

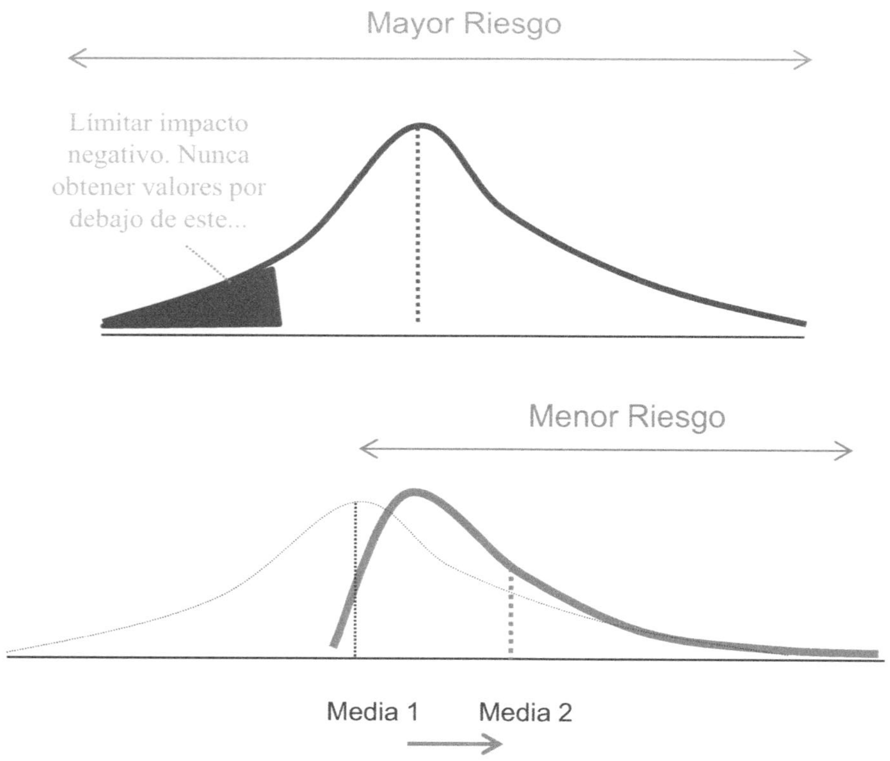

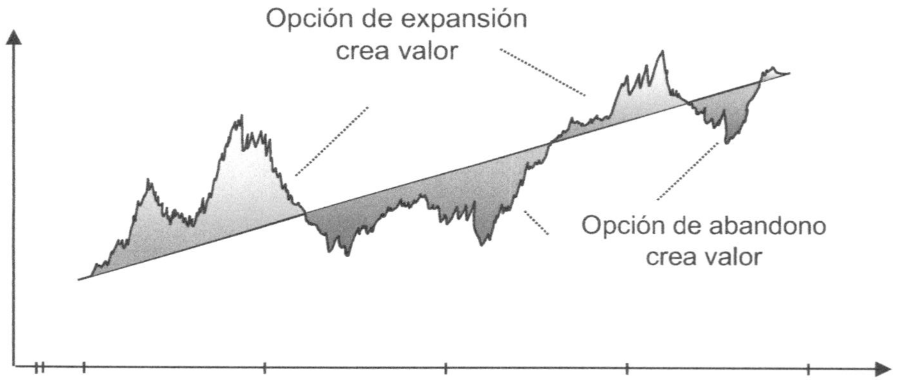

Si tenemos la capacidad de reducir las incertidumbres de impacto negativo (riesgo) al marcharse y abandonar cuando las cosas se ven mal, y la capacidad de ejecutar y continuar con un camino sólo cuando las cosas están mejorando (en la vida real, podemos hacer correcciones a mitad de camino cuando las incertidumbres se resuelven con el paso del tiempo, las acciones y los eventos), podemos truncar el impacto negativo y cambiar las expectativas hacia la derecha.

Las opciones reales reducirán el riesgo(cortar la cola izquierda de impacto negativo, lo que reduce la amplitud de la distribución y variabilidad) y cambiar la distribución hacía la derecha, y aumentar el valor esperado (retornos de la media).

¿Cuándo son Aplicables las Opciones Reales?

No las aplique aleatoriamente en todas partes!
Solamente cuando existan las opciones
Solamente si encaja el costo-beneficio del proyecto

Conozca los 5 requerimientos para aplicar las opciones reales

- Debe existir un modelo financiero o se puede construir.
- La incertidumbre existe y se resuelve a través del tiempo, los eventos y las acciones.
- La evolución de la incertidumbre cambia las decisiones y acciones.
- La flexibilidad o las opciones deben existir.
- Los directivos deben ser lo suficientemente creíbles para ejecutar las opciones óptimamente.

Entienda las advertencias y las críticas de las opciones reales

Capítulo 3:
Vista General de
Diferentes Técnicas de
Valoración de
Opciones
Stochastic Process Forecasting
Methods
Brownian Motion
Exponential Brownian
Mean-Reversion Proc
Jump-Diffusion Proces
Jump-Diffusion Proces
Real Options
Valuation

Opciones Financieras versus Opciones Reales

OPCIONES FINANCIERAS

- Vencimiento a corto plazo, usualmente en meses
- La variable subyacente que mas influye en el precio del capital o precio de un activo financiero (usualmente el precio de la acción)
- No se puede controlar el precio de la opción manipulando el precio de las acciones
- Valores usualmente son pequeños
- Efectos competitivos o de mercado son irrelevantes para su valor y fijación de precios.
- Han existido y han sido tranzados durante más de cuatro décadas
- Usualmente se resuelven usando ecuaciones diferenciales parciales de forma cerrada y técnicas de reducción simulación/varianza para las opciones exóticas
- Valores negociables y transables con comparables e información de fijación de precios
- Supuestos y acciones de gestión no tienen efecto sobre la valoración aunque son usadas para proteger/especular
- Estrategias para crear nuevos vehículos al emplear combinaciones vender/comprar (mariposas, posiciones, estrangulaciones)

OPCIONES REALES

- Vencimiento a largo plazo, usualmente en años
- Las variables subyacentes son los flujos de caja libre, los cuales a su vez son guiados por la competencia, demanda y gestión.
- Pueden incrementar el valor estratégico de la opción por decisiones gerenciales y flexibilidad
- Decisiones de millones y miles de billones de dólares
- La competencia y el mercado guían el valor de opción estratégica
- Un reciente desarrollo en las finanzas corporativas en la última década.
- Usualmente se resuelven usando ecuaciones de forma cerrada y árboles binomiales con simulación de las variables subyacentes. No en el análisis de opciones
- No negociables y de naturaleza propietaria, sin comparables en el mercado
- Los supuestos y las acciones de gestión guían el valor de una opción real- establecen opciones para reducir el riesgo y aprovechar los impactos positivos.
- Las estrategias existen únicamente para las opciones reales (abandono, barrera, contraer, diferir y esperar, expandir, cambiar, secuencial compuesta)

Opción Básica de Pago

Costo de la Opción $5
Acción y Precio del Ejercicio $100

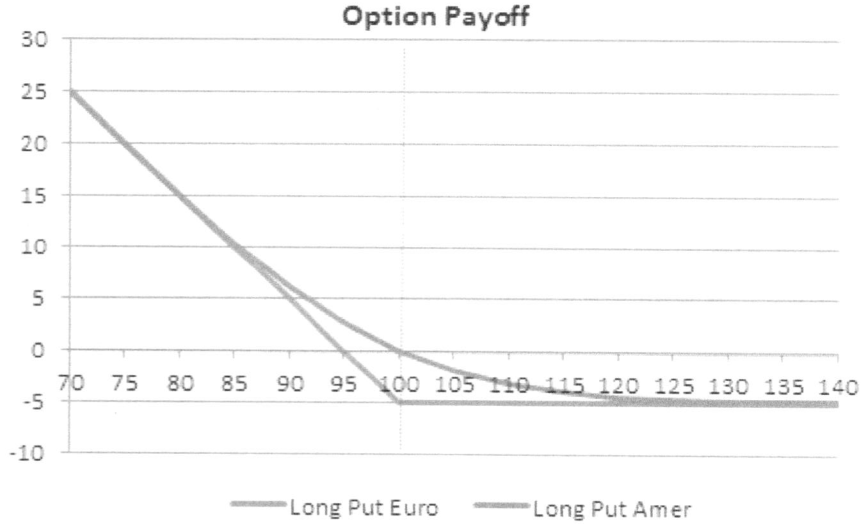

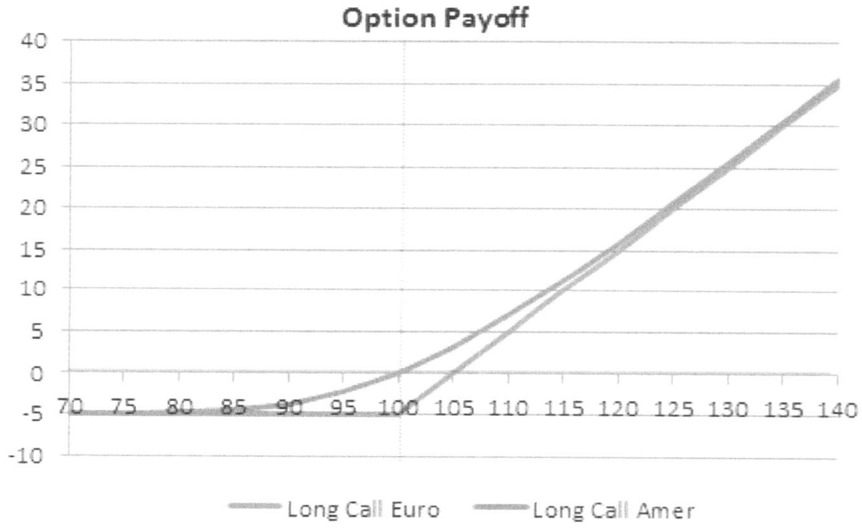

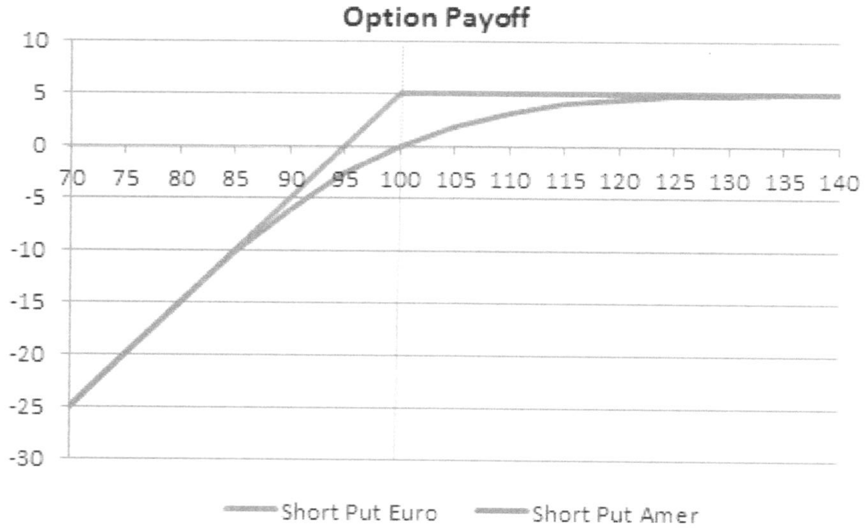

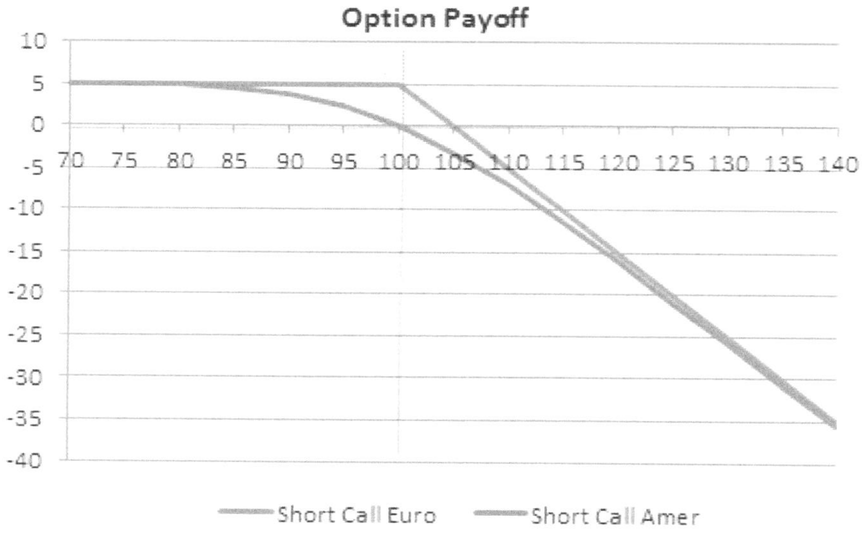

Opción Europea: Aproximación de Forma Cerrada

Closed Form

Precio acción	S	100.0000
Precio ejercicio	X	100.0000
Vencimiento	T	1.0000
Libre de riesgo	RF	5.00%
Volatilidad	V	25.00%
Intermedio 1	d1	0.3250
Intermedio 2	d2	0.0750
BS	**Call**	**12.3360**

$$Call = S\Phi\left[\frac{\ln(S/X)+(rf-q+\sigma^2/2)T}{\sigma\sqrt{T}}\right]-Xe^{-rT}\Phi\left[\frac{\ln(S/X)+(rf-q-\sigma^2/2)T}{\sigma\sqrt{T}}\right]$$

Las opciones europeas (compras y ventas) se pueden resolver fácilmente con el modelo Black-Scholes. El modelo Generalizado Black-Scholes de arriba es un ejemplo de una solución matemática de forma cerrada. Por ejemplo, usando las entradas requeridas de la izquierda, obtenemos el valor de una opción Europea Call sustituyendo los parámetros de entrada en la ecuación de forma cerrada. El valor de la opción es $12.3360.

Usando los mismos parámetros de ingreso, también podemos resolver el valor de la opción usando una aproximación binomial. La aproximación binomial es un ejemplo de la solución de árboles. Los resultados de esta aproximación se muestran en la siguiente diapositiva.

Opción Europea: Aproximación de la Simulación de Forma Abierta

- Aproximación de Simulación de Monte Carlo
  - Usando un movimiento browniano exponencial, simule todos los caminos posibles sobre el tiempo T con subintervalo δt

$$S_{t+1} = S_t e^{(rf - q - \sigma^2/2)\delta t + \sigma\varepsilon\sqrt{\delta t}}$$

- Epsilon es semilla simulada de la distribución estándar normal N(0,1)
- Se requieren muchas simulaciones para incrementar la exactitud
- Se requieren técnicas de reducción de varianza para aumentar la eficiencia

Opción Europea: Aproximación de Árboles

- Comparación de aproximaciones
  - Black-Scholes: $12.3360
  - Binomial:
    - N = 5 pasos $12.7946
    - N = 10 pasos $12.0932
    - N = 20 pasos $12.2132
    - N = 50 pasos $12.2867
    - N = 100 pasos $12.3113
    - N = 1,000 pasos $12.3335
    - N = 10,000 pasos $12.3358
    - N = 50,000 pasos $12.3360
  - Simulación: (10,000 simulaciones: $12.3360)

Usualmente la convergencia inicia alrededor de 100 a 1,000 pasos

Capítulo 4:
Probabilidad
Neutral al Riesgo
Real Options
Valuation

El Mundo de los Binomiales

- Ecuaciones importantes :

$$\text{Inputs}: S, X, \sigma, T, rf, q$$

$$u = e^{\sigma\sqrt{\delta t}} \text{and } d = e^{-\sigma\sqrt{\delta t}} = \frac{1}{u}$$

$$p = \frac{e^{(rf-q)(\delta t)} - d}{u - d}$$

S (caso base VPN); *X* (costo de inversión); σ (volatilidad anualizada); *T* (tiempo de expiración de la opción); *rf* (tasa libre de riesgo); *q* (dividendos); *u* (movimiento arriba en un árbol); *d* (movimiento abajo en un árbol); *δt* (cambio de tiempo de un paso a otro en un árbol); *p* (probabilidad neutral al riesgo)

El Mundo de los Binomiales (2)

- "S" es el valor presente neto de un caso base sin flexibilidad u opciones estratégicas. Normalmente, se realiza un análisis de flujo de caja descontado con pronósticos de las ganancias, costos de operación, impuestos y análisis de apalancamiento para obtener series de flujos de caja libre. Las series de flujo de caja luego se descuentan posteriormente a tasas WACC, APT, CAPM, o MFAPM.
- "X" son los gastos de capital de implementación para ejecutar la opción estratégica. Este número puede incluir costos de expansión, de cambio, valores de salvamento y ahorros.
- "σ" es la volatilidad del logaritmo natural de los retornos de los flujos de caja libre subyacentes, proyectados. Este número se puede obtener a través de una simulación de Monte Carlo. Los errores típicos incluyen el uso de representaciones basadas en el mercado, como los precios de las acciones e ingresos corporativos-estos no son variables subyacentes y pueden no tener correlaciones directas y perfectas con los flujos de caja libre generados por un proyecto dentro de la firma.
- "T" es el tiempo de expiración de la opción, normalmente establecido por la administración (visión estratégica), susceptible a factores exógenos (competencia, tecnología) o implicaciones contractuales (arriendos, patentes).
- "rf" son las letras, bonos o pagarés del Tesoro que rinden hasta el vencimiento correspondiendo al vencimiento de la opción.
- "q" son los pagos de dividendos, pérdidas, o costos de oportunidad del proyecto que se requieren para mantener la opción abierta.
- "u", "d" y "p" son las probabilidades altas, bajas y neutrales al riesgo de los movimientos a lo largo del árbol binomial. Estas variables no tienen una interpretación económica o financiera significativa y se crean simplemente para competencia matemática.

Intuición: Análisis DCF

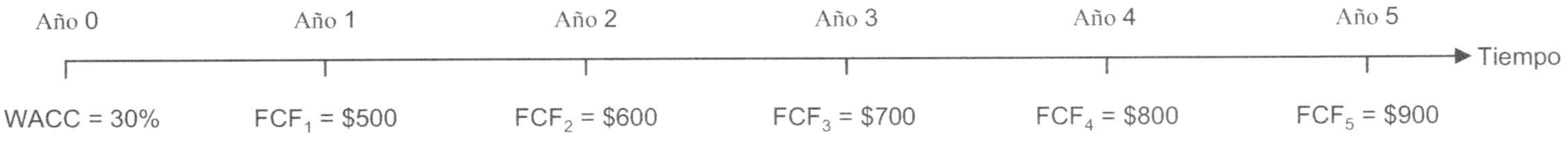

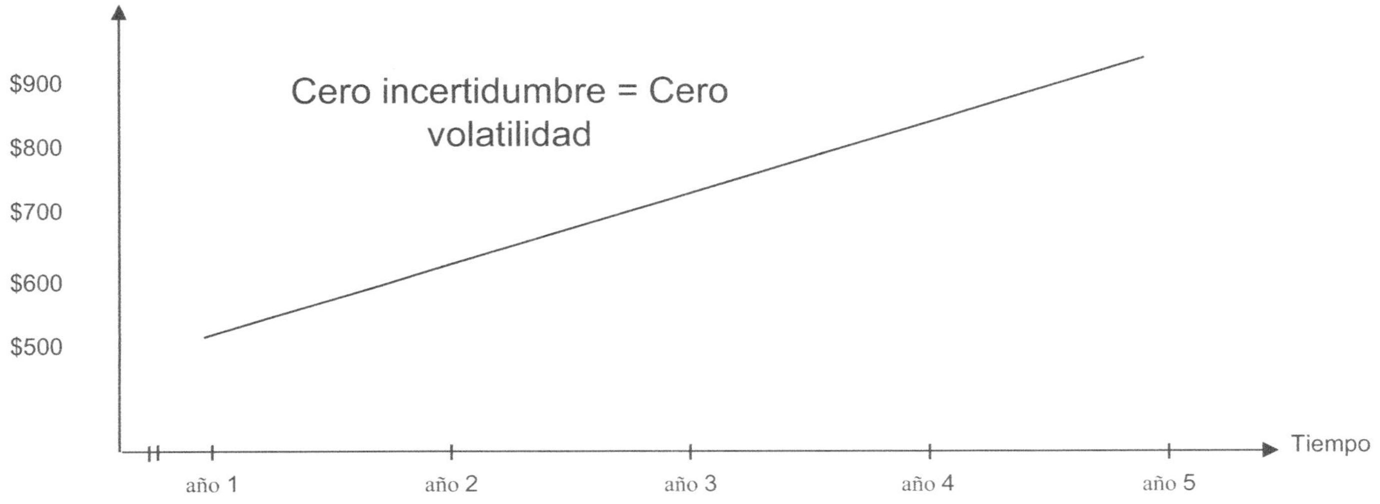

Esta proyección de línea recta de flujo de caja es la base del análisis DCF. Asume un conjunto de flujos de caja, futuros estáticos y conocidos.

Intuición: DCF con Simulación

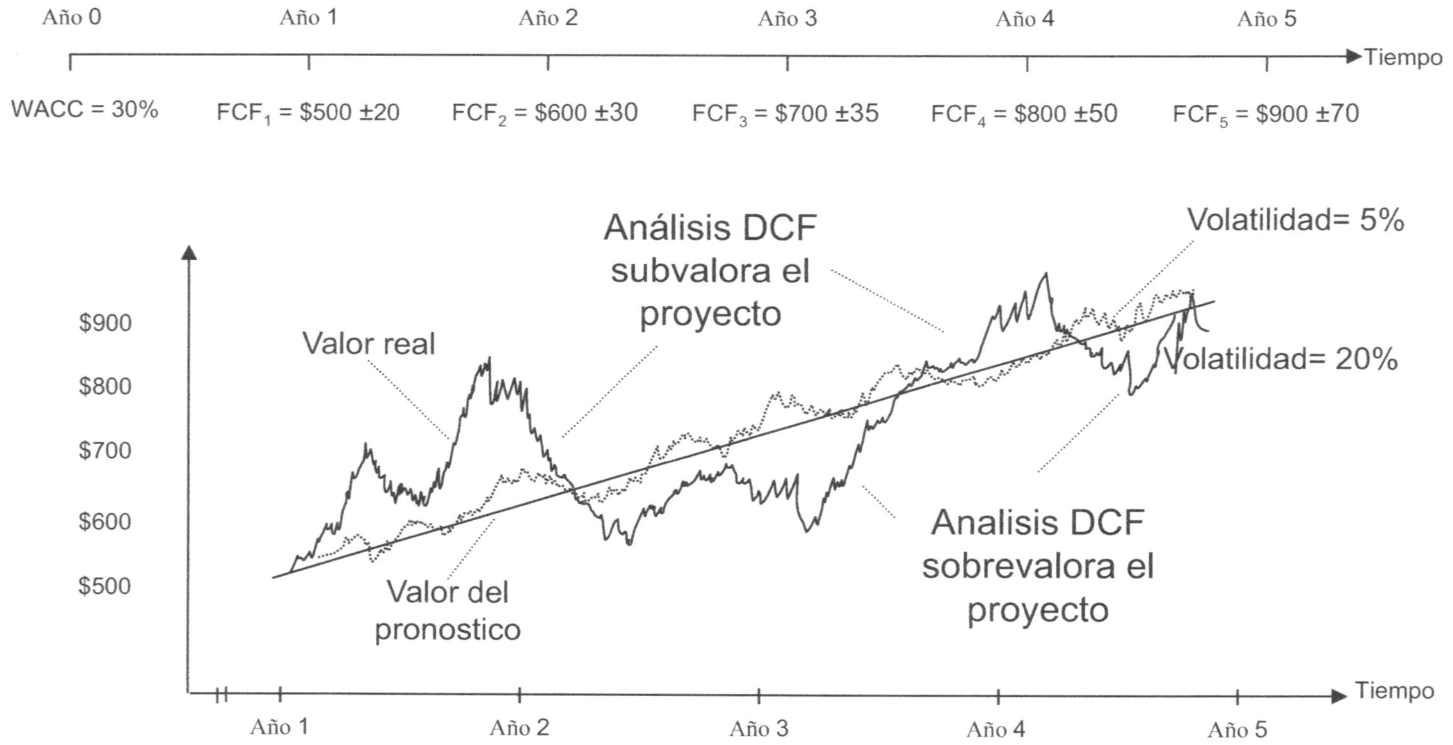

Esta gráfica muestra que en realidad, en momentos diferentes, los flujos de caja reales pueden estar arriba, abajo, o en la línea del valor del pronóstico debido a la incertidumbre y el riesgo. Cuanto mayor sea el riesgo, mayor la volatilidad y mayor la fluctuación de los flujos de caja reales alrededor del valor de pronóstico. Cuando la volatilidad es cero, los valores colapsan al valor estático de línea recta del pronóstico.

Intuición: Análisis de las Opciones Reales

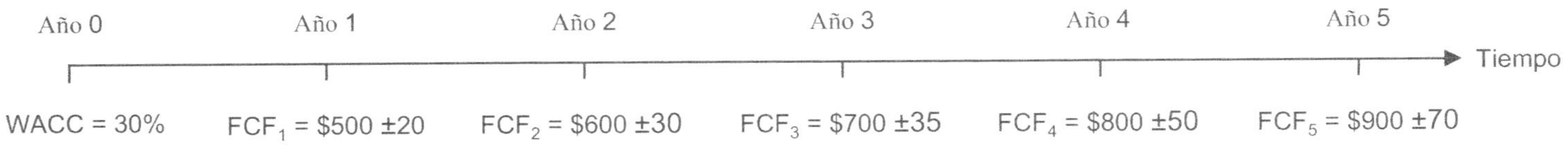

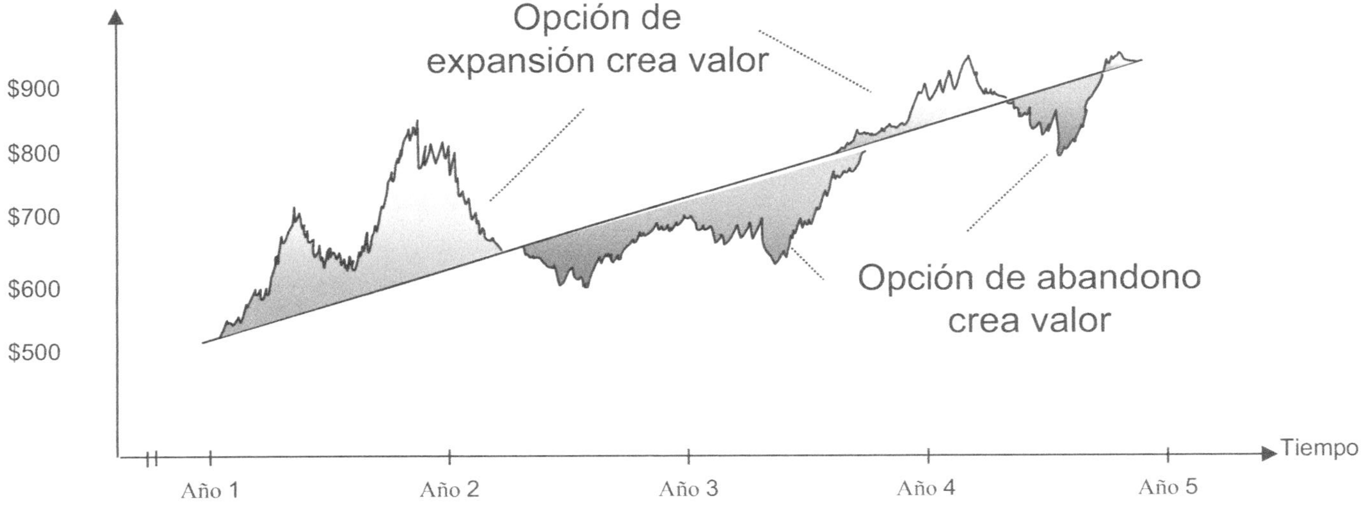

Si una firma esta posicionada estratégicamente para aprovechar estas fluctuaciones, hay valor en la incertidumbre. El análisis de opciones también proporciona puntos de activación y tiempos óptimos (p.ej., cuando sea óptimo ejecutar).

Intuición: Cuantificar el Riesgo por Medio de la Simulación

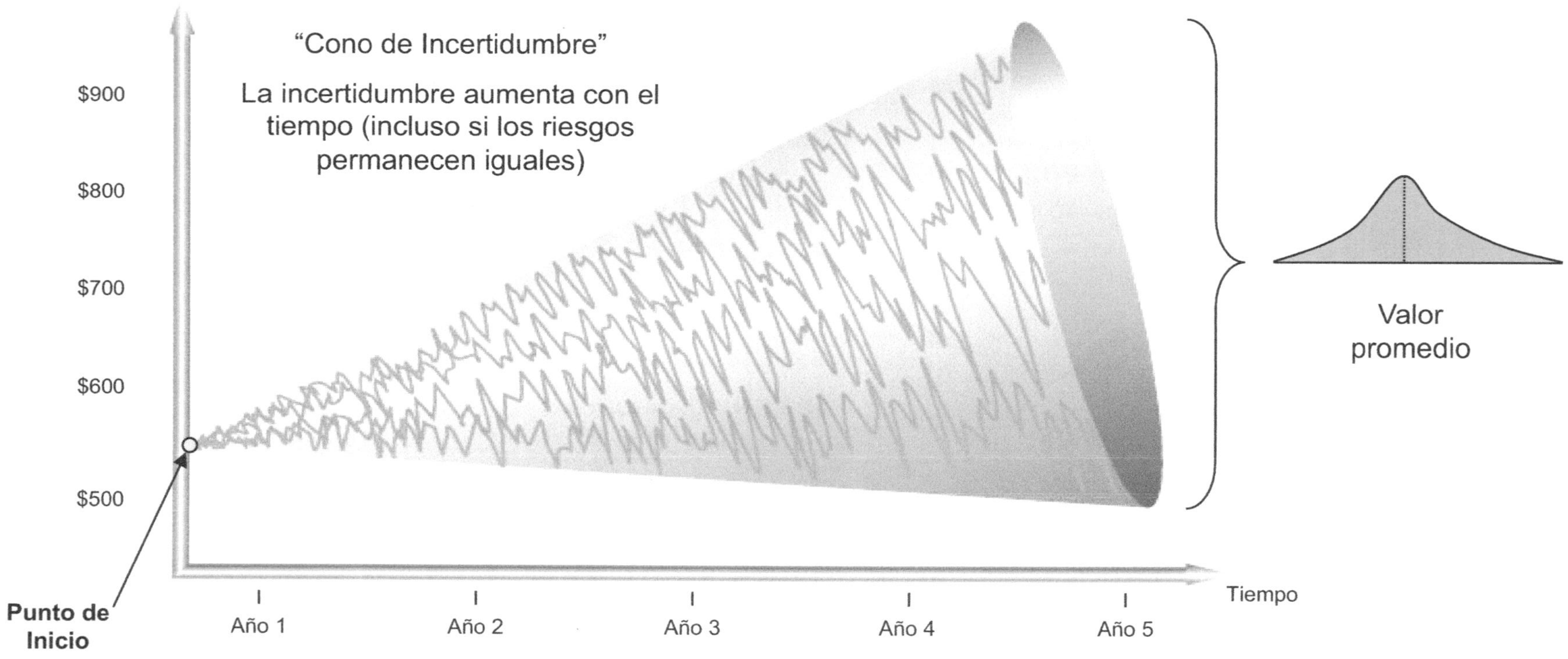

Para cuantificar la incertidumbre y pronosticar los verdaderos flujo de caja, se ejecutan múltiples simulaciones.

Intuición: Modelos de Forma Cerrada

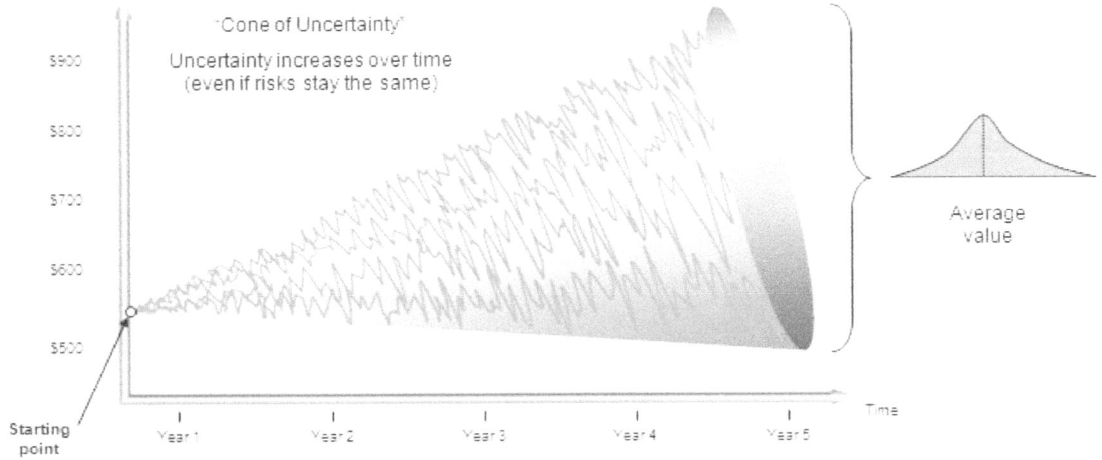

Empezando con esto…

$$S_{t+1} = S_t e^{(rf-q-\sigma^2/2)\delta t+\sigma\varepsilon\sqrt{\delta t}}$$

$$S_{t+1} = S_t e^{rf(\delta t)+\sigma\varepsilon\sqrt{\delta t}}$$

…y aplicando mucha matemática continua como el cálculo estocástico, usted obtiene el Black-Scholes…

$$Call = Se^{-qT}\Phi\left[\frac{\ln(S/X)+(rf-q+\sigma^2/2)T}{\sigma\sqrt{T}}\right] - Xe^{-rf(T)}\Phi\left[\frac{\ln(S/X)+(rf-q-\sigma^2/2)T}{\sigma\sqrt{T}}\right]$$

También podemos usar las relaciones matemáticas que dictan el movimiento de estos precios de acciones y resolverlo matemáticamente… esto requiere de *cálculo estocástico* ya que estas relaciones son de naturaleza estocástica…

… pero cambiar esto para que encaje con la realidad, es muy difícil!

Intuición: Árboles

Un árbol es simplemente una simulación discreta de las incertidumbres mostradas previamente (cono de incertidumbre), en donde los valores futuros están arriba, abajo o en niveles iníciales…

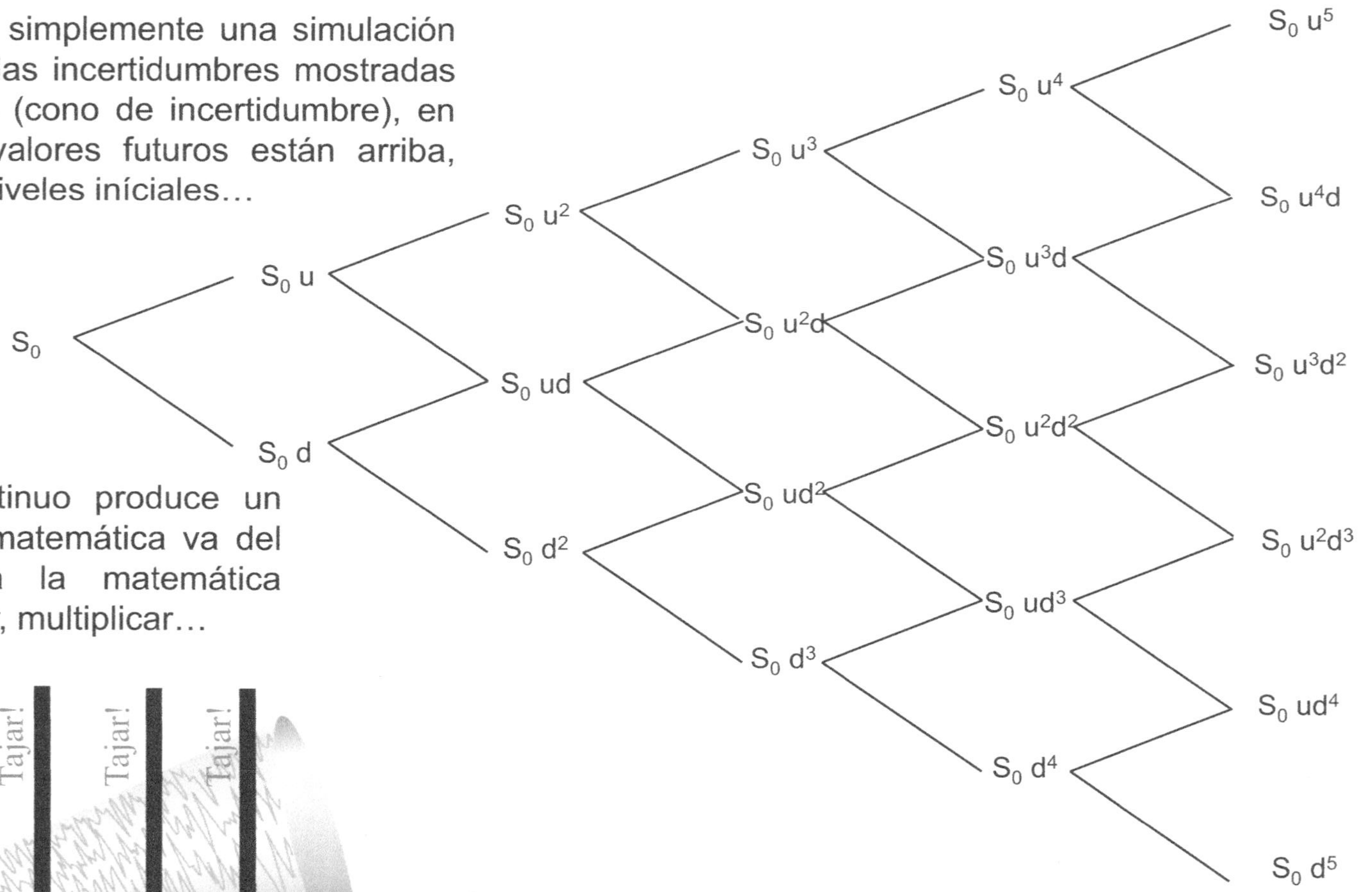

Tajar un proceso continuo produce un proceso discreto… la matemática va del calculo estocástico a la matemática discreta… sumar, restar, multiplicar…

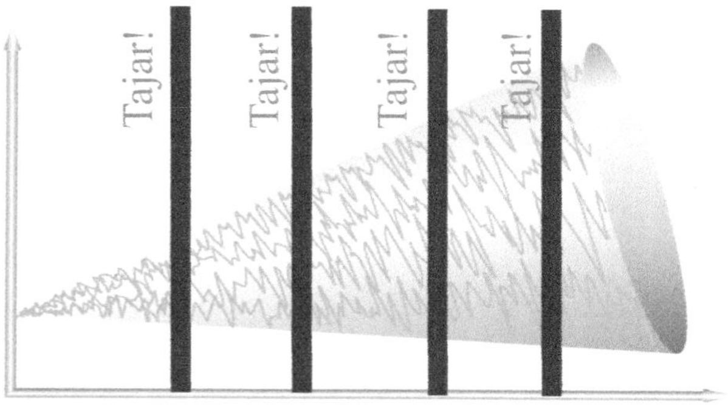

Las soluciones de forma cerrada son la contraparte de la simulación contínua del árbol.

Intuición: Árboles

Cuanto más alta sea la incertidumbre, más amplio el árbol.

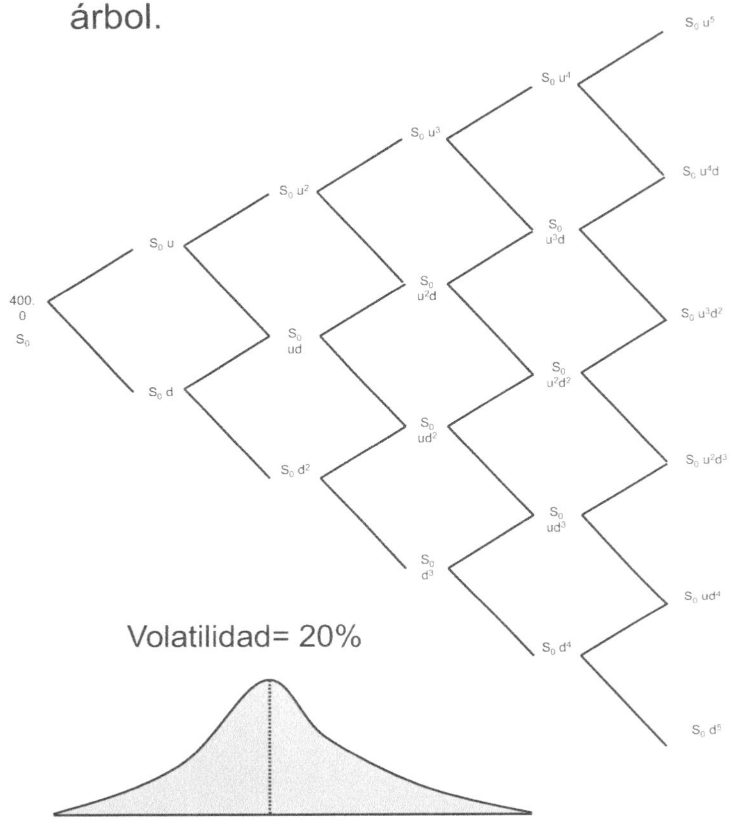

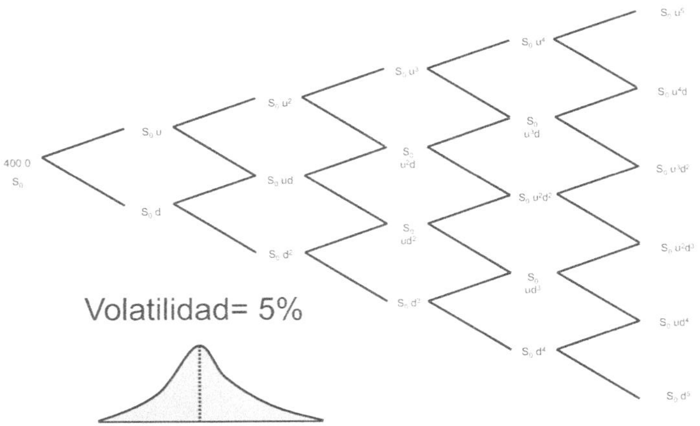

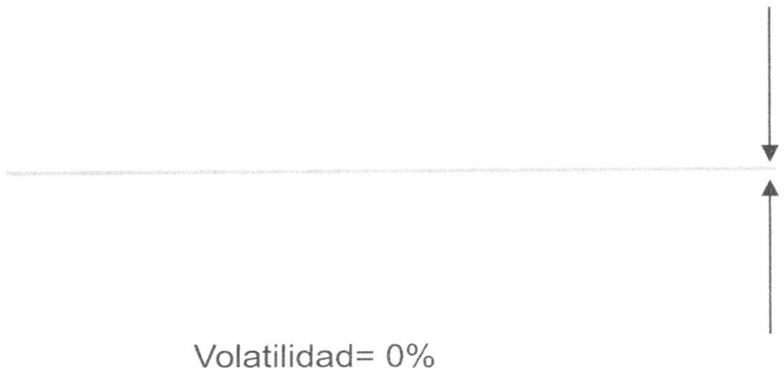

Con volatilidad cero, se puede mostrar que la valoración de árbol binomial colapsa en los cálculos DCF.

Ecuaciones: Metodología de la Probabilidad Neutral al Riesgo

$$u = e^{\sigma\sqrt{\delta t}} \text{ y } d = e^{-\sigma\sqrt{\delta t}} = \frac{1}{u}$$

$$p = \frac{e^{(rf-q)(\delta t)} - d}{u - d}$$

- La primera ecuación es sencillamente un tamaño de paso de la simulación discreta utilizada en el primer árbol del activo subyacente.
- La segunda ecuación es un cálculo de probabilidad neutralidad al riesgo.

Tamaño de Paso Discreto (U y D)

Caso Determinístico

$$Y_{t+1} = \alpha + \beta X_t$$

$$Y_t = \alpha + \beta T_i$$

ANÁLISIS DE REGRESIÓN

ANÁLISIS DE SERIES DE TIEMPO

Caso Estocástico

$$\frac{\delta S}{S} = \mu(\delta t) + \sigma \varepsilon \sqrt{\delta t}$$

$$\frac{\delta S}{S} = e^{\mu(\delta t) + \sigma \varepsilon \sqrt{\delta t}}$$

MOVIMIENTO BROWNIANO GEOMÉTRICO

MOVIMIENTO BROWNIANO EXPONENCIAL

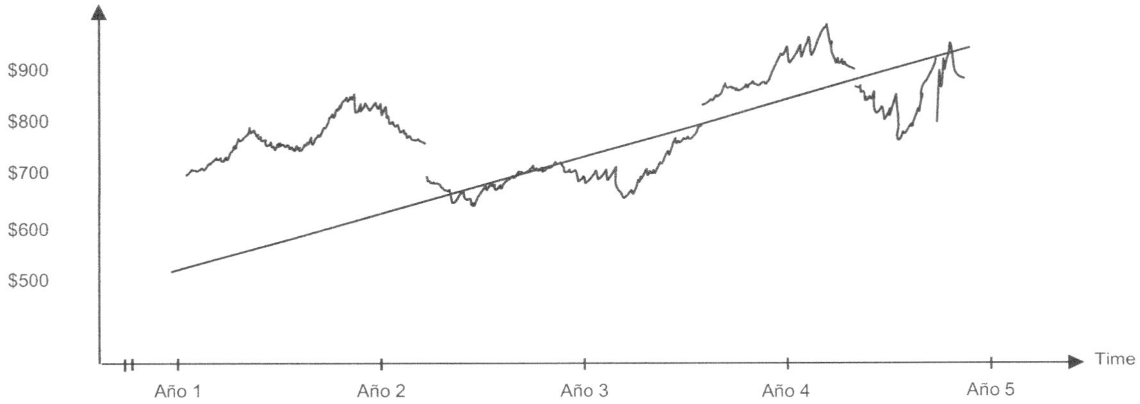

NOTA: EL MOVIMIENTO BROWNIANO ES UNA METODOLOGÍA ACEPTADA PARA PRONOSTICAR LOS PRECIOS DE ACCIONES Y VALORAR LOS DERIVADOS, Y ES UN SUPUESTO REQUERIDO EN LA VALORACIÓN DE OPCIONES REALES.

Tamaño de Paso Discreto (U y D) II

$$\frac{\delta S}{S} = e^{\mu(\delta t)+\sigma\varepsilon\sqrt{\delta t}}$$

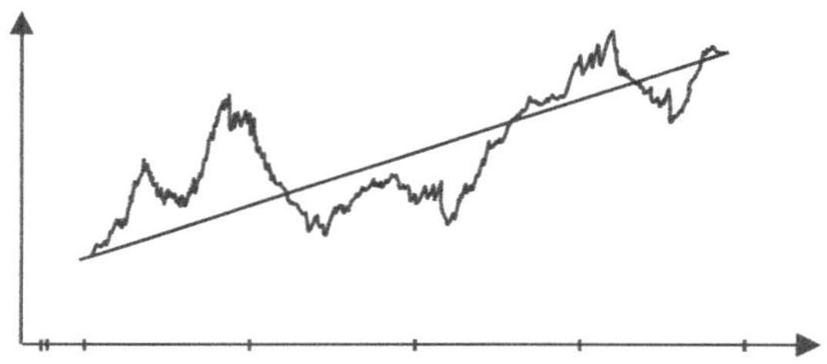

$$e^{\mu(\delta t)+\sigma\varepsilon\sqrt{\delta t}}$$

$$e^{\mu(\delta t)}$$

ESTE ES EL CASO DETERMINÍSTICO Y CUENTA POR LA PENDIENTE O TASA DE CRECIMIENTO (DA CUENTA DE LA ESTIMACION DE LOS FLUJOS DE CAJA FUTUROS).

μ = average growth rate

δt = time between steps

$$e^{\sigma\varepsilon\sqrt{\delta t}}$$

ESTE ES EL CASO ESTOCASTICO Y DA CUENTA DE LA FLUCTUACION ALREDEDOR DE LA PENDIENTE.

σ = volatility

ε = simulated value from N(0,1)

δt = time between steps

COMO YA ESTAMOS HACIENDO UNA SIMULACION DISCRETA CUANDO USAMOS UNA APROXIMACION BINOMIAL,EL ε YA ESTÁ TENIDO EN CUENTA. LO QUE QUEDA ES:

$$e^{\sigma\sqrt{\delta t}}$$

PARA CONSISTENCIA EN LA MAGNITUD DE LOS MOVIMIENTOS HACIA ARRIBA Y ABAJO, SUPONEMOS UN MOVIMIENTO PROPORCIONAL DE AMBOS LADOS:

$$U = e^{\sigma\sqrt{\delta t}} \text{ and } D = e^{-\sigma\sqrt{\delta t}}$$

Probabilidad Neutral al Riesgo (P)

ASUMA QUE EMPIEZA CON UN ARBOL SENCILLO DE PPROBABILIDAD CON DOS RAMAS (BINOMIAL):

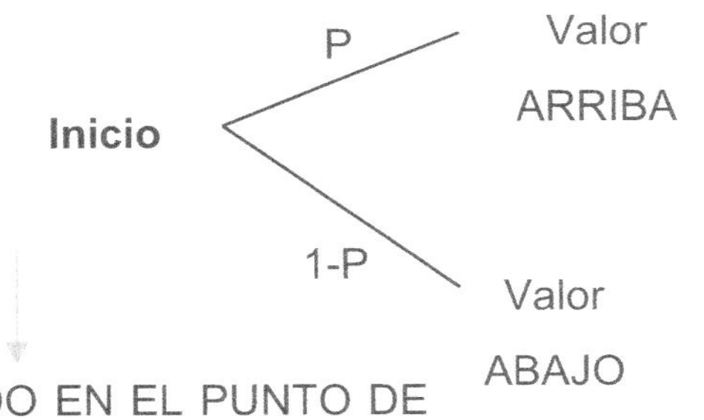

EL VALOR ESPERADO EN EL PUNTO DE INICIO ES SENCILLAMENTE

INICIO= (P)(ARRIBA) + (1-P)(ABAJO)

AHORA, AGREGUE UNA LINEA DE TIEMPO Y EL VALOR INICIAL SE CONVIERTE EN:

INICIO= [(P)(ARRIBA) + (1-P)(ABAJO)] EXP(-DISCOUNT RATE)(TIEMPO)

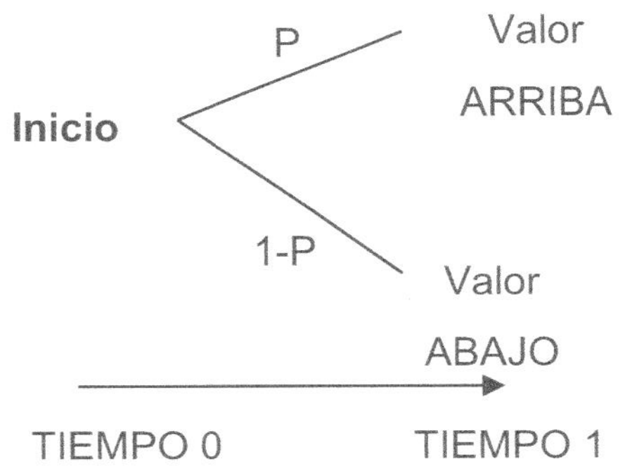

PARA SIMPLIFICAR, SUPONGA UN PUNTO DE INICIO DE $1, OBTENEMOS:

$$1 = [(p)u + (1-p)d]e^{-dr(t)}$$

$$e^{dr(t)} = pu + d - pd$$

$$e^{dr(t)} = p(u-d) + d$$

$$p = \frac{e^{dr(t)} - d}{u-d}$$

USANDO PASOS DE TIEMPO δt, COMO EL TIEMPO (T) Y LA TASA LIBRE DE RIESGO (rf) COMO LA TASA DE DESCUENTO (EN UN MUNDO NEUTRAL AL RIESGO), OBTENEMOS:

$$p = \frac{e^{rf(\delta t)} - d}{u-d}$$

¿Qué es el Mundo Neutral al Riesgo?

LA NEUTRALIZACIÓN DEL RIESGO SE PUEDE REALIZAR DE DOS MANERAS:

1. NEUTRALIZAR EL RIESGO DE LOS FLUJOS DE CAJA A TRAVÉS DE UNA TASA DE DESCUENTO AJUSTADA AL RIESGO
2. NEUTRALIZAR EL RIESGO DE LAS PROBABILIDADES DE OBTENER LOS FLUJOS DE CAJA

1. NEUTRALIZAR EL RIESGO DE LOS FLUJOS DE CAJA

DIGAMOS QUE TIENE UN JUEGO DE AZAR (LANZAR UNA MONEDA), CON UN 50% DE PROBABILIDAD DE PAGAR \$1 (CARA) Y UN 50% DE PROBABILIDAD DE PAGAR \$0 (SELLO). EL VALOR ESPERADO ES \$0.50.

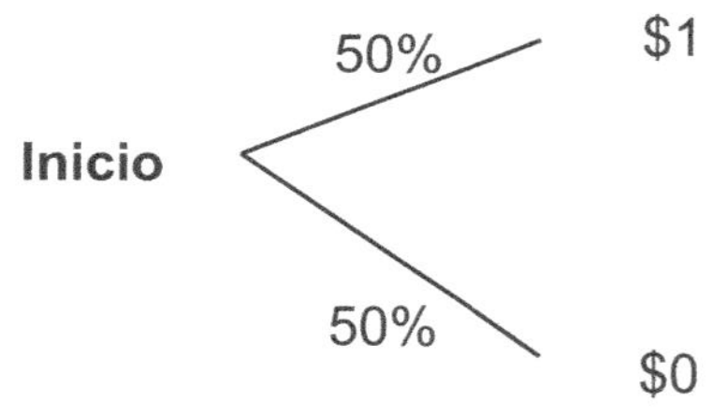

ASUMA QUE EL PAGO OCURRE EN UN PERIODO DE TIEMPO FUTURO (TIEMPO 1) Y EL JUEGO ES OBVIAMENTE RIESGOSO, DEBERIAMOS ENTONCES DESCONTAR EL PAGO CON UNA TASA DE DESCUENTO AJUSTADA AL RIESGO (DIGAMOS, DE 22.08%) PARA UN PERIODO ÚNICO. EL VALOR DEL JUEGO AHORA ES:

[50% (\$1) + 50% (\$0)] EXP(-22.08%)(1) = \$0.40

ESTE ES EL VALOR AJUSTADO AL RIESGO DEL JUEGO.

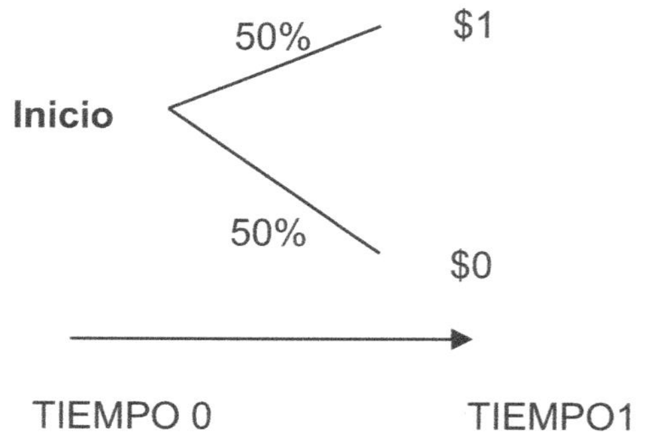

¿Qué es el Mundo Neutral al Riesgo? II

2. NEUTRALIZAR EL RIESGO DE LAS PROBABILIDADES DE OBTENER CIERTOS FLUJO DE CAJA

USTED PUEDE OBTENER EL MISMO VALOR DE $0.40 EN DOS FORMAS. LA PRIMERA ES AJUSTAR EL RIESGO DE LOS PAGOS DE LOS FLUJOS DE CAJA CON UNA TASA DE DESCUENTO AJUSTADA AL RIESGO. LA SEGUNDA ES USAR LOS MISMOS PAGOS DE FLUJOS DE CAJA, PERO AJUSTANDO EL RIESGO DE LAS PROBABILIDADES DE OCURRENCIA DE CADA FLUJO DE FLUJO DE CAJA. SI USTED AJUSTA EL RIESGO DE LAS PROBABILIDADES, LOS PAGOS DE LOS FLUJOS DE CAJA DEBERIAN SER DESCONTANDAS A UNA TASA LIBRE DE RIESGO Y NO A UNA TASA DE DESCUENTO AJUSTADA AL RIESGO PARA EVITAR DOBLE CONTABILIZACIÓN.

USANDO EL MISMO JUEGO, OBTENEMOS:

[P($1) + (1-P) ($0)] EXP(-5%)(1) = $0.40

LA PROBABILIDAD NEUTRAL AL RIESGO CALCULADA (P) ES 42%, AJUSTADA DESDE LA PROBABILIDAD OBJETIVO DE 50%.

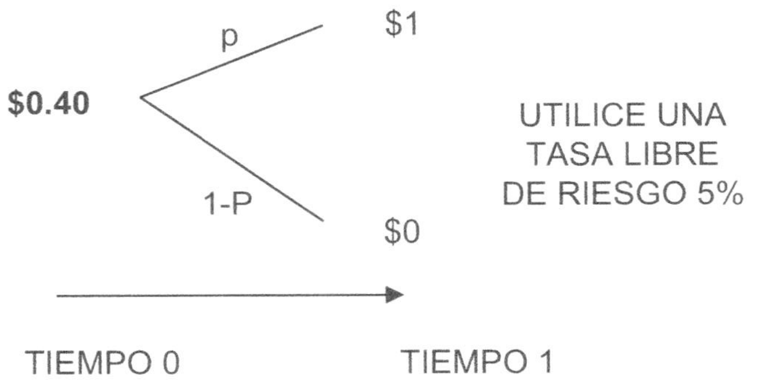

CLARAMENTE, AMBAS APROXIMACIONES PRODUCEN LOS MISMOS RESULTADOS, POR EJEMPLO, AQUI VEMOS QUE....

[42%($1) + 58%($0)] EXP(-5%)(1) = $0.40

NOTA: SE PREFIERE LA APROXIMACION DE PROBABILIDAD NEUTRAL AL RIESGO EN EL ANÁLISIS DE OPCIONES PORQUE REDUCE EL RIESGO DE ERRORES DE ESTIMACION DE UNA TASA DE DESCUENTO AJUSTADA AL RIESGO.

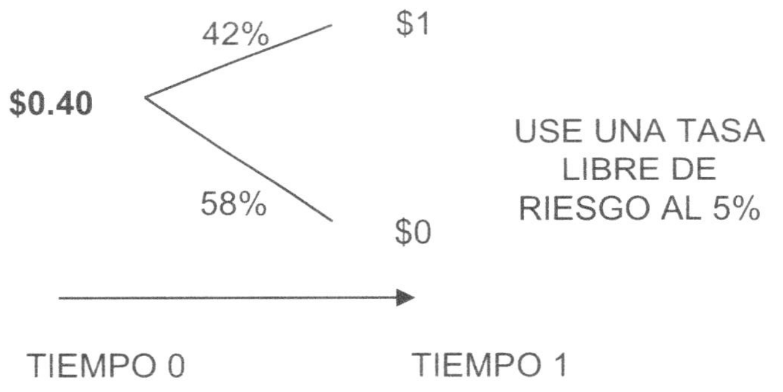

Stochastic Process Forecasting
Capítulo 5: Resolviendo Opciones Básicas de Call Europea y Americana
Real Options Valuation

Opción Europea: Comparando Métodos

- Ejemplo de una opción *financiera call* Europea con un valor de activo *(S)* de \$100, un precio de ejercicio (*X*) de \$100, con expiración a 1 año (*T*), 5% de tasa libre de riesgo (*rf*), y 25% volatilidad *(σ)* sin pago de dividendos (*q*).
- Usando la ecuación Black-Scholes, obtenemos \$12.3360

$$Call = Se^{-qT}\Phi\left[\frac{\ln(S/X)+(rf-q+\sigma^2/2)T}{\sigma\sqrt{T}}\right] - Xe^{-rf(T)}\Phi\left[\frac{\ln(S/X)+(rf-q-\sigma^2/2)T}{\sigma\sqrt{T}}\right]$$

- Usando una aproximación binomial de 5 pasos, obtenemos \$12.79
  - Paso I en la aproximación binomial:

$$\text{Given}: S=100, X=100, \sigma=0.25, T=1, rf=0.05, q=0$$

$$u=e^{\sigma\sqrt{\delta t}}=1.118 \text{ and } d=e^{-\sigma\sqrt{\delta t}}=0.894$$

$$p=\frac{e^{(rf-q)\delta t}-d}{u-d}=0.517$$

Opción Europea: Árbol Binomial (Árbol de Activo Subyacente)

Aproximación Binomial – Paso I

Evolución del árbol del activo subyacente

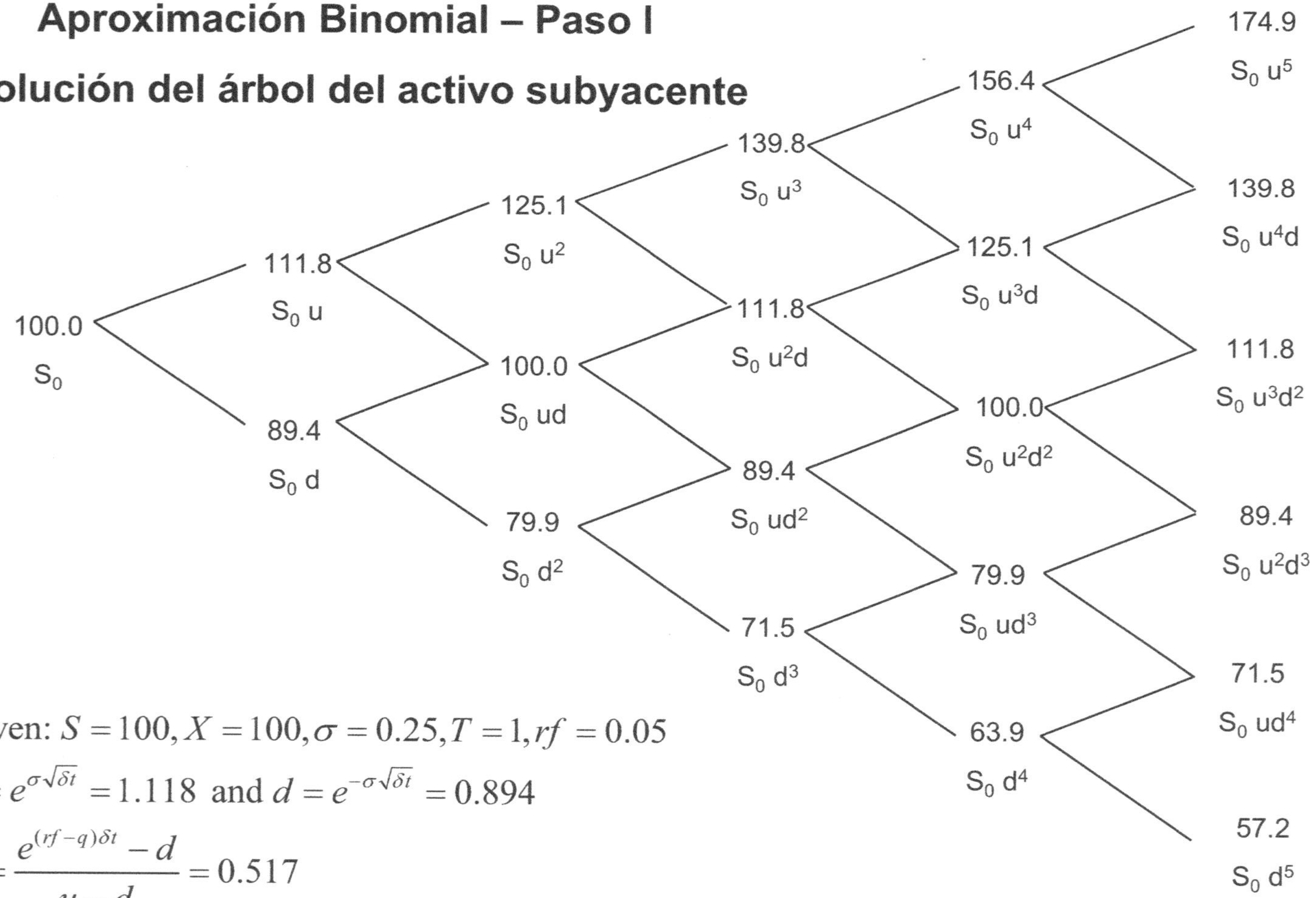

Given: $S = 100, X = 100, \sigma = 0.25, T = 1, rf = 0.05$

$u = e^{\sigma\sqrt{\delta t}} = 1.118$ and $d = e^{-\sigma\sqrt{\delta t}} = 0.894$

$$p = \frac{e^{(rf-q)\delta t} - d}{u - d} = 0.517$$

Opción Europea: Árbol Binomial (Árbol de Valoración)

Aproximación Binomial – Paso II:

Árbol de valoración de opciones

Máximo entre ejecutar la opción o dejarla expirar

Dejarla expirar = $0 (expira fuera del dinero sin valor)

Ejecutar la opción = $S_0u^5 - X$ = $174.9 - $100 = $74.9

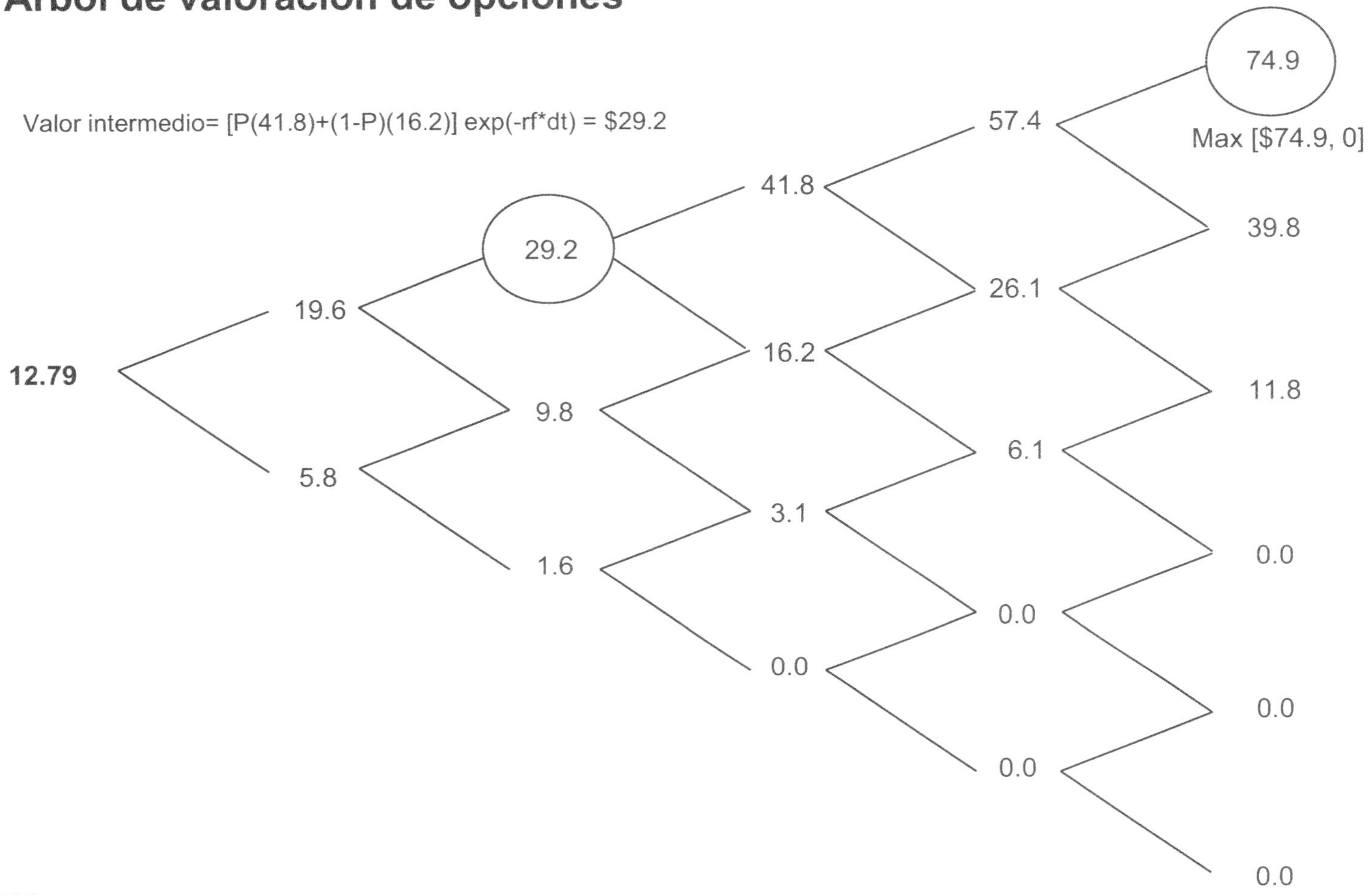

Granularidad y Precisión en los Árboles Binomiales: a Más Pasos Mayor Exactitud

- Comparación de aproximaciones
  - Black-Scholes: $12.3360
  - Binomial:
    - N = 5 pasos — $12.7946
    - N = 10 pasos — $12.0932
    - N = 20 pasos — $12.2132
    - N = 50 pasos — $12.2867
    - N = 100 pasos — $12.3113
    - N = 1,000 pasos — $12.3335
    - N = 10,000 pasos — $12.3358
    - N = 50,000 pasos — $12.3360
  - Simulación: (10,000 simulaciones: $12.3360)
- ¿Por qué ocurre esto?

Más Pasos, Más Granular, Más Exacto

5 PASOS DE TIEMPO

0.00	1.00	2.00	3.00	4.00	5.00
t = 0	t = 0.2	t = 0.4	t = 0.6	t = 0.8	t = 1
100.00	111.83	125.06	139.85	156.39	174.90
	89.42	100.00	111.83	125.06	139.85
		79.96	89.42	100.00	111.83
			71.50	79.96	89.42
				63.94	71.50
					57.18

20 PASOS DE TIEMPO

0.00	1.00	2.00	3.00	4.00	5.00	6.00	7.00	8.00	9.00	10.00	11.00	12.00
t = 0	t = 0.05	t = 0.1	t = 0.15	t = 0.2	t = 0.25	t = 0.3	t = 0.35	t = 0.4	t = 0.45	t = 0.5	t = 0.55	t = 0.6
100.00	105.75	111.83	118.26	125.06	132.25	139.85	147.89	156.39	165.39	174.90	184.95	195.58
	94.56	100.00	105.75	111.83	118.26	125.06	132.25	139.85	147.89	156.39	165.39	174.90
		89.42	94.56	100.00	105.75	111.83	118.26	125.06	132.25	139.85	147.89	156.39
			84.56	89.42	94.56	100.00	105.75	111.83	118.26	125.06	132.25	139.85
				79.96	84.56	89.42	94.56	100.00	105.75	111.83	118.26	125.06
					75.62	79.96	84.56	89.42	94.56	100.00	105.75	111.83
						71.50	75.62	79.96	84.56	89.42	94.56	100.00
							67.62	71.50	75.62	79.96	84.56	89.42
								63.94	67.62	71.50	75.62	79.96
									60.46	63.94	67.62	71.50
										57.18	60.46	63.94
											54.07	57.18
												51.13

Capítulo 6:
Utilizar Excel para
Resolver Manualmente
Opciones Básicas
Real Options
Valuation

Capítulo 7:
Resolver Opciones
Básicas de Abandono,
Expansión, Contracción
y Escogencia
Real Options
Valuation

Opción de Abandono: Resumen del Caso

- Suponga que una compañía farmacéutica tiene la opción de abandonar su actual proyecto de I&D dentro de los próximos 5 años si la demanda del mercado es débil y la empresa decide licenciar su propiedad intelectual.
- El caso base de la I&D de su medicamento está valorado en $150M basado en un modelo de pronóstico DCF para los próximos años sobre las expectativas del mercado.
- La volatilidad implícita de los retornos lognormales de los flujos de caja libres es del 30%.
- Si la firma abandona el proyecto, los activos de proyecto se pueden vender en un valor de salvamento de $100M.
- Suponga que en la actualidad los bonos del Tesoro a 5 años rentan el 5%. ¿Cuánto cuesta la opción de abandono?

Opción de Abandono: Resumen de los Resultados

- Utilice una Opción put Americana con dividendos
- Aproximación de forma cerrada Bjerksund vs. Aproximación binomial
- Aproximación de forma cerrada usando el modelo Bjerksund: $6.9756M

$$C = \alpha S^{\psi} - \alpha\phi(S,T,\beta,I,I) + \phi(S,T,1,I,I) - \phi(S,T,1,X,I) - X(S,T,0,I,I) + X\phi(S,T,0,X,I)$$

$$\phi(S,T,\gamma,H,I) = e^{\lambda} S^{\gamma}\left[N(d) - \left(\frac{I}{S}\right)^{\kappa} N\left(d - \frac{s\ln(I/S)}{\sigma\sqrt{T}}\right)\right]$$

$$\alpha = (I - X)I^{-\beta} \text{ and } \beta = \left(\frac{1}{2} - \frac{b}{\sigma^2}\right) + \sqrt{\left(\frac{b}{\sigma^2} - \frac{1}{2}\right)^2 + 2\frac{r}{\sigma^2}}$$

$$Put = C(X,S,T,r-b,-b,\sigma)$$

- Aproximación Binomial : $6.6412M usando N = 5 pasos
- Aproximación Binomial : $6.9755M usando N = 1000 pasos

Opción de abandono: Árbol Subyacente

Aproximación Binomial – Paso I

Evolución del árbol del Activo Subyacente

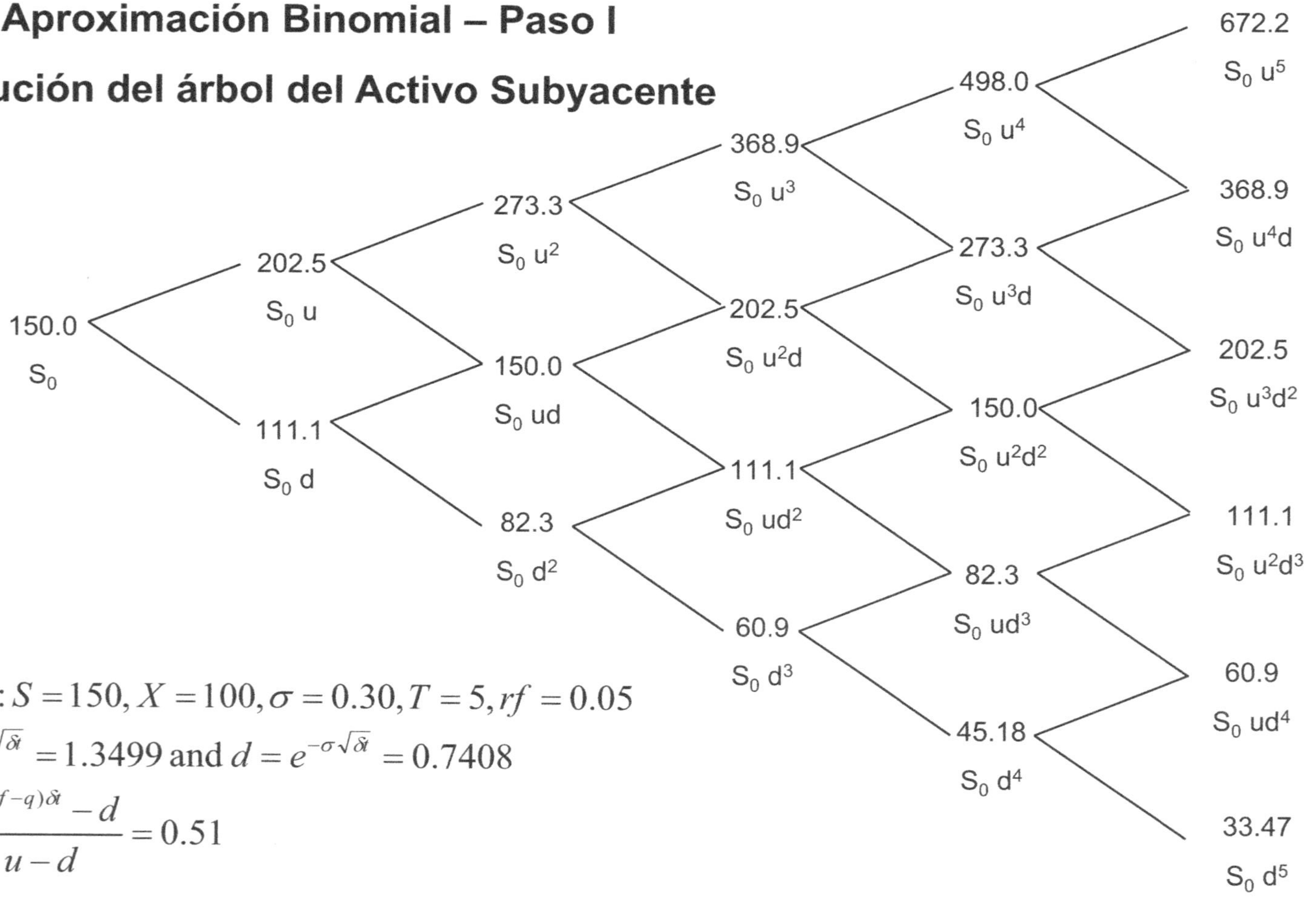

$$\text{Given}: S = 150, X = 100, \sigma = 0.30, T = 5, rf = 0.05$$

$$u = e^{\sigma\sqrt{\delta t}} = 1.3499 \text{ and } d = e^{-\sigma\sqrt{\delta t}} = 0.7408$$

$$p = \frac{e^{(rf-q)\delta t} - d}{u - d} = 0.51$$

Opción de Abandono: Árbol de Valoración

Aproximación Binomial– Paso II:

Árbol de valoración de opciones

Máximo entre Valor de Salvamento o Abandonar o Continuar

Valor de Salvamento= X = $100M

Continuar = S_0u^5 = 672.2

Máximo entre Valor de Salvamento o Abandonar o mantener la opción abierta
Valor de Salvamento = X = $100M

Mantener la opción abierta = [P(368.9)+(1-P)(202.5)] exp(-rf*dt) = $273.3

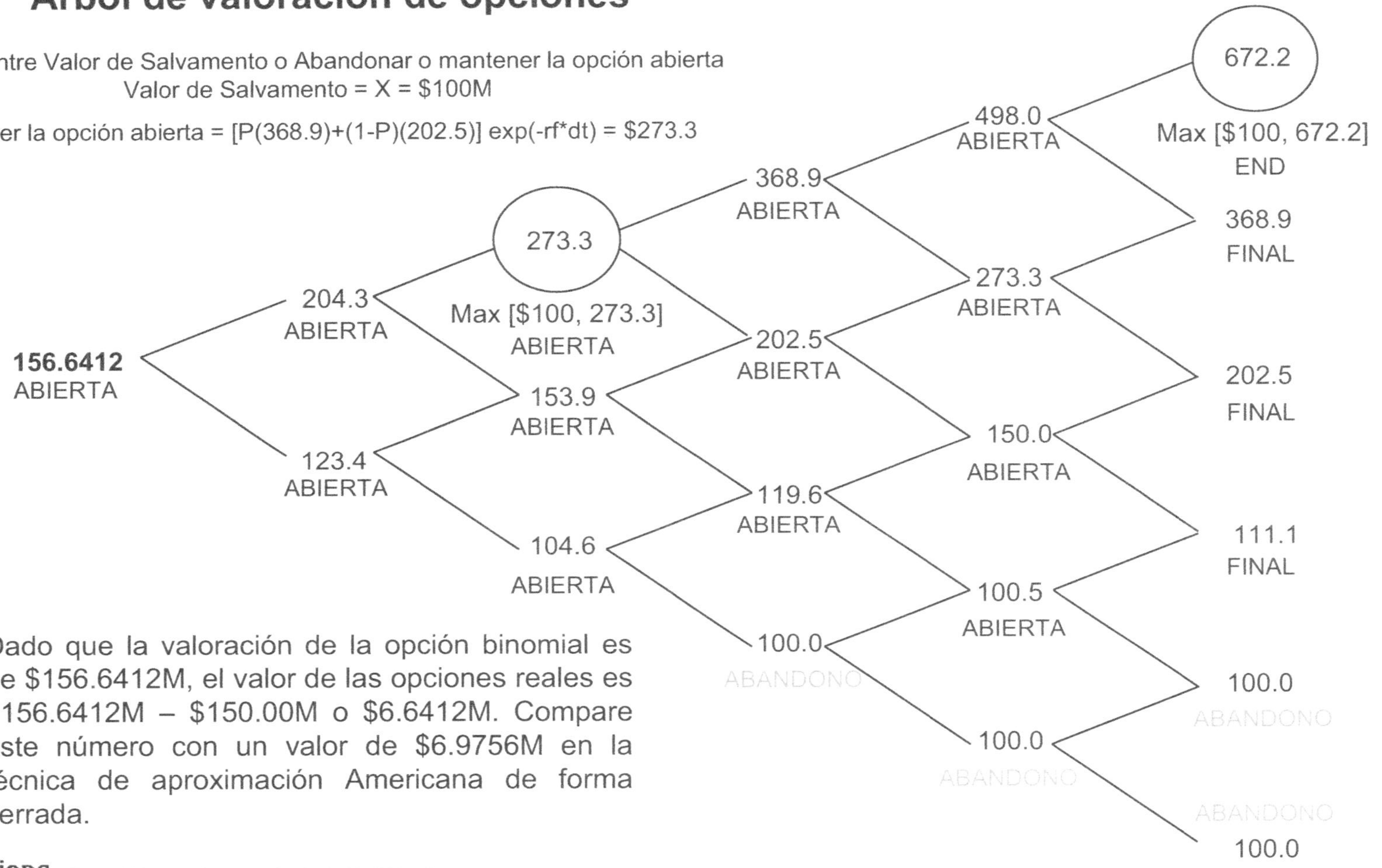

Dado que la valoración de la opción binomial es de $156.6412M, el valor de las opciones reales es $156.6412M – $150.00M o $6.6412M. Compare este número con un valor de $6.9756M en la técnica de aproximación Americana de forma cerrada.

Opción de Expansión

- Suponga que una empresa en crecimiento cuya valoración estática sin flexibilidad es de $400M. La empresa tiene la opción de adquirir un competidor dentro de los próximos 5 años por la suma de $250M. Haciendo esto, el valor de la empresa se duplicaría en tamaño.
- Suponga que esta adquisición únicamente ocurriría si la economía es fuerte. En la actualidad el bono del Tesoro a 5 años renta un 7%.
- Usando la simulación de Monte Carlo, encontramos que la volatilidad implícita de la empresa del logaritmo natural de los retornos sobre los flujos de caja libres es del 35%. ¿Cuál es el valor de esta empresa, suponiendo que tiene la flexibilidad de capitalizarse sobre esta adquisición?

Opción de Expansión (2)

- Use una Opción Call Americana con Dividendos
- Aproximación de forma cerrada de Barone-Adesi-Whaley vs. Aproximación Binomial
- Método de Forma Cerrada usando el modelo B-A-W : \$626.6M

$$C(S,X,T) = Sup(C + \psi(S/S')^q, S - X)^+$$

$$\psi = (1 - e^{(b-r)T}\Phi\left[\frac{\ln(S/X) + (b + \sigma^2/2)T}{\sigma\sqrt{T}}\right](S'))(S'/q)$$

$$q = \frac{N + 1 + \sqrt{(N^2 + N + 8r/(1 - e^{-rT})\sigma^2 + 1}}{2}$$

Solving S' with the Newton - Raphson algorithm

- Aproximación Binomial : \$638.3M empleando N = 5 pasos

Opción de Expansión (3)

Aproximación Binomial – Paso I

Evolución del árbol del Activo Subyacente

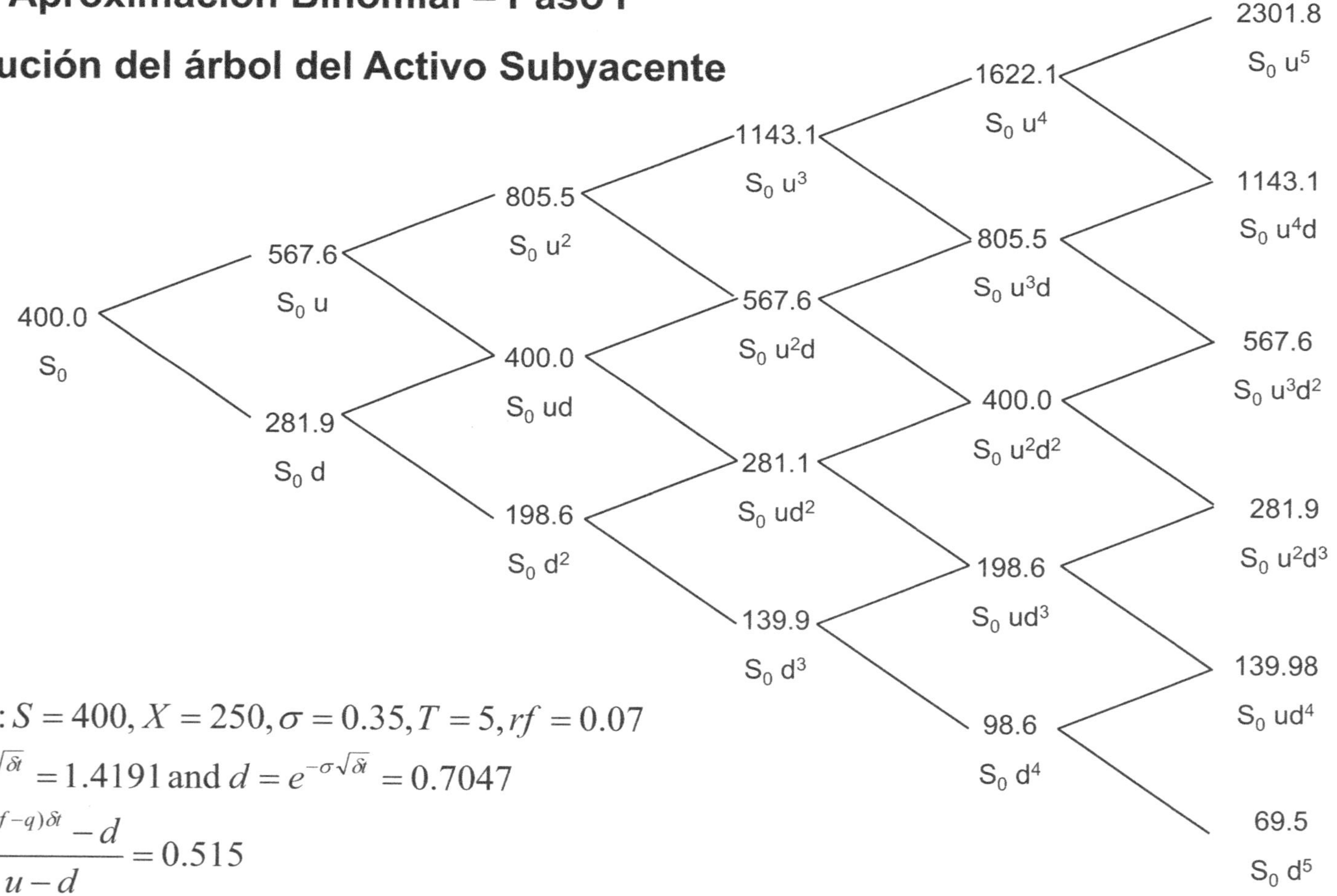

Given : $S = 400, X = 250, \sigma = 0.35, T = 5, rf = 0.07$

$u = e^{\sigma\sqrt{\delta t}} = 1.4191$ and $d = e^{-\sigma\sqrt{\delta t}} = 0.7047$

$$p = \frac{e^{(rf-q)\delta t} - d}{u - d} = 0.515$$

Opción de Expansión (4)

Aproximación Binomial – Paso II:

Árbol de valoración de opciones

Máximo entre Expandir y mantener la opción abierta

Expansión = (Expandir)S_0u^2 – Inversión = 2($805M) - $250 = $1361

Mantener la opción abierta = [P(2068.8)+(1-P)(917.9)] exp(-rf*dt) = $1408.4

Máximo entre Expandir o Continuar

Expansión = (Expandir)S_0u^5 – Inversión= 2($2301.8M) - $250 = $4353.7

Continuar = S_0u^5 = $2301.8

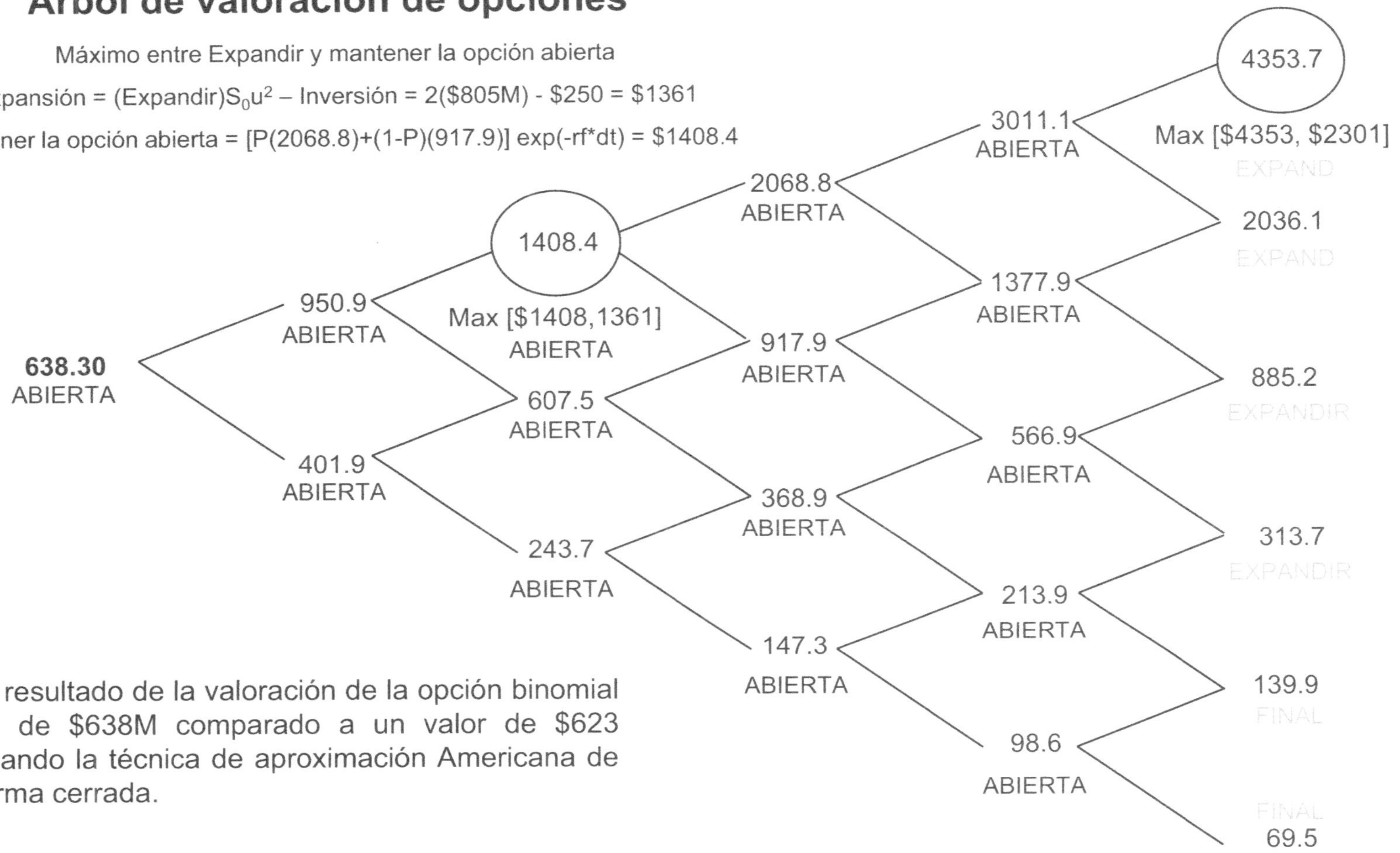

El resultado de la valoración de la opción binomial es de $638M comparado a un valor de $623 usando la técnica de aproximación Americana de forma cerrada.

Opción de Contracción

- Suponga que un gran fabricante aeronáutico no está seguro de la eficacia tecnológica y la demanda de mercado de su nueva flota de aviones supersónicos y decide protegerse creando una opción de contraer el 50% de sus instalaciones de fabricación dentro de los próximos 5 años.
- Actualmente, las instalaciones de fabricación están valoradas en $1B con un valor adicional de $400M en ahorros de gastos directos y generales, asumiendo que el fabricante decide reducir sus operaciones.
- Suponga una tasa libre de riesgo del 5% y una volatilidad del 50% los retornos logarítmicos naturales de las series de flujo de caja libre generados a través de una simulación de Monte Carlo.

Opción de Contracción (2)

- Use una Opción Put Americana con Dividendos
- Aproximación de forma cerrada Barone-Adesi-Whaley vs. Aproximación Binomial
- Aproximación de forma cerrada usando el modelo B-A-W: $105.98M
- Aproximación Binomial: $105.61M usando N = 5 pasos

$$P(S,X,T) = Sup(P' + \psi (S/S')^{q}, X - S)^{+}$$

$$\psi = (1 - e^{(b-r)T}(-S'/q)\Phi\left[\frac{(b+\sigma^2/2)T - \ln(S/X)}{\sigma\sqrt{T}}\right]$$

$$q = \frac{1 - N - \sqrt{(N^2 + N + 8r/(1-e^{-rT})\sigma^2 + 1}}{2}$$

Solving S' with the Newton - Raphson algorithm

Opción de Contracción (3)

Aproximación Binomial – Paso I

Evolución del Árbol del Activo Subyacente

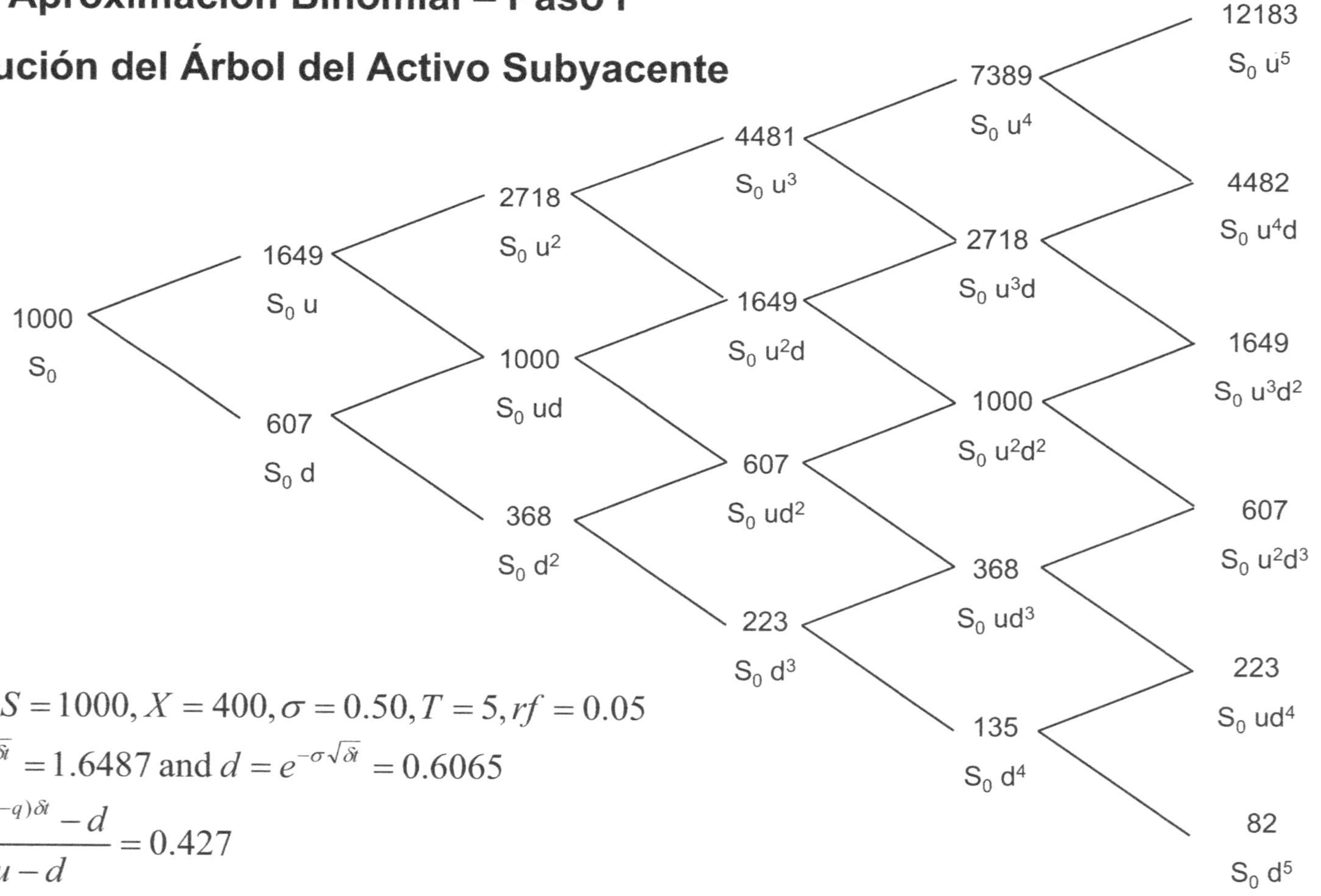

$$\text{Given}: S = 1000, X = 400, \sigma = 0.50, T = 5, rf = 0.05$$

$$u = e^{\sigma\sqrt{\delta t}} = 1.6487 \text{ and } d = e^{-\sigma\sqrt{\delta t}} = 0.6065$$

$$p = \frac{e^{(rf-q)\delta t} - d}{u - d} = 0.427$$

Opción para Contracción (4)

Aproximación Binomial – Paso II:

Árbol de valoración de opciones

Máximo entre Contraer o Continuar

Contraer= (Contraer)S_0u^5 + Ahorros = 0.5($12,183M) + $400 = $6491

Continuar = S_0u^5 = $12,183

Máximo entre Contraer o mantener la opción abierta

Contraer= (Contraer)S_0u^2 + Ahorros = 0.5($2718) + $400 = $1759

Mantener la opción abierta= [P(4481)+(1-P)(1678)] exp(-rf*dt) = $2,734

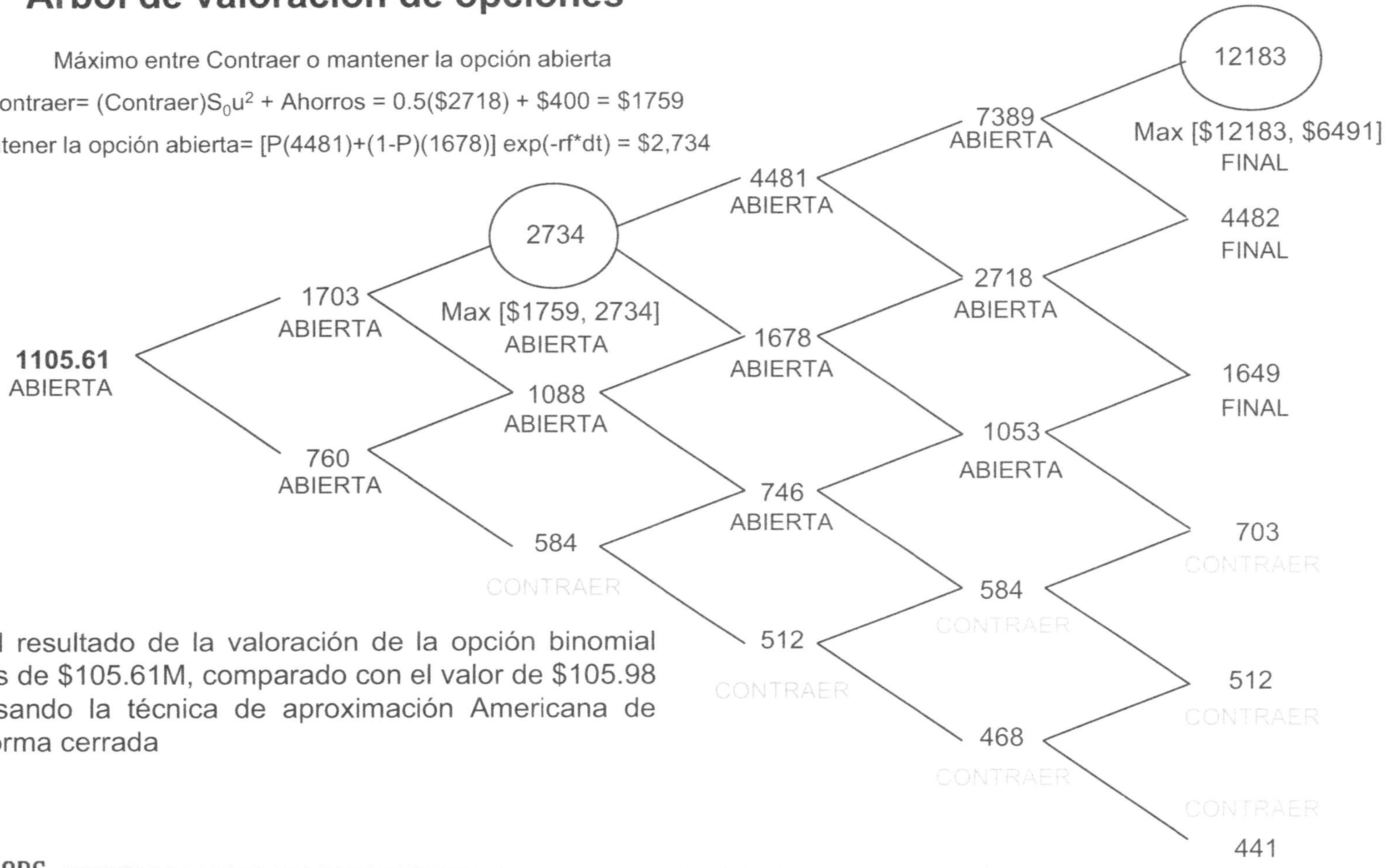

El resultado de la valoración de la opción binomial es de $105.61M, comparado con el valor de $105.98 usando la técnica de aproximación Americana de forma cerrada

Opción de Escogencia

- Suponga que una empresa de fabricación tiene la posibilidad de escoger entre tres tipos de opciones: la opción de Abandonar todo su proyecto actual de fabricación, la opción de expandir su capacidad actual de fabricación asumiendo que el mercado está creciendo, y la opción de contraer sus operaciones actuales dependiendo de si la demanda del mercado y la rentabilidad son bajas.
- La compañía tiene la posibilidad de escoger entre estas opciones dentro de los próximos 5 años. La capacidad instalada actual de la compañía está valorada en $100M basada en un modelo de pronóstico DCF cuyas proyecciones para los próximos años se basan en las expectativas del mercado.
- La volatilidad implícita de los retornos lognormales sobre los flujos de caja libre es del 15%. Si el negocio es abandonado, sus activos se pueden vender a un precio de salvamento de $100M. Si se expande el negocio, los flujos de caja aumentarán en un 30% con un costo adicional de $20M para incrementar la capacidad de la empresa. La empresa también puede decidir si contrae su capacidad en un 10% y ahorrarse $25M en el proceso.
- Suponga que los Bonos del Tesoro a 5 años están rentando el 5%. ¿Cuánto cuesta la opción de escoger?

Árbol Subyacente (Escoger)

Aproximación Binomial – Paso I:

Evolución del árbol del Activo Subyacente

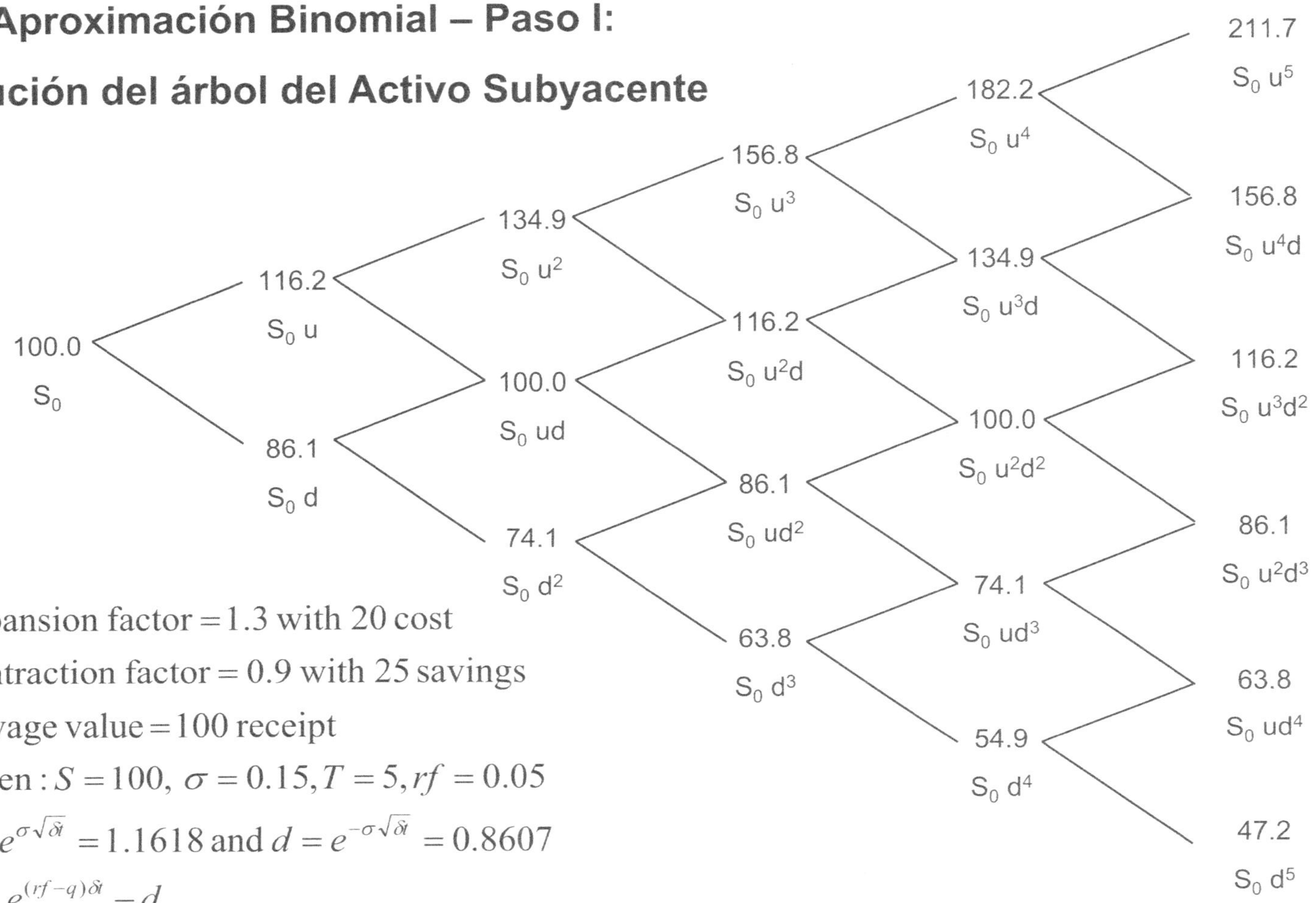

Expansion factor $= 1.3$ with 20 cost

Contraction factor $= 0.9$ with 25 savings

Salvage value $= 100$ receipt

Given : $S = 100,\ \sigma = 0.15, T = 5, rf = 0.05$

$u = e^{\sigma\sqrt{\delta t}} = 1.1618$ and $d = e^{-\sigma\sqrt{\delta t}} = 0.8607$

$$p = \frac{e^{(rf-q)\delta t} - d}{u - d} = 0.633$$

Árbol de Valoración (Escoger)

Aproximación Binomial – Paso II:

Árbol de valoración de opciones

Máximo entre Abandonar, Expandir, Contraer o Continuar

Valor de Salvamento por Abandono = X = $100M

Expandir = Expandir((134.9) – Costo de Expansión = $155.4

Contraer = Contracción (134.99) + Ahorros = $146.5

Opción de Continuar= [P(185.8)+(1-P)(134.3)] exp(-rf*dt) = $158.8

Máximo entre Abandonar, Expandir, Contraer o Continuar

Valor de Salvamento por Abandono = $100M

Expandir= Expandir(211.7) – Costo de Expansión= $255.21

Contraer = Contracción(211.7) + Ahorros= $215.53

Continuar= S_0u^5 = $211.7M

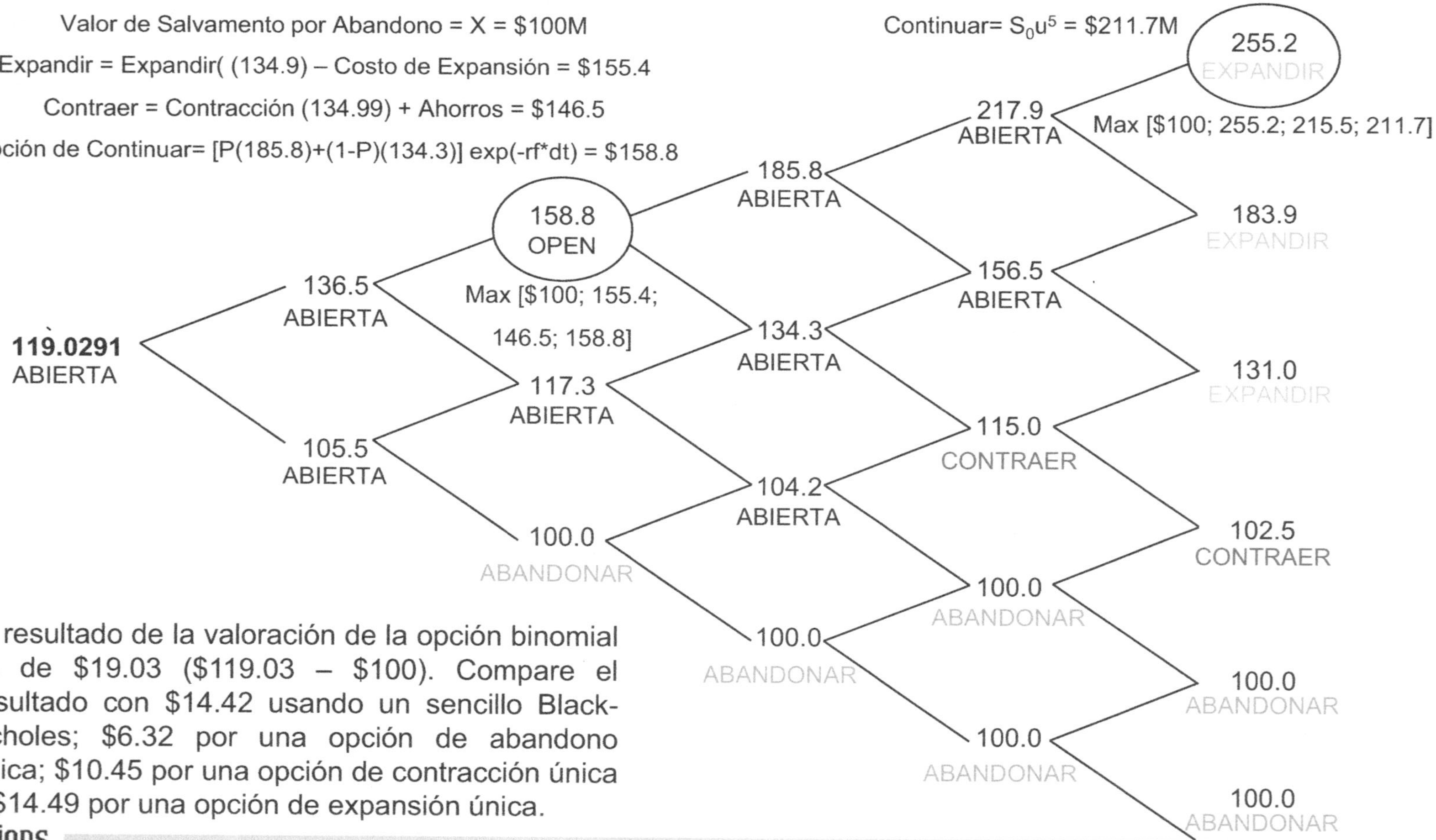

El resultado de la valoración de la opción binomial es de $19.03 ($119.03 – $100). Compare el resultado con $14.42 usando un sencillo Black-Scholes; $6.32 por una opción de abandono única; $10.45 por una opción de contracción única y $14.49 por una opción de expansión única.

MÓDULO 8:
APLICANDO Y
MODELANDO LAS
OPCIONES REALES
Real Options Valuation
© Copyright 2005-2022 Dr. Johnathan Mun. All rights reserved.
Dublin, California. support@realoptionsvaluation.com
REAL OPTIONS VALUATION, Inc. www.realoptionsvaluation.com
207

Capítulo 1:
Visión General de los
Diferentes Módulos de
SLS
Stochastic Process Forecasting
Real Options
Valuation

MÓDULOS SLS

- Único Activo SLS:
  - Opciones únicas de activo subyacente y opciones de fase única
  - Solución de Opciones Reales: Abandonar, Escoger, Contraer, Diferir y Esperar, Expandir, para las opciones Americana, Bermuda y Europea, y muchas otras opciones personalizadas
  - Permite entradas exóticas y cambiantes y crea hojas de auditoría
- Activos Múltiples MSLS:
  - Activos subyacentes múltiples u opciones multi-fase de activos únicos
  - Solución de Opciones Reales: Opciones compuestas secuenciales múltiples, opciones de cambio y escogencia, opciones compuestas simultáneas
  - Permite entradas exóticas y cambiantes y crea hojas de auditoría
  - MNLS Multinomial:
  - Trinomiales, Tetranomiales, y Pentanomiales
  - Solución de Opciones Reales : Reversión de la media, Difusión de Salto y Activos Duales
- Creador de Árboles:
  - Crea todos los árboles binomiales SLS con nodos de decisión y ecuaciones visibles de Excel
- Soluciones de Excel:
  - Todas las funciones SLS y MSLS accesibles directamente en Excel
  - Opciones de Volatilidad Cambiante y Opciones Cambiantes de Tasa Libre de Riesgo
- Funciones de Excel:
  - Ejecuta todas las funciones SLS y MSLS en hojas de cálculo existentes
  - Permite la simulación de Monte Carlo, pronosticar, optimizar y conectar a través de múltiples hojas de cálculo

Capítulo 2:
Estimaciones de
Volatilidad
Stochastic Process Forecasting
Real Options Valuation

Estimaciones de Volatilidad: Ejercicios Prácticos

- Aproximación del Coeficiente de Variabilidad
  - Sencillo, efectivo y comparable a través de múltiples proyectos
  - Más aplicable cuando solo existen valores únicos (p.ej., algún valor X en un momento dado) mientras que otras aproximaciones a continuación, son mejores cuando existen datos de series de tiempo (p.ej., flujos de caja o ingresos netos a través del tiempo).
  - Ofrece una estimación decente y únicamente se puede obtener si se aplica la simulación de Monte Carlo.
- Aproximación de los retornos logarítmicos de flujos de caja (o retornos logarítmicos de acciones)
  - Sencillo y efectivo pero sobreestima la volatilidad de las opciones reales
  - El mejor método para encontrar la volatilidad de opciones financieras sobre las acciones
  - No requiere de simulación
  - Utilice las soluciones de Excel para explicar y aplicar este método
- Aproximación de Logaritmos de Retornos de Activos en Valor Presente
  - Una aproximación mas conservadora que requiere la simulación de Monte Carlo y es mas robusta
  - El mejor método para aplicar en el mundo de las opciones reales.
  - Utilice las soluciones de Excel para explicar y aplicar este método
- Supuesto de Gestión o Aproximación de Probabilidad a Volatilidad
  - Bueno para explicarle a los ejecutivos el significado de volatilidad
  - Malas estimaciones de volatilidad pero si no existen datos, este es un buen primer paso
  - Utilice las soluciones de Excel para explicar y aplicar este método
- Modelos GARCH
  - Muy difíciles de modelar y son inapropiados en la mayoría de las aplicaciones de opciones reales
  - Mejor si existe una larga serie de datos históricos y si se tienen conocimientos avanzados de econometría

Intuición de la Volatilidad: Retornos Logarítmicos del Precio

Month	Stock Price	Relative Returns	LN (RR)
Jan	13.60		
Feb	15.50	1.1397	0.1308
Mar	14.75	0.9516	-0.0496
Apr	16.70	1.1322	0.1242
May	17.10	1.0240	0.0237
	Monthly Volatility		8.65%
	Annualized Volatility		29.95%

Month	Stock Price	Relative Returns	LN (RR)
Jan	17.10		
Feb	16.70	=16.70/17.10	=LN(16.70/17.10)
Mar	14.75	=14.75/16.70	=LN(14.75/16.70)
Apr	15.50	=15.50/14.75	=LN(15.50/14.75)
May	13.60	=13.60/15.50	=LN(13.60/15.50)
	Monthly Volatility		=STDEV(LNRR)
	Annualized Volatility		=STDEV(LNRR)*SQRT(12)

Month	Stock Price	Relative Returns	LN (RR)
Jan	17.10		
Feb	16.70	0.9766	-0.0237
Mar	14.75	0.8832	-0.1242
Apr	15.50	1.0508	0.0496
May	13.60	0.8774	-0.1308
	Monthly Volatility		8.65%
	Annualized Volatility		29.95%

Month	Stock Price	Relative Returns	LN (RR)
Jan	13600.00		
Feb	15500.00	1.1397	0.1308
Mar	14750.00	0.9516	-0.0496
Apr	16700.00	1.1322	0.1242
May	17100.00	1.0240	0.0237
	Monthly Volatility		8.65%
	Annualized Volatility		29.95%

Intuición de la Volatilidad: Promedios…

Tiempo	0	1	2
Acción	\$100	\$200	\$100
Retornos		+100%	-50%

Promedio Aritmético: 25%

En su lugar, debemos usar el promedio geométrico: 0%

$$GA = \sqrt[N]{\left(\frac{New_1}{Old_1}\right)\left(\frac{New_2}{Old_2}\right)\cdots\left(\frac{New_N}{Old_N}\right)} - 1 = \sqrt[N]{\left(\frac{200}{100}\right)\left(\frac{100}{200}\right)} - 1 = 0\%$$

Intuición de la Volatilidad: ¿Por qué LN y por qué Anualizarlo?

Caso Estocástico

$$\frac{\delta S}{S} = \mu(\delta t) + \sigma\varepsilon\sqrt{\delta t}$$

$$\frac{\delta S}{S} = e^{\mu(\delta t)+\sigma\varepsilon\sqrt{\delta t}}$$

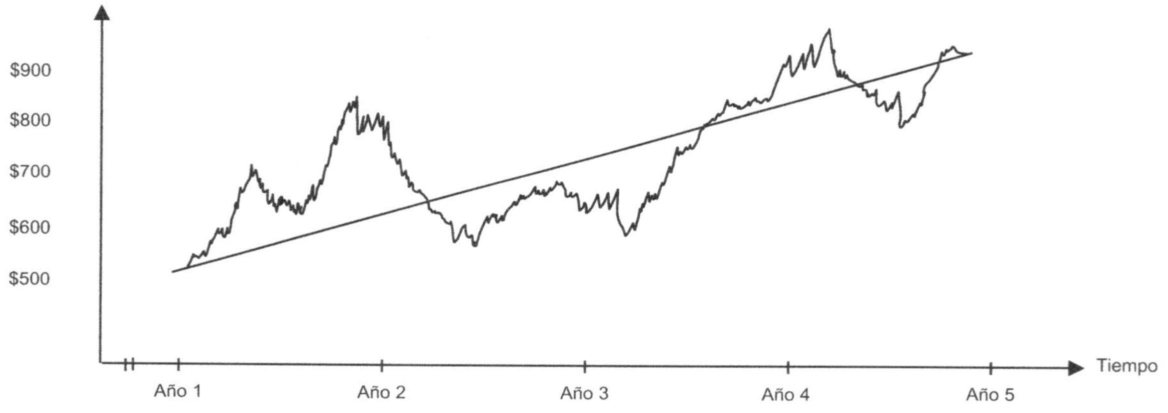

$$u = e^{\sigma\sqrt{\delta t}} \text{ y } d = e^{-\sigma\sqrt{\delta t}} = \frac{1}{u}$$

Usar el LN() para eliminar EXP (*e*) en $u = e^{\sigma\sqrt{\delta t}}$

δt se elimina usando la periodicidad … por ejemplo, un proyecto de 1 año con 12 pasos de retorno δt = 1/12 donde la periodicidad mensual = 12.

Capítulo 3:
Resolviendo Opciones
con Entradas
Cambiantes y Opciones
Exóticas Personalizadas
Stochastic Process Forecasting
Real Options
Valuation

Capítulo 4:
MSLS- Opciones
Compuestas Secuenciales
Múltiples
Real Options
Valuation

Opción compuesta secuencial multifase
Estudio de Caso: Proceso de I&D por etapas
Dos-etapas, Multi-Etapas, Multi-Etapas complejo, Etapas Personalizadas

- Una compañía típica que realiza I&D (aplicable en cualquier industria incluyendo las farmacéuticas o de desarrollo tecnológico de alto nivel) está en proceso de investigar y desarrollar nuevos productos (indicación de medicamentos, nuevos discos duros, o microchips).
- Problema: Existe mucha incertidumbre (éxito de la tecnología o producto, oportunidades de desarrollo secuencial, I&D por etapas, aceptación del mercado, competencia y así sucesivamente).
- ¿Qué puede hacer la empresa?
  - Determinar si se debe aplicar un proceso de inversión paso a paso, por fases o por etapas de I&D, y si es así, cuántas fases debe tener en cuenta la empresa.
  - Decidir si es mejor realizar la I&D por fases y perder posibles ganancias (pérdida de dividendos) o hacerlo inmediatamente y arriesgarse (alta incertidumbre y, por tanto, volatilidad).
  - Si se emplea una aproximación por etapas, calcule el valor inicial del I&D. ¿Cuanto está dispuesta a pagar la empresa por adelantado para obtener suficiente información para decidir si debe continuar con la implementación completa de I&D?
  - Determinar si la I&D es rentable.

Árbol Estratégico para un Proceso de Desarrollo en Dos-Etapas

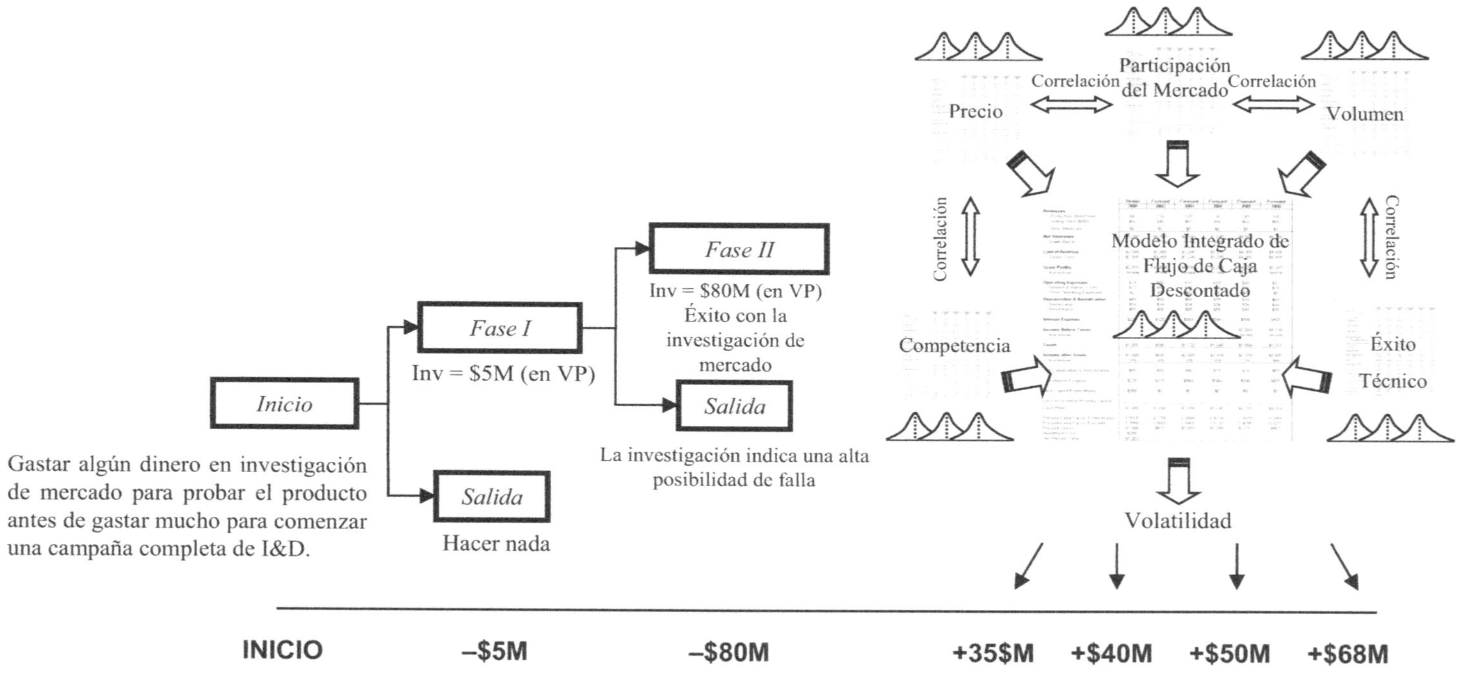

PERIODO DE INVERSIÓN

PERIODO DEL FLUJO DE CAJA

(Volatilidad estimada basada en estos flujos netos de caja del proyecto)

Al final de la Fase I, la empresa tiene la opción o de continuar a la fase II o no. Como un ejemplo, suponga que la Fase II es la fase real de desarrollo y que la Fase I es la fase de investigación de mercado. ¿Cuál es el valor de la información, dada una incertidumbre en la tecnología? ¿Cuánto está dispuesta a pagar la empresa para obtener la información?

¿Cómo se calcula el VPN?

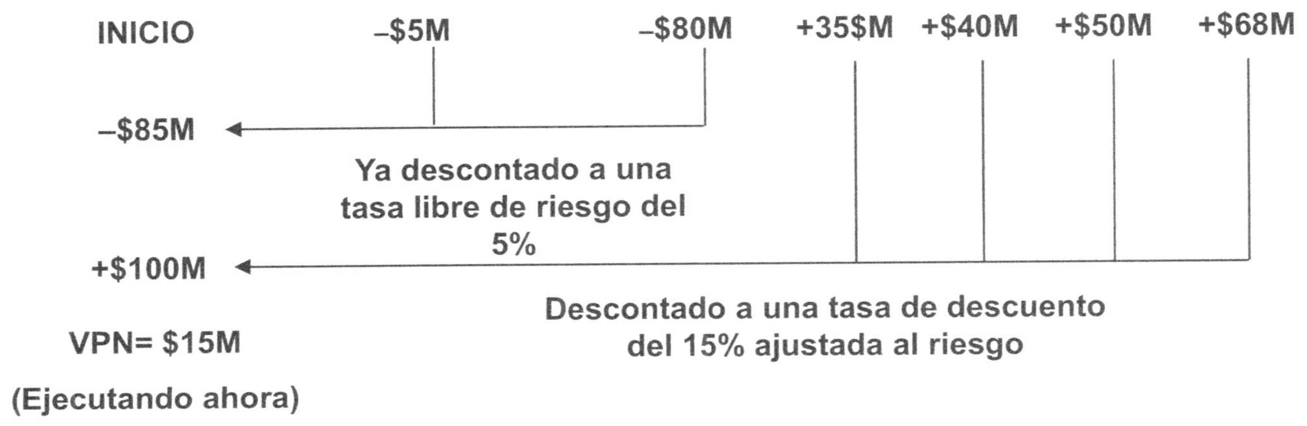

Observe que se utilizan dos diferentes tasas de descuento de acuerdo con el Teorema de Separación en finanzas, y que el alto riesgo es equivalente a altos retornos. Aplicamos una tasa ajustada al riesgo de mercado del 15% para los flujos de caja, versus una tasa libre de riesgo del 5% para dar cuenta solamente del valor del dinero en el tiempo sobre el riesgo privado de cara a las inversiones iniciales. Suponemos que los costos de implementación ya se encuentran en valores presentes.

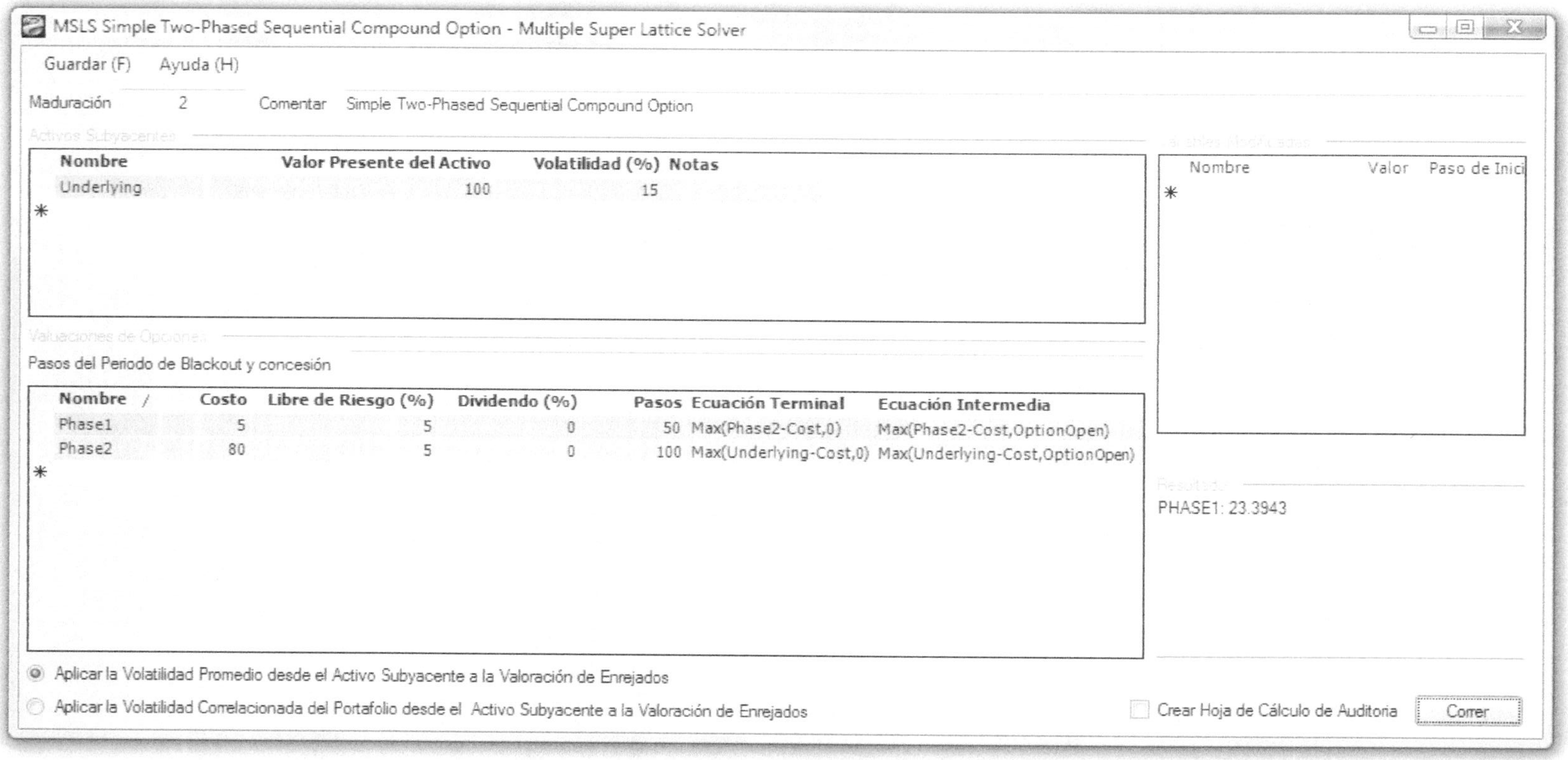

La Fase II es una opción de continuar, no una obligación. Si los resultados de la Fase I de investigación de mercados indican que es rentable continuar, entonces ejecute la Fase II; de lo contrario sálgase. La pérdida máxima es el costo de inversión de la Fase I de -$5 millones, no la totalidad del desembolso de -$85 millones. Entonces, el cubrir el proyecto al instituir una Fase I y dispersar el riesgo a través del tiempo en múltiples fases, tiene algo de valor. Las preguntas son, ¿Cuánto vale esta información y cuál es el máximo monto que la empresa debería estar dispuesta a pagar para obtener esta información en la Fase I? La respuesta es $8.39 millones (i.e., $23.39M – $15M). Por consiguiente, hay un valor en esperar y en realizar una inversión por etapas.

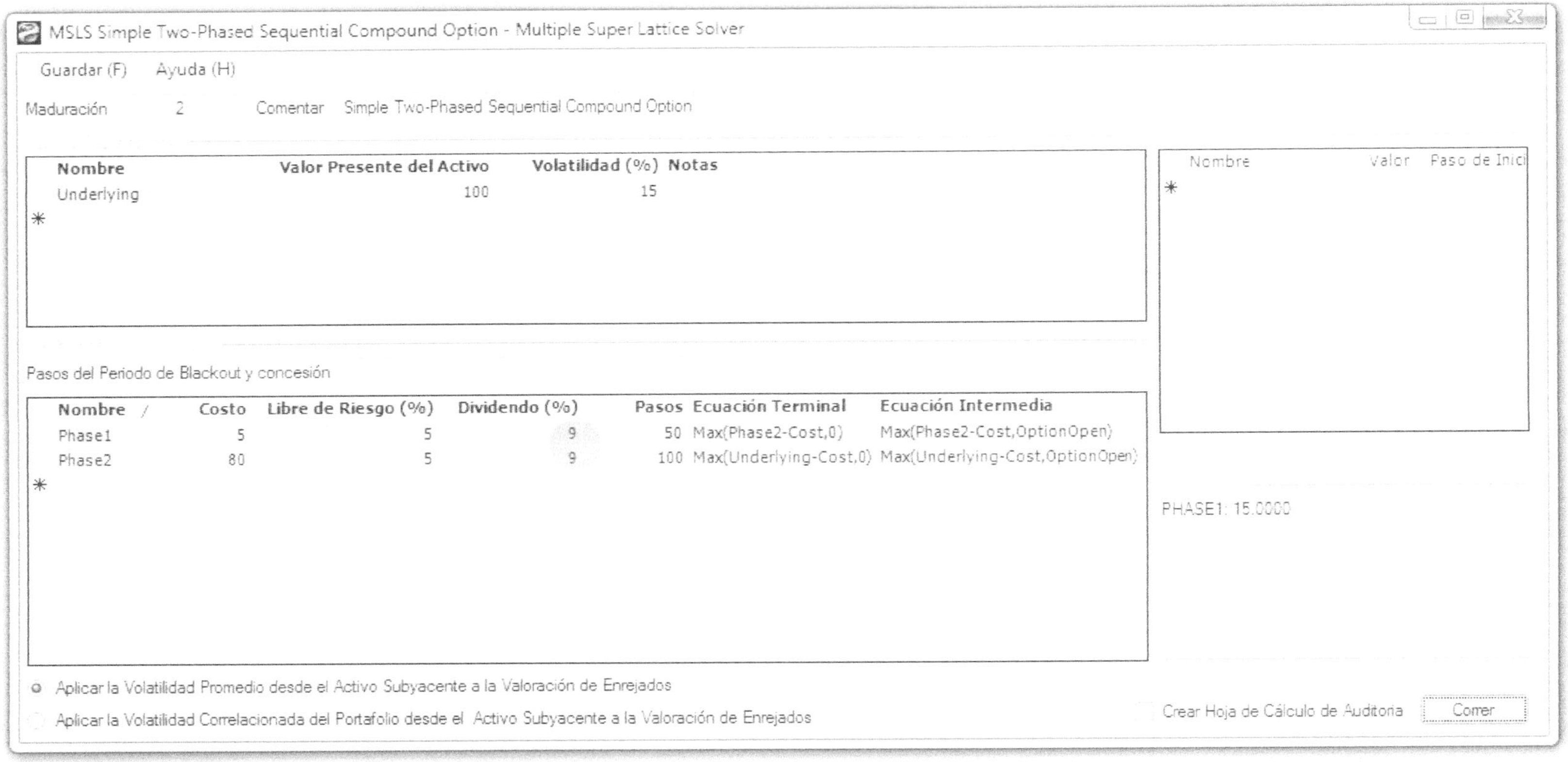

Sin embargo, cuando el costo de esperar, o la tasa de dividendos es alta, no hay valor en la opción de diferir las decisiones. Es decir, al esperar usted perderá los posibles ingresos netos incrementales u otros costos de oportunidad o costos de mantener la opción existente (p.ej., en este caso, una tasa de dividendos del 9% o $9M de gastos anuales si espera) y si es lo bastante elevado, no es optimo esperar, sino ejecutar inmediatamente,

Opciones Compuestas Secuenciales Simples
Estudio de Caso: Desarrollo Multi-Etapas

El análisis se puede extender en múltiples fases (el software maneja hasta 10 fases), donde el éxito de la Fase III depende del éxito de la Fase II, que a su vez, depende del éxito de la Fase I.

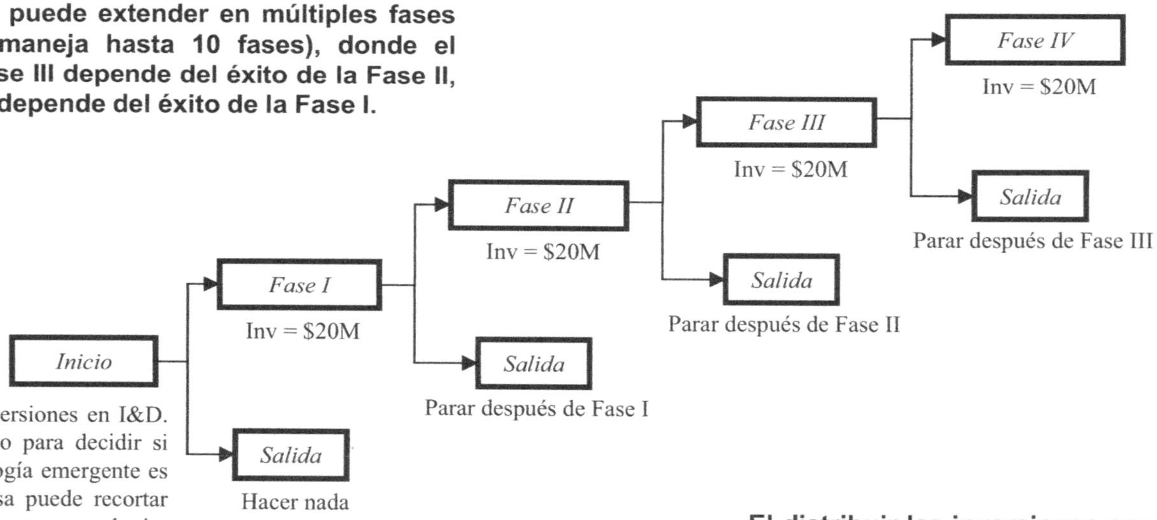

Distribuya las inversiones en I&D. Tómese un tiempo para decidir si esta nueva tecnología emergente es viable. La empresa puede recortar sus pérdidas y retirarse en cualquier momento.

El distribuir las inversiones en varias fases reducirá el riesgo de inversiones futuras. Un VPN regular no generará resultados razonables en cualquier punto de control, la administración puede cerrar el proyecto.

Opciones Compuestas Secuenciales Personalizadas Complejas
Estudio de Caso: Desarrollo Multi-Etapas

En realidad, un proyecto de I&D generará propiedad intelectual y derechos de patentes que la compañía puede dejar de licenciar (Abandonar). Adicionalmente, en cualquier fase, el desarrollo del proyecto se puede desacelerar (Contraer) o acelerarse (Expandir) dependiendo de los resultados de cada fase.

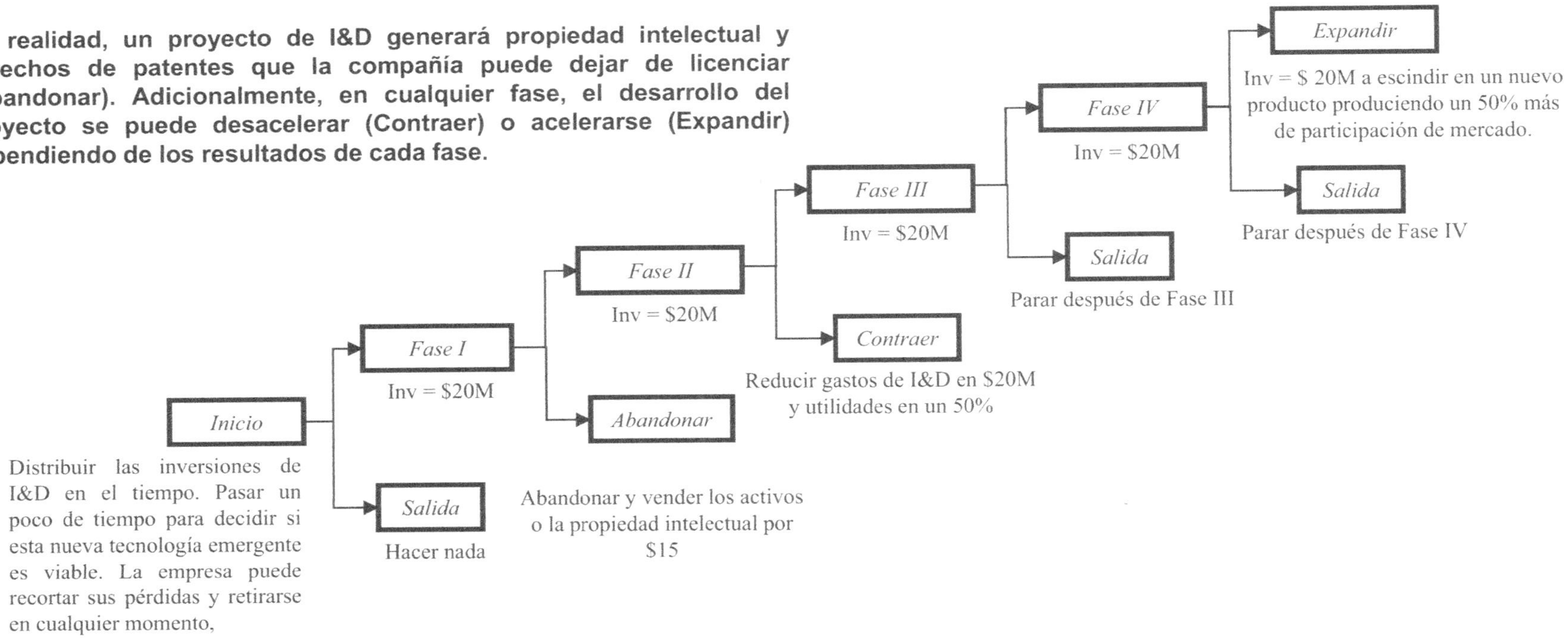

Otro asunto potencial es la sinergia. Aún si el desarrollo de la actual tecnología no es exitoso, el conocimiento y las perspectivas obtenidas pueden ser aplicables a otros productos (Tecnología B).

La nueva tecnología producirá un incremento potencial del 50% en ingresos proyectados si se implementa. Sin embargo, la tecnología B se puede aplicar únicamente después del éxito de los esfuerzos en I&D de la Fase IV.

No se puede tener en cuenta un análisis de VPN para estas opciones al hacer correcciones a mitad del camino en el tiempo, cuando la incertidumbre se resuelve.

Opción de Diferir y Por Etapas
Estudio de Caso:
Desarrollo por Etapas y el Valor de Esperar

- Su empresa tiene la posibilidad de perseguir dos estrategias:
  - Estrategia A: Desarrollar un dispositivo cardíaco quirúrgico invasivo y rápidamente realizar pruebas clínicas, pero el mercado desconocido es de pequeño a mediano. No obstante, existe una alta probabilidad de éxito y las inversiones se pueden realizar en fases. Además, se puede hacer una inversión futura para que el dispositivo sea menos invasivo y que capture mayor mercado, en caso de ser exitoso.
  - Estrategia B: Esperar por una tecnología percutánea menos invasiva (3 a 4 años detrás de la Estrategia A) la cual actualmente está en las etapas tempranas de desarrollo. De ser exitosa, el mercado será mas significativo que si se persigue la Estrategia A inicial con el dispositivo invasivo. Se requiere el desarrollo de una suma total si y cuando se ejecute la opción de diferir.
  - Asuntos:
    - ¿Cuándo es optimo tomar la estrategia A versus la B? ¿Qué sucede con las pérdida de utilidades de A si esperamos por la B?

Árbol Estratégico

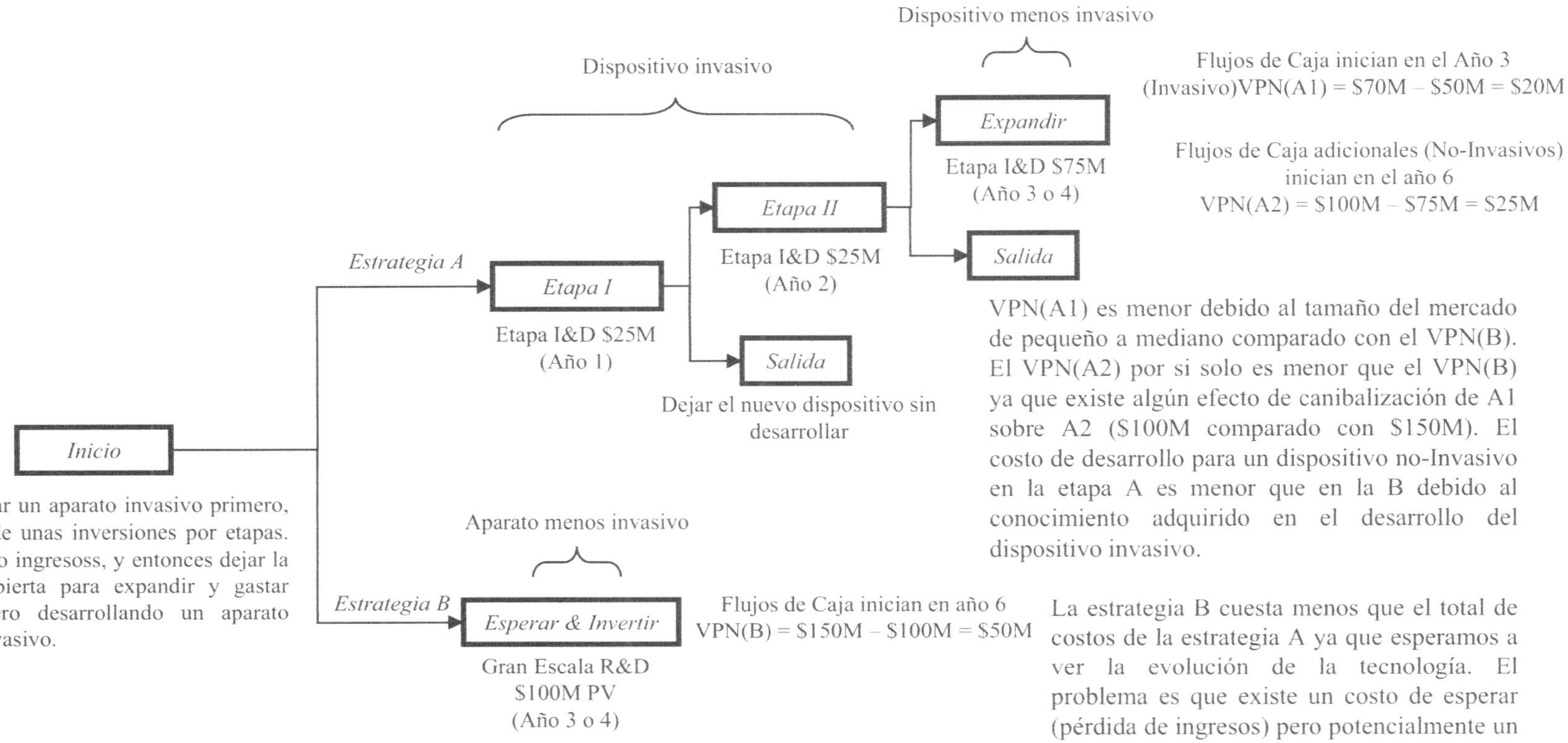

Desarrollar un aparato invasivo primero, a través de unas inversiones por etapas. Generando ingresoss, y entonces dejar la opción abierta para expandir y gastar mas dinero desarrollando un aparato menos invasivo.

VPN(A1) es menor debido al tamaño del mercado de pequeño a mediano comparado con el VPN(B). El VPN(A2) por si solo es menor que el VPN(B) ya que existe algún efecto de canibalización de A1 sobre A2 ($100M comparado con $150M). El costo de desarrollo para un dispositivo no-Invasivo en la etapa A es menor que en la B debido al conocimiento adquirido en el desarrollo del dispositivo invasivo.

La estrategia B cuesta menos que el total de costos de la estrategia A ya que esperamos a ver la evolución de la tecnología. El problema es que existe un costo de esperar (pérdida de ingresos) pero potencialmente un mayor retorno neto ($50M) debido a un mercado mas grande y a un menor costo total de desarrollo.

La decisión entre escoger Estrategia A o Estrategia B depende de varias consideraciones: ¿Cuan largo es el tiempo antes de recibir utilidades con la B comparado con A? ¿Cuál es el costo de esperar si ejecutamos B versus A (ingresos netos y pérdidas de flujo de caja anualizados en B en comparados con A)? ¿Cuánta incertidumbre y riesgo están involucrados en el dispositivo?

Capítulo 5:
MNLS: Opciones de Reversión de la Media, Difusión de Salto y Activos Duales Arcoiris Árboles Trinomiales, Tetranomiales y Pentanomiales
Real Options Valuation

Mean-Reversion Option (American and European Trinomials)

The Mean-Reversion Option calculates both the American and European options when the underlying asset value is mean-reverting. A mean-reverting stochastic process reverts back to the long-term mean value (Long-Term Level) at a particular speed of reversion (Reversion Rate). Examples of variables following a mean-reversion process includes inflation rates, interest rates, gross domestic product growth rates, optimal production rates, price of natural gas, and so forth. Certain variables such as these succumb to either natural tendencies or economic/business conditions to revert to a long-term level when the actual values stray too far above or below this level. For instance, monetary and fiscal policy will prevent the economy from significant fluctuations while policy goals tend to have a specific long-term target rate. The example chart below illustrates a regular stochastic process (dotted red line) versus a mean-reversion process (solid blue line). Clearly the mean-reverting process with its dampening effects will have a lower level of uncertainty than the regular process with the same volatility measure.

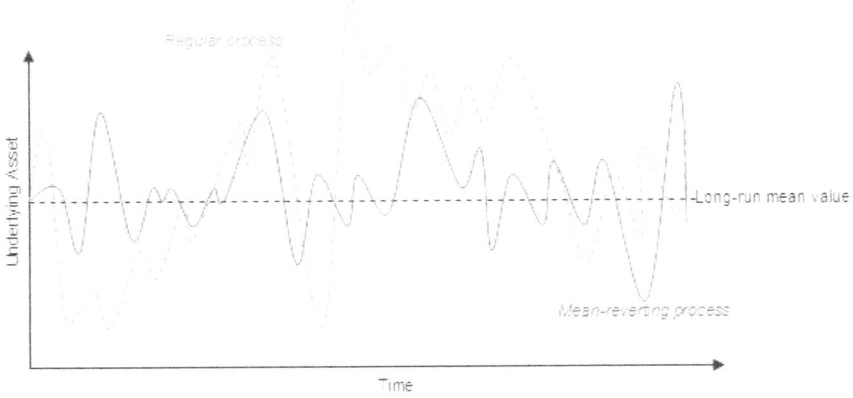

Therefore, it can be inferred that an option value will decrease the higher the rate of mean reversion (see figure below). n addition, there is an additional input, the Market Price of Risk. In the perfect world of Black-Scholes, you can always continuously and perfectly hedge your position then it is possible to build a portfolio that completely eliminates risk. In the Black-Scholes world, you can always dynamically hedge your portfolio, and in doing so you are eliminating risk totally, and the market price of risk is a quantity that does not need to appear in the model or the differential equation that describes t. The difference between the expected return and the single-period riskless return is the market price of risk.

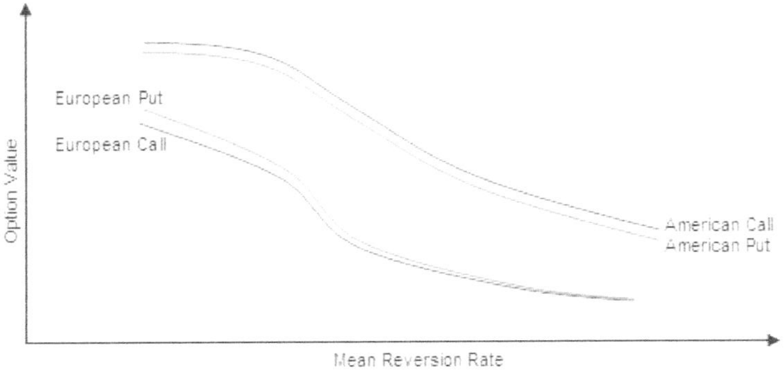

Árboles Trinomiales

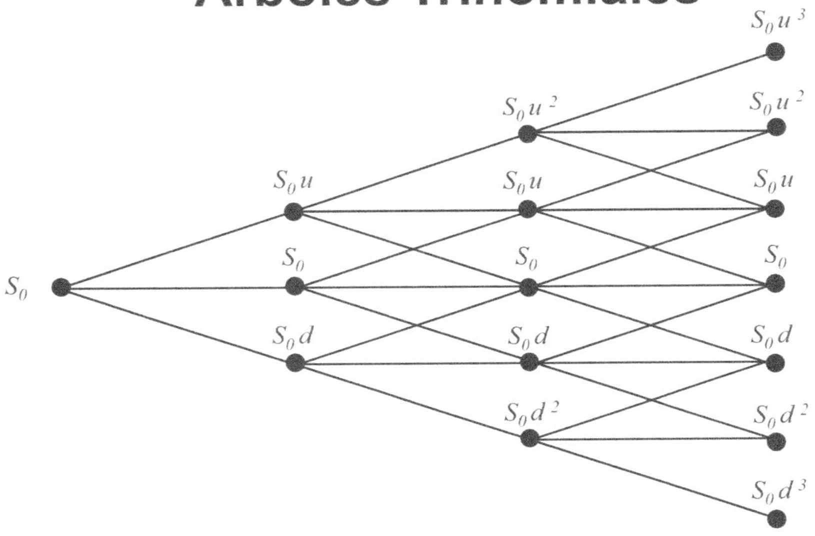

Para la valoración de activos subyacentes con reversión de la media, un árbol trinomial es la clave para solucionarlos. Los activos con reversión de la media como las plantas de generación eléctrica donde el activo subyacente es el precio de la electricidad (y todas las otras incertidumbres son pequeñas en magnitud), el proceso trinomial de reversión de la media es aplicable.

Entre más alta la tasa de reversión, menor el valor de la opción debido a que el activo subyacente revertirá más rápidamente a una media de largo plazo y por ende, amortiguará los efectos de la volatilidad.

Jump-Diffusion Option (American and European Quadranomial Lattices)

The Jump-Diffusion Option for both American and European options applies the Quadranomial Lattice approach. This model is appropriate when the underlying variable in the option follows a jump-diffusion stochastic process. The graphic below illustrates an underlying asset modeled using a jump-diffusion process. Jumps are commonplace in certain business variables such as price of oil and price of gas where prices take a sudden and unexpected jump (e.g., war). The underlying variable's frequency of jump is denoted as its Jump Rate, and the magnitude of each jump is its Jump Intensity.

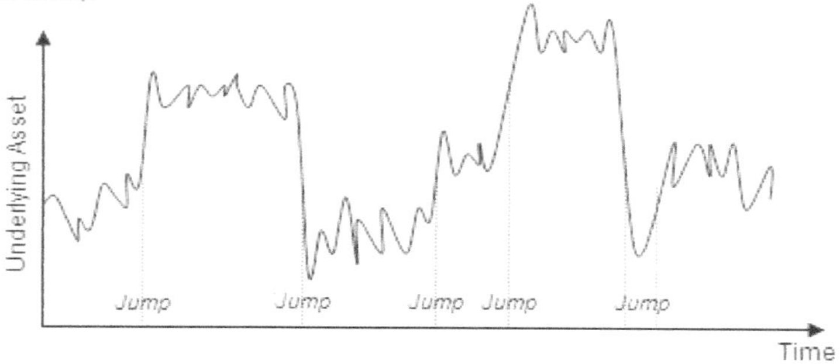

The binomial lattice is only able to capture a stochastic process without jumps (e.g., Brownian Motion) but when there is a probability of jump (albeit a small probability which follows a Poisson distribution), additional branches are required. The quadranomial lattice (four branches on each node) is used to capture these jumps as seen below.

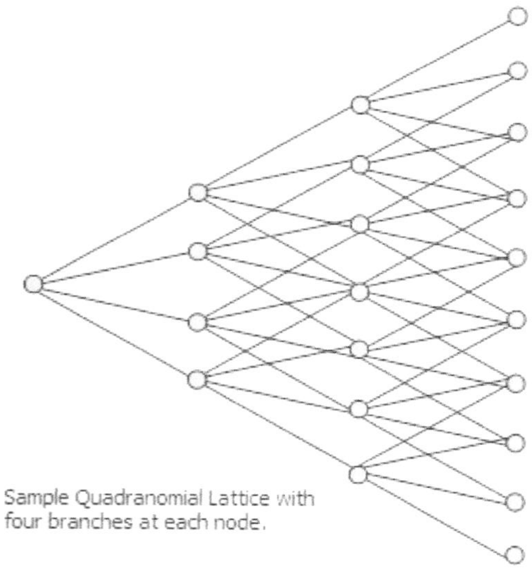

Sample Quadranomial Lattice with four branches at each node.

Be aware that due to the complexity of the models, some calculations with higher lattice steps make take slightly longer to compute. Furthermore, certain combinations of inputs may yield negative implied probabilities and results in a non-computable lattice. In that case, please make sure the inputs are correct (e.g., Jump Intensity has to exceed 1, where 1 implies no jumps; erroneous combinations of Jump Rates, Jump Sizes, and Steps).

The probability of a jump can be computed as the product of the Jump Rate and time step or at each node there is a jump probability of 0.06%

For the purposes of benchmarking, the Merton closed-form European jump-diffusion models are also included.

Árboles Tetranomiales

Para valorar opciones reales de activos subyacentes que tienen saltos, p.ej., los precios del petróleo presentan saltos cuando hay cambios económicos o políticos estructurales (guerra, reuniones de la OPEC, recesiones de la economía), y se requiere un árbol Tetranomial. En otras palabras, existe la posibilidad de que las cosas sean como son y que en ciertos momentos ocurran los saltos en el valor de los activos. En una situación como esta es aplicable la *opción de difusión de salto usando árboles tetranomiales.*

Dual Variable Rainbow Option (American and European Pentanomial Lattices)

The Dual Variable Rainbow Option for both American and European options applies the Pentanomial Lattice approach. This model is appropriate when there are two underlying variables in the option (e.g., Price and Quantity) where each fluctuates at different rates of uncertainties (i.e., Volatility 1 and Volatility 2) but at the same time might be correlated (Correlation). The graphic below illustrates two independent variables, price and quantity, each with its own binomial lattice with different volatilities.

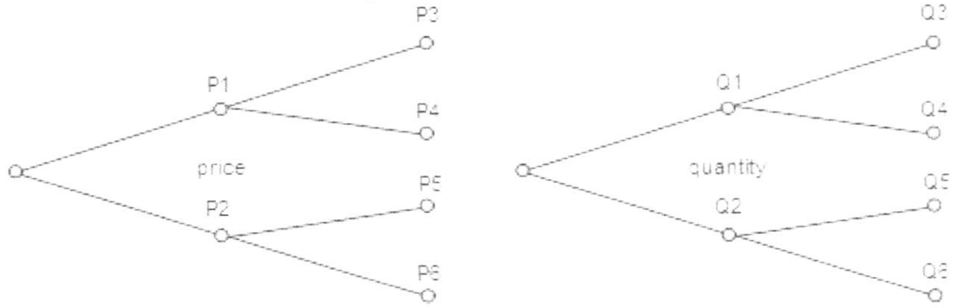

These two variables are also correlated in the real world, and the underlying asset value is the product of price and quantity. Due to the different volatilities, a pentanomial (five branches) lattice is used to capture all possible combinations of products (e.g., in the first step, we have five possible outcomes including P1Q1, P1Q2, and so forth).

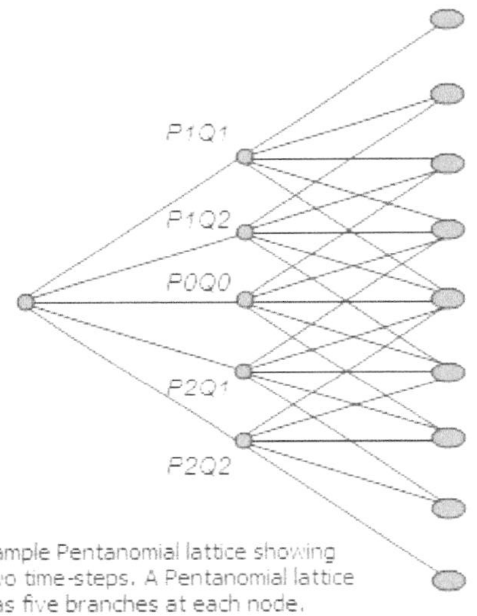

Sample Pentanomial lattice showing two time-steps. A Pentanomial lattice has five branches at each node.

Please be aware that certain combinations of inputs may yield an unsolvable lattice with negative implied probabilities. If that occurs, a message will appear. Try a different combination of inputs as well as higher lattice steps to compensate.

Árboles Pentanomiales

La *opción Arco Iris de variables duales usando Arboles Pentanomiales* es la clave para evaluar el valor del activo del proyecto. El árbol pentanomial (cinco ramas) incorpora dos árboles binomiales–una por cada incertidumbre. El primer activo subyacente del àrbol es el precio del petróleo, completo con sus propios niveles iniciales y volatilidad. El segundo activo subyacente son los diferentes niveles de producción, también con su propia volatilidad, pero se puede correlacionar con el nivel de precios del primer árbol. Combinando los dos árboles binomiales, se genera un árbol pentanomial, con las combinaciones de las cuatro ramas y una rama de línea recta, neutral. recta.

El valor calculado de este análisis es levemente mayor que los árboles binomiales convencionales, porque cada activo subyacente fluctúa por su cuenta (con o sin correlaciones), en lugar de un único activo subyacente unificado fluctuando al unísono. Por lo tanto, se duplican las posibilidades de que ciertas condiciones rentables puedan ocurrir (p.ej., precios altos, cantidades altas; precio alto, cantidad justa, precio justo, cantidad alta; precio justo, cantidad justa;). Si existen de hecho solamente dos fuentes externas de incertidumbre impulsando el valor de los activos del proyecto, entonces el árbol pentanomial es la mejor herramienta analítica para usar.

Capítulo 6:
Enmarcar Opciones
Reales – Estructurar
el Problema
Stochastic Process Forecasting
Real Options
Valuation

Fabricación de Alta Tecnología: Decision de *comprar o construir, valores de activos de óptima activación, opciones alternativas*

- Una compañía de manufactura de productos de alta tecnología está decidiendo si crea un nuevo producto que será el primero en el mercado.
- Problema: La empresa no sabe si el producto será exitoso (probabilidad de éxito técnico e incertidumbres de mercado son significativas).
- ¿Qué puede hacer la empresa?
  - Desarrollar o comprar la tecnología
  - Si compra un emprendimiento de tecnología, ¿Cuál debería ser el precio para que sea mejor comprar que desarrollar?
  - Desarrollar la tecnología ellos mismos.
  - Determinar cómo se pueden cubrir las fallas de la nueva tecnología a través de los procesos de desarrollo por etapas.

Árbol Estratégico

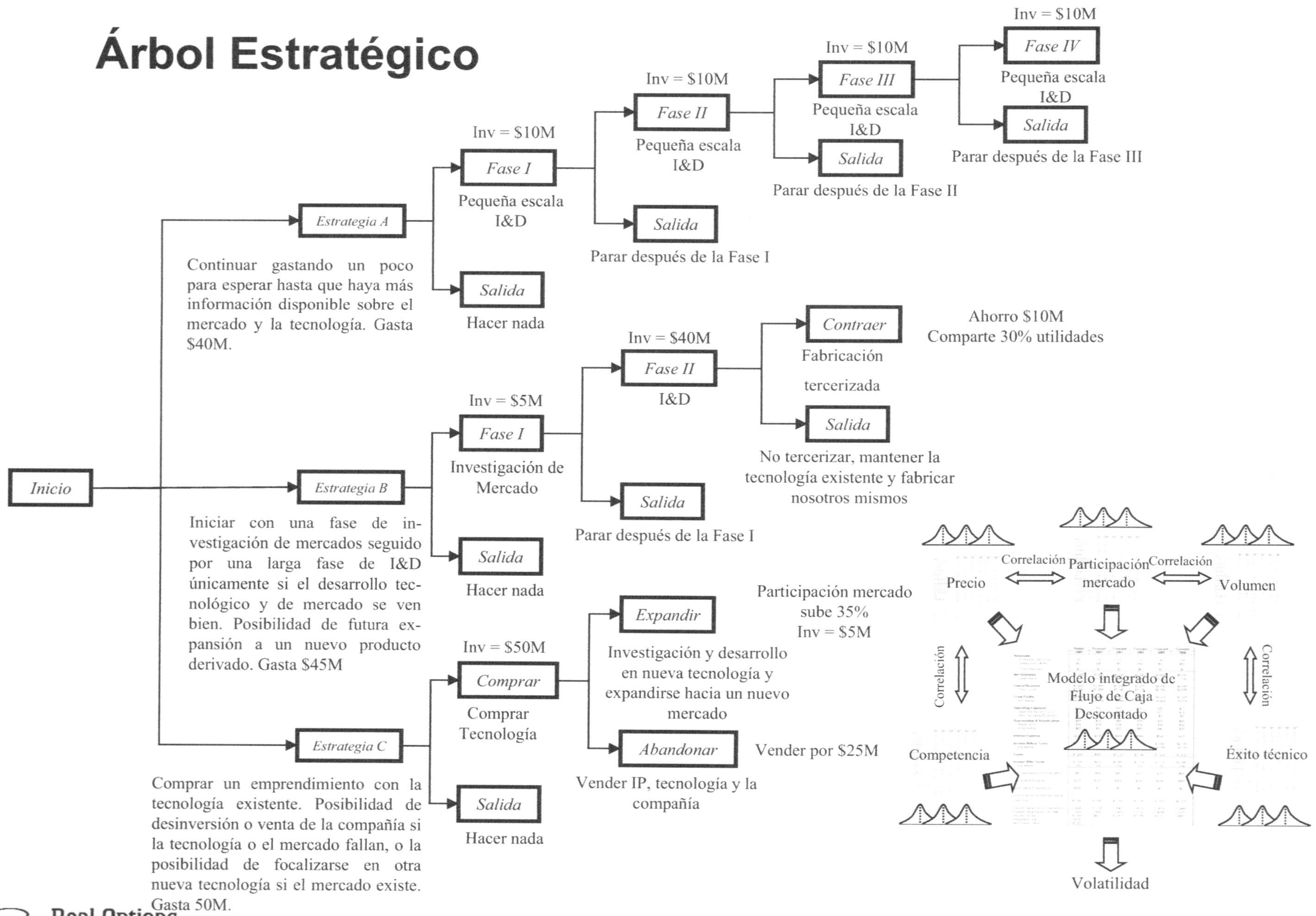

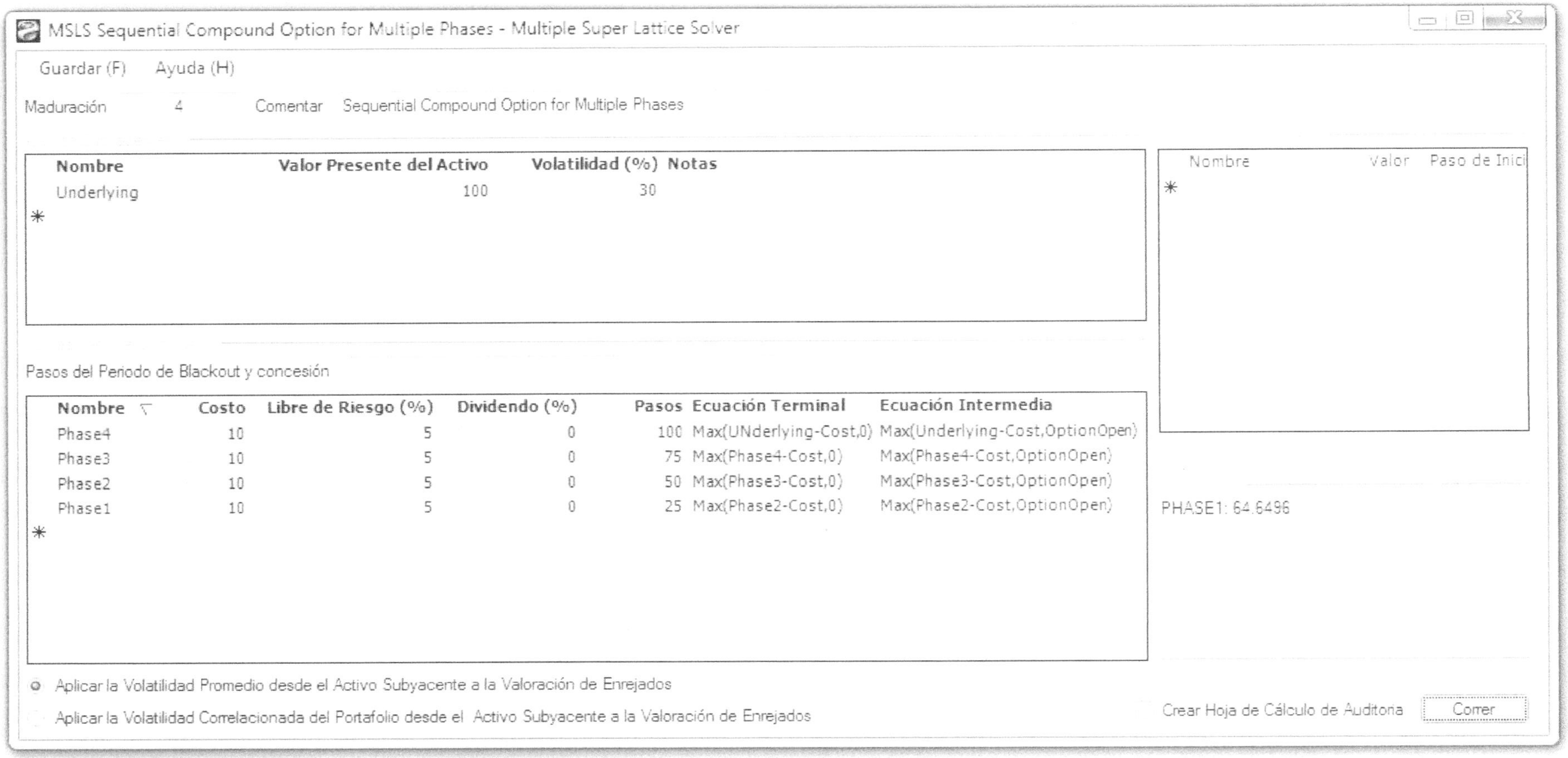

En la Estrategia A, se gastan $40M (en valores presentes) durante los próximos 4 años para lentamente probar y ver que sucede con la tecnología y si es algo que la compañía quiere o puede ejecutar exitosamente debido a las incertidumbres del mercado y tecnología (30% volatilidad del modelo DCF). El valor estratégico de A es $64.65, que significa que el VPN son $60M ($100M VP Activos menos $40M de costo total en I&D en valores presentes) y el valor de opción es $4.65M.

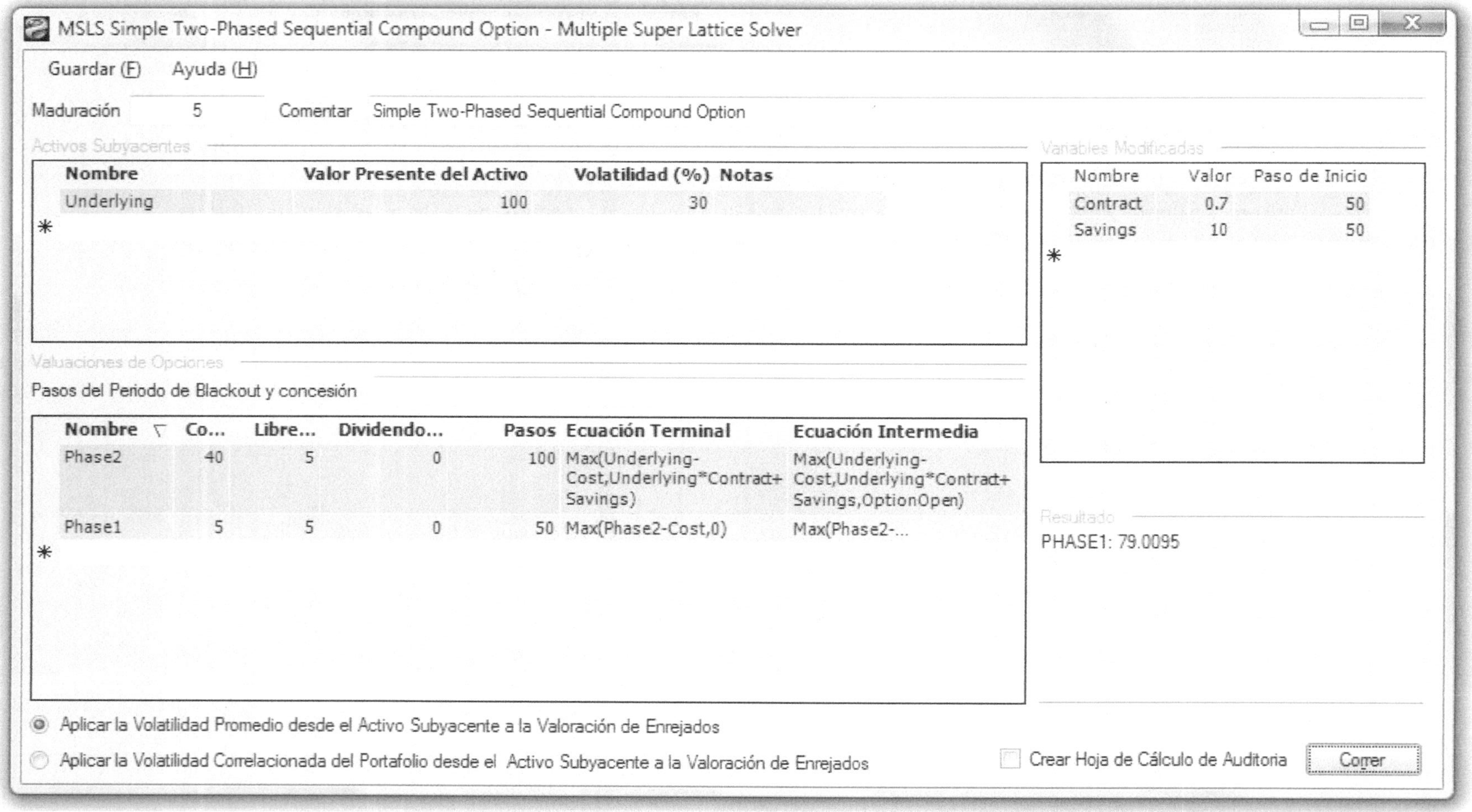

En la Estrategia B. gastar $45M (en Valores Presentes) rápidamente en los próximos 5 años implementando la I&D en dos etapas (Fase I investigación de mercado a pequeña escala cuesta $5M y la II de I&D a gran escala, cuesta $40M, ambos en valores presentes). No obstante, si es exitosa, la compañía puede tercerizar la fabricación del producto si escoge (p.ej., pagar por la tercerización o tener un socio, joint venture, o alianza) para compartir el 30% del valor de su proyecto y ahorrar $10M en costos. Esta aproximación genera un valor estratégico de $78.66M donde el VPN es $55M ($100M – $40M – $5M) porque en las decisiones de hoy, la contracción no existe en el mundo determinístico del VPN. Por lo tanto, el valor de la opción es de $23.66M.

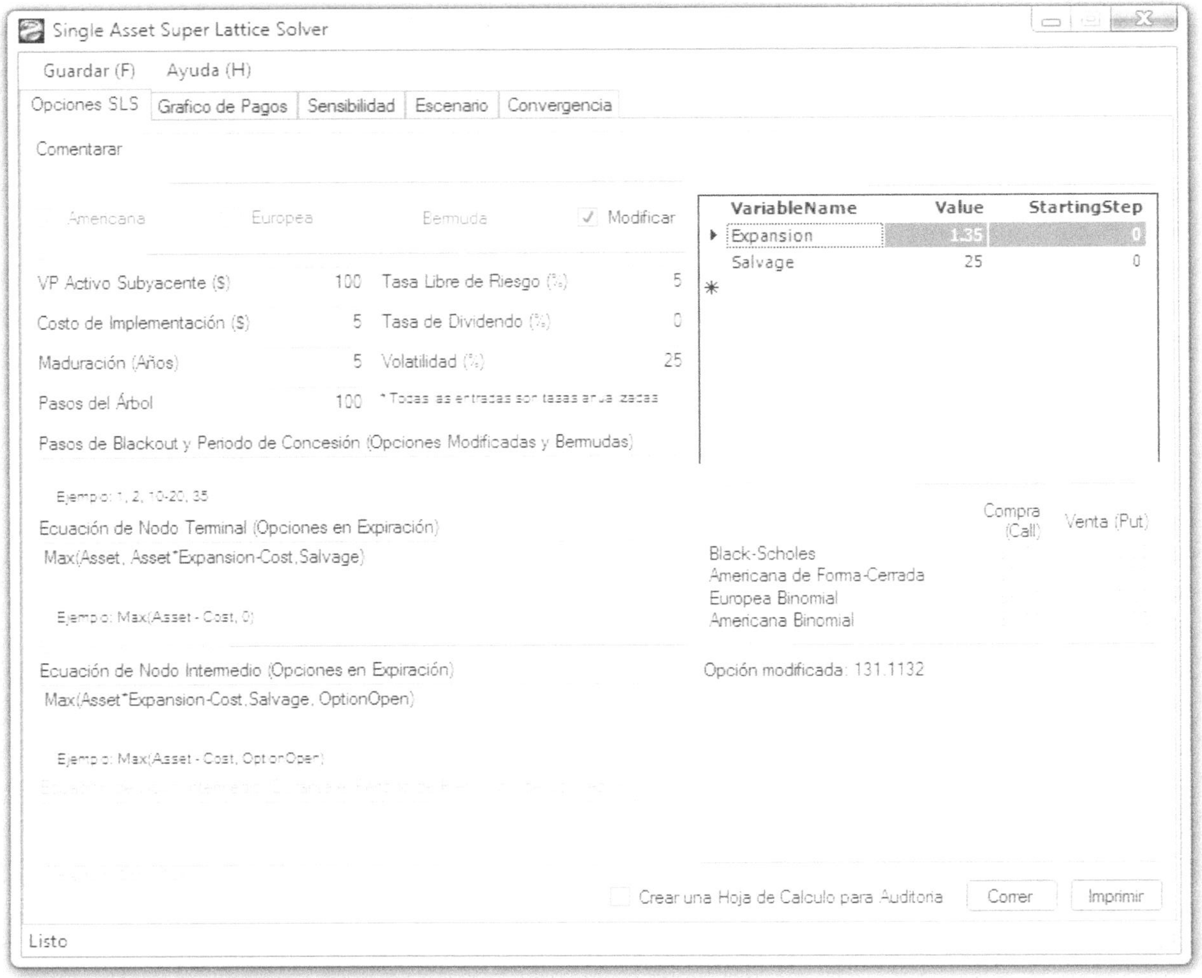

En la Estrategia C, gasta $50M (en valor presente) para comprar un pequeño emprendimiento que ya esté trabajando en la nueva tecnología.; por tanto, el riesgo técnico es menor resultando en una menor volatilidad (25% en lugar de 30%). Si falla en el desarrollo de la nueva tecnología, la compañía se puede vender por $25M, la mitad de su valor de compra (vender sus activos y propiedad intelectual) o si es exitosa, puede ser programada (en el futuro en cualquier momento durante los próximos 5 años) para desarrollar otro producto en la misma línea (se requiere una inversión adicional de $5M pero generaría un 35% adicional del valor del producto existente si es exitoso). El valor neto de esta estrategia es $81.11M ($131.11–$50M precio de compra).

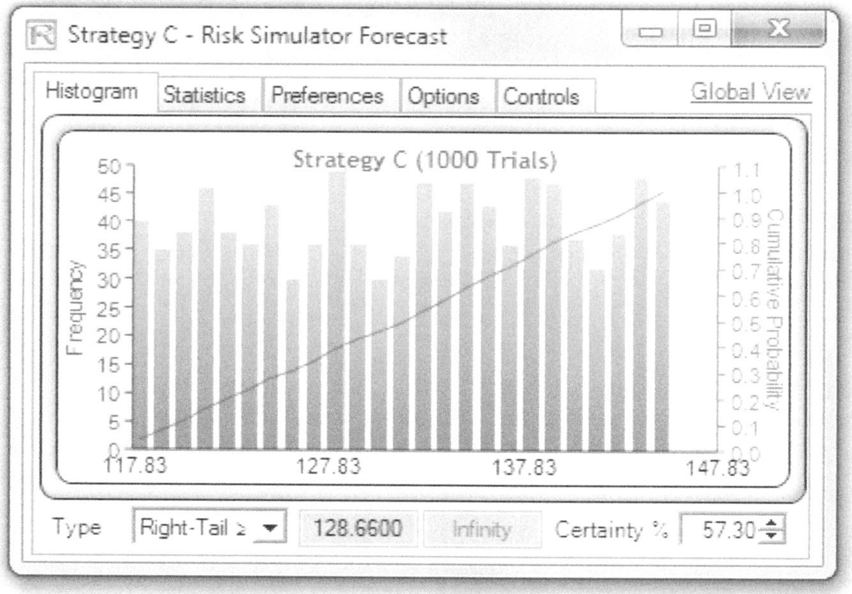

Como el Valor de la Estrategia A está tan lejos de B y C, solo nos preocupan las Estrategias B y C. Usando el modelo DCF se simulan las incertidumbres del éxito tecnológico y de mercado (produciendo diferentes factores de expansión y medidas de volatilidad). El valor estratégico resultante para la estrategia C (ver figura) ilustra que existe una probabilidad del 57.30% de que el valor estratégico exceda los $128.66M. Estos $128.66M son significativos ya que es el valor donde las estrategias B y C llegan al punto de equilibrio. Esto es, $128.66M – $50M precio de compra del emprendimiento en la Estrategia C es $78.66M, indicando que existe una probabilidad del 57.30% que el comprar el emprendimiento es más rentable que la Estrategia B con el enfoque de hacerlo usted mismo.

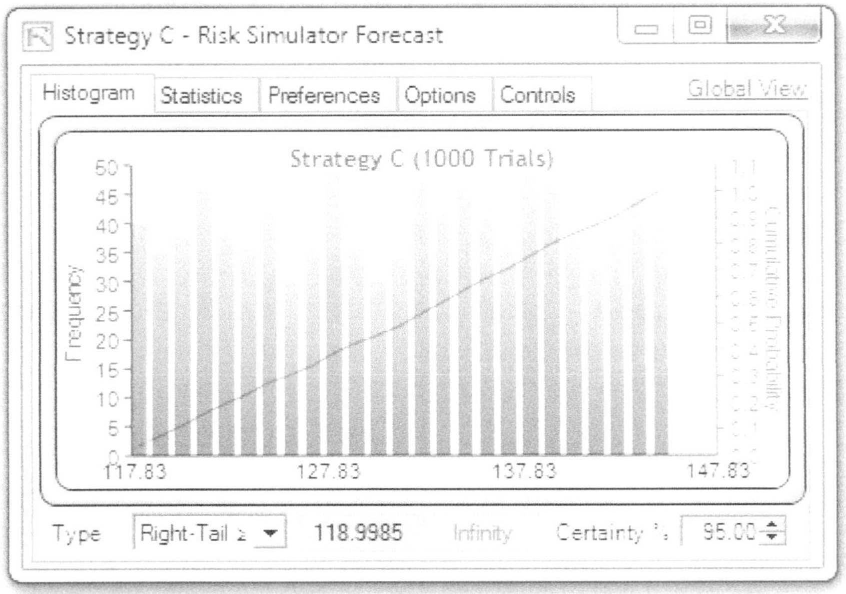

La administración es adversa al riesgo y no le gusta la idea de solo estar un 58.50% correcto al escoger la compra de la compañía. Solo está dispuesta a tomar el 5% de riesgo. La gráfica de pronósticos ilustra la probabilidad del 95% de que el valor estratégico de la Estrategia C exceda los $118.99M. Este resultado significa que el precio de compra de la compañía debe ser máximo de $40.22 (precio original de compra de $50M menos la diferencia entre $128.66M – $118.99M). Si la administración puede cerrar el trato de comprar el emprendimiento por un valor de $40.33M, entonces puede tener la certeza de que el 95% del tiempo, la estrategia C es la mejor.

I&D Farmacéutico: Valor esperado de la Información Perfecta e inversiones por etapas

Opción de Optimización: EVPI, Valor de Esperar, Diferir, Mostrar las propuestas de valor agregado al emplear las Opciones Reales

- Una compañía farmacéutica quiere desarrollar una nueva prescripción médica basada en productos existentes. Específicamente, un compuesto químico base que ya ha superado la Fase I exitosamente. La compañía puede pasar rápidamente a la Fase III directamente o ir a la Fase II para primero probar la eficacia de la nueva prescripción antes de proceder a la Fase III.
- Problema: Incertidumbres de mercado (efectos competitivos, receptividad del mercado, probabilidades de comercialización exitosa) e incertidumbres tecnológicas (probabilidades de éxito técnico, riesgos de I&D, y algunas más) son significativas.
- ¿Qué puede hacer la compañía?
  - Ir directamente a la Fase 3, gastar el capital de I&D inmediatamente y tomar el riesgo ya que esto permitirá obtener utilidades rápidamente.
  - Tomarlo con calma y realizar una Fase II intermedia antes de incurrir en grandes gastos, pero con la posibilidad de perder las ganancias rápidamente.
  - Determinar bajo qué circunstancias la compañía estaría mejor con la Fase II y cuándo tendría más sentido pasar directamente a la Fase III.
- Consideraciones:
  - ¿Qué sucede con el valor esperado de la información perfecta?
  - ¿Qué sucede con los tiempos óptimos para ejecutar el proyecto?
  - ¿Qué sucede con el costo de esperar y la fuga del valor del proyecto?

Árbol Estratégico

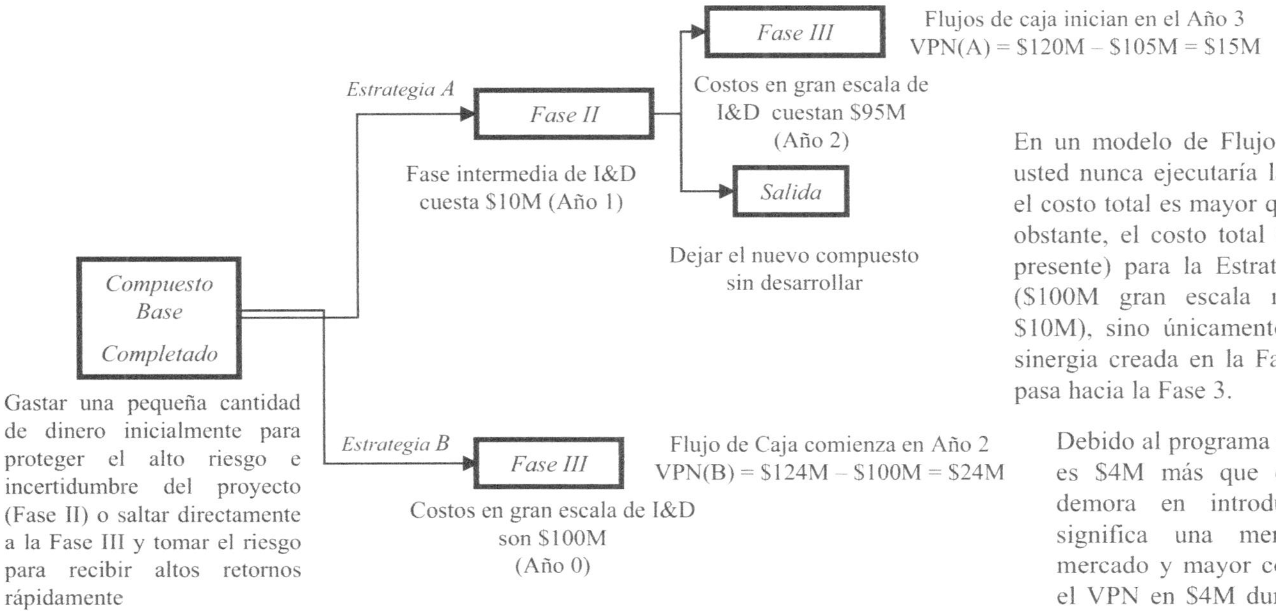

En un modelo de Flujo de Caja Descontado, usted nunca ejecutaría la Estrategia A ya que el costo total es mayor que la Estrategia B. No obstante, el costo total (en términos de valor presente) para la Estrategia A no es $110M ($100M gran escala más I&D intermedio $10M), sino únicamente $105M debido a la sinergia creada en la Fase II del proceso que pasa hacia la Fase 3.

Debido al programa rápido en B, el VPN(B) es $4M más que el VPN(A) ya que la demora en introducir la nueva droga significa una menor participación del mercado y mayor competencia, reduciendo el VPN en $4M durante los 2 años que se gastan haciendo las Fases II y III.

La decisión de escoger la Estrategia A depende de varias consideraciones: ¿Cuánto tiempo se demora antes de obtener los ingresos en A comparado con B? ¿Cuál es el costo de esperar si hacemos A versus B (ingresos netos y pérdidas en los flujos de caja anualizados en A comparados con B)? ¿Qué tanta incertidumbre y riesgos están involucrados en el compuesto?

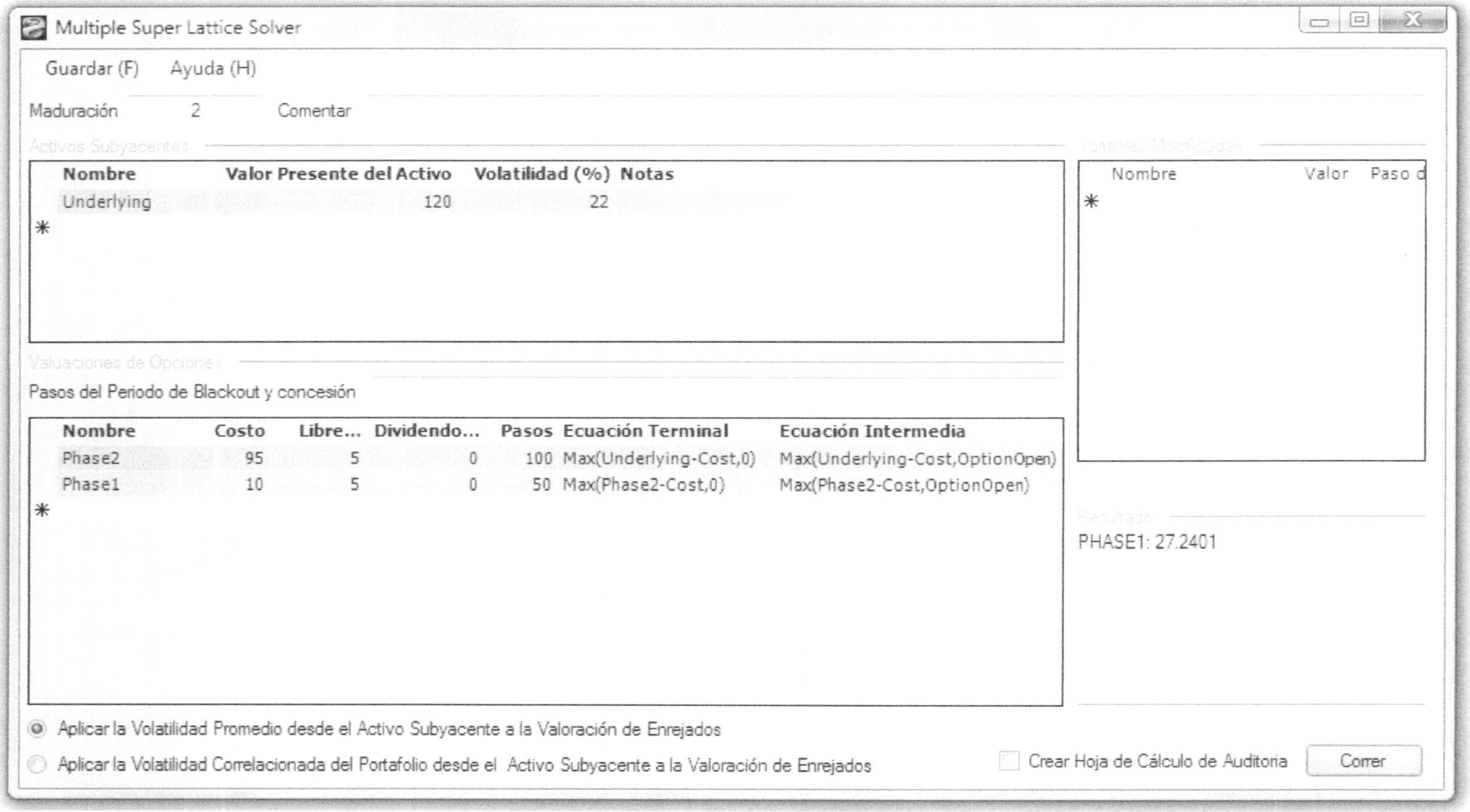

Usando las entradas de DCF, el análisis de resultados de las opciones reales calculados usando la *Opcion Americana Secuencial Compuesta* muestra un valor estratégico de $27.24M. Esto es, el VPN = $120M – $95M –$10M = $15M. Por tanto, el valor de la opción de hacer 2 fases es $12.24M ($27.24M – $15M). Existe un 97.70% de probabilidad que esta opción sea valiosa, se ejecute, o que sea mayor que $0 (El siguiente valor de pronóstico donde tenemos P[X > $15M] es 97.70%).

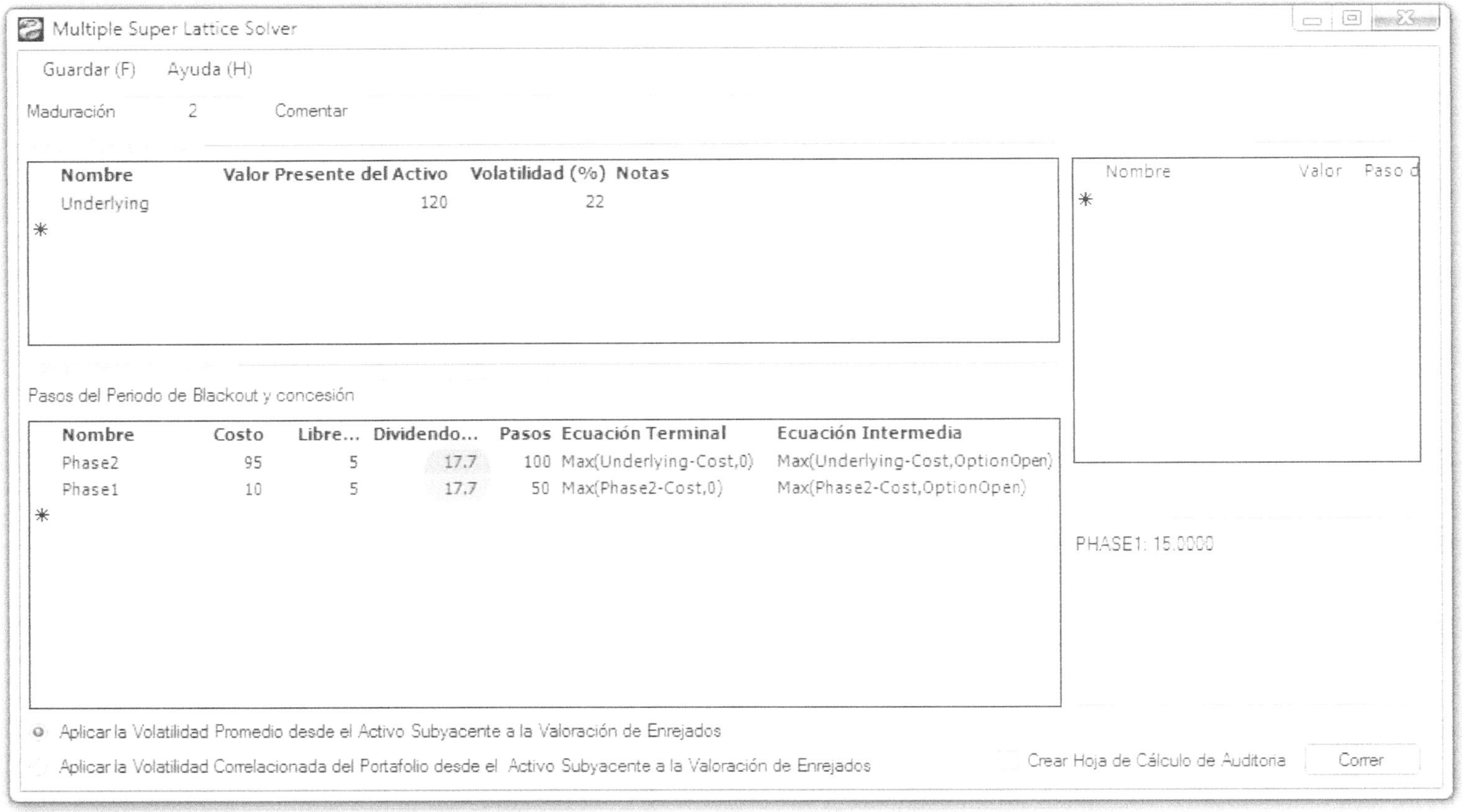

Sin embargo, cuando el costo de esperar y diferir es alto (17.70% tasa de dividendos, o 17.70% de $120M = $21.24M por año), entonces no existe valor de la opción (el valor estratégico es $15M, el mismo que el VPN de ejecutar inmediatamente). Este es el valor óptimo de activación. En otras palabras, suponiendo que las condiciones del proyecto son como están modeladas (tiempo, volatilidad, valor de los activos y otros), entonces si el costo de esperar—los ingresos netos perdidos por año —exceden $21.24M, es mejor ejecutar la Estrategia B en lugar de la Estrategia A. De hecho, la I&D a gran escala se debe ejecutar inmediatamente ya que el costo de esperar es muy alto y no existe valor de la opción por esperar y diferir.

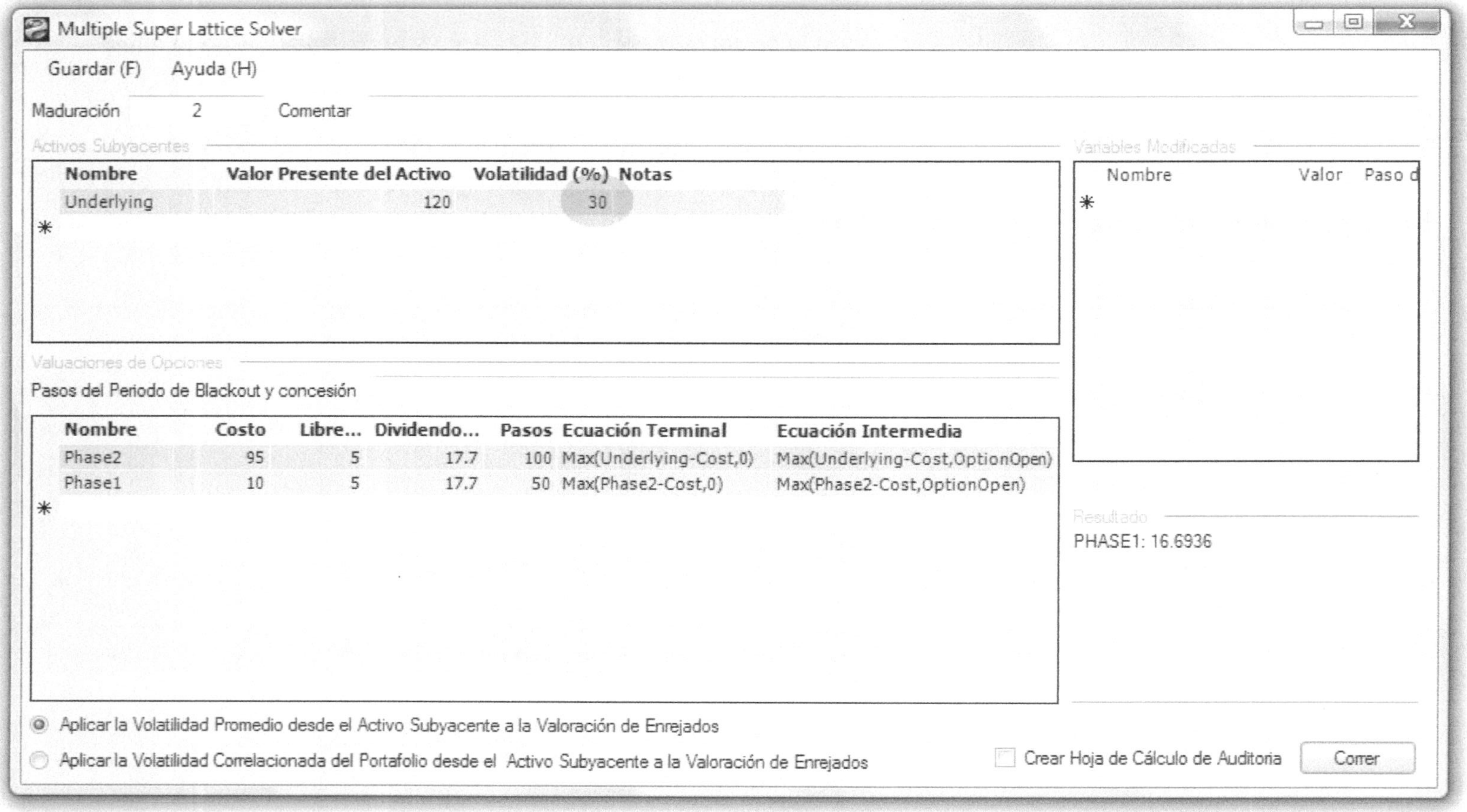

Aún si la tasa de dividendos es 17.70% (punto de equilibrio para la volatilidad del 22%), existe un valor si la incertidumbre es significativamente alta. Esto es, aún si el costo de esperar es alto y cada año la compañía espera ejecutar grandes inversiones en I&D, es preferible esperar si hay mucho riesgo. Usando esta aproximación, los valores óptimos de activación se pueden obtener para diferentes escenarios—estos escenarios se pueden simular usando la simulación de Monte Carlo donde el dividendo y la volatilidad pueden cambiar, indicando las probabilidades del grado del dinero (in the money) de la opción. Esta probabilidad le dice a los administradores si desean tomar el riesgo o proteger el riesgo de gran escala de I&D, dependiendo de sus preferencias de riesgo-está dispuesto a tomar altas probabilidades de éxito/fallas?

Petróleo y Gas: Cesión de derechos vs. pozos de prueba y pruebas sísmicas (Valor de la Información)

- Una compañía de petróleo y gas está decidiendo si debe iniciar la perforación en un área inexplorada (mar profundo o tierra).
- Problema: Incertidumbres del mercado (precio del petróleo sigue un proceso de difusión de salto) y las incertidumbres tecnológicas (incertidumbre geológicas como la existencia de capas, presión, tamaño, porosidad, etc.) son significativas.
- ¿Qué puede hacer la compañía?
  - Probar los pozos.
  - Decidir cuánto pagar por estudios sísmicos 3D o 2D.
  - Determinar cómo reducir los riesgos.

Árbol Estratégico

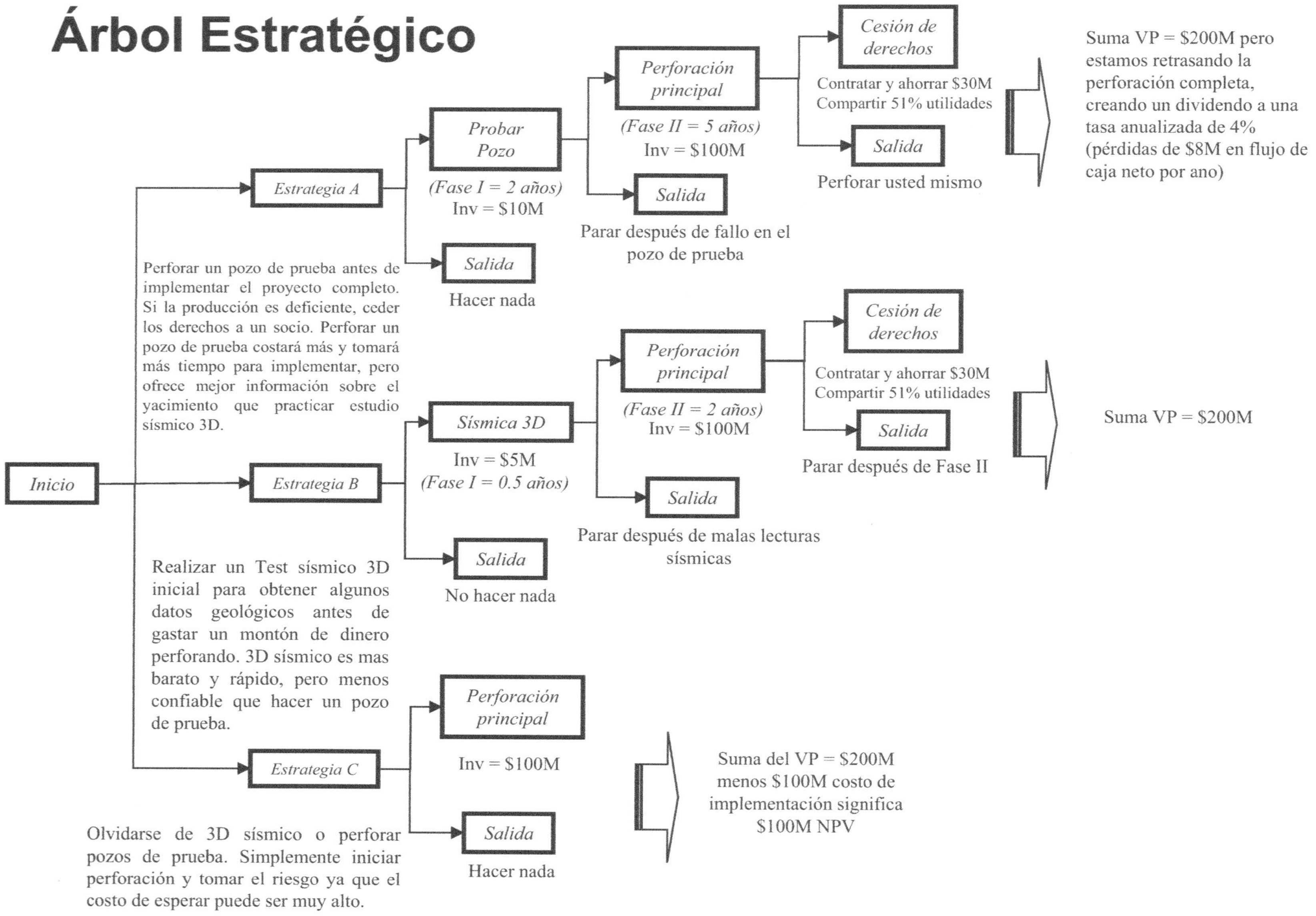

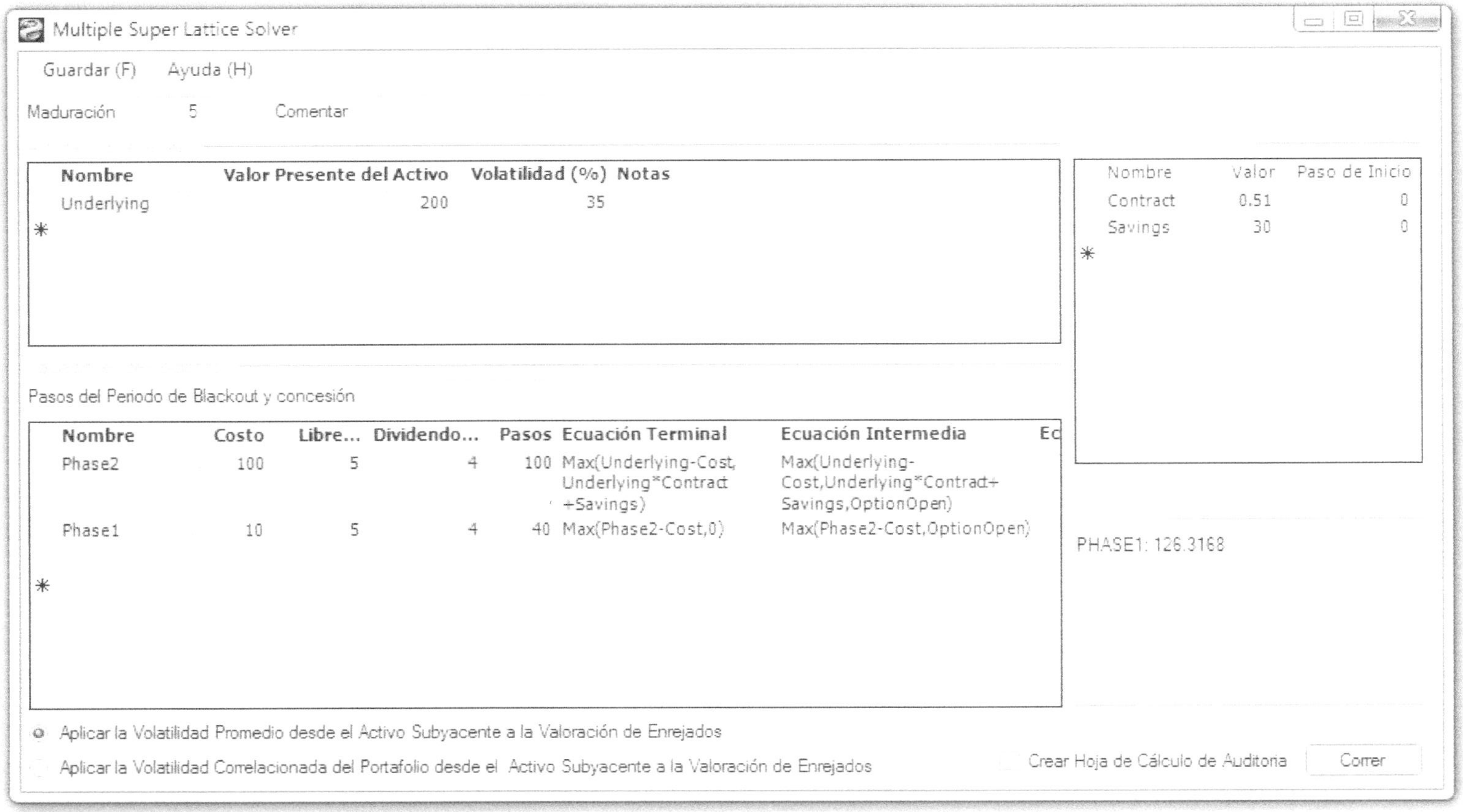

Con una suma del VP de los flujos de caja netos en $200M, el VPN de probar el pozo en la Estrategia A es $126.31M, lo que significa que el VPN es $90M ($200M menos el VP de implementar un pozo de prueba de $10M y menos de los $100M de la actividad completa de perforación. Entonces, el valor de la opción de los pozos de prueba es $36.31M.

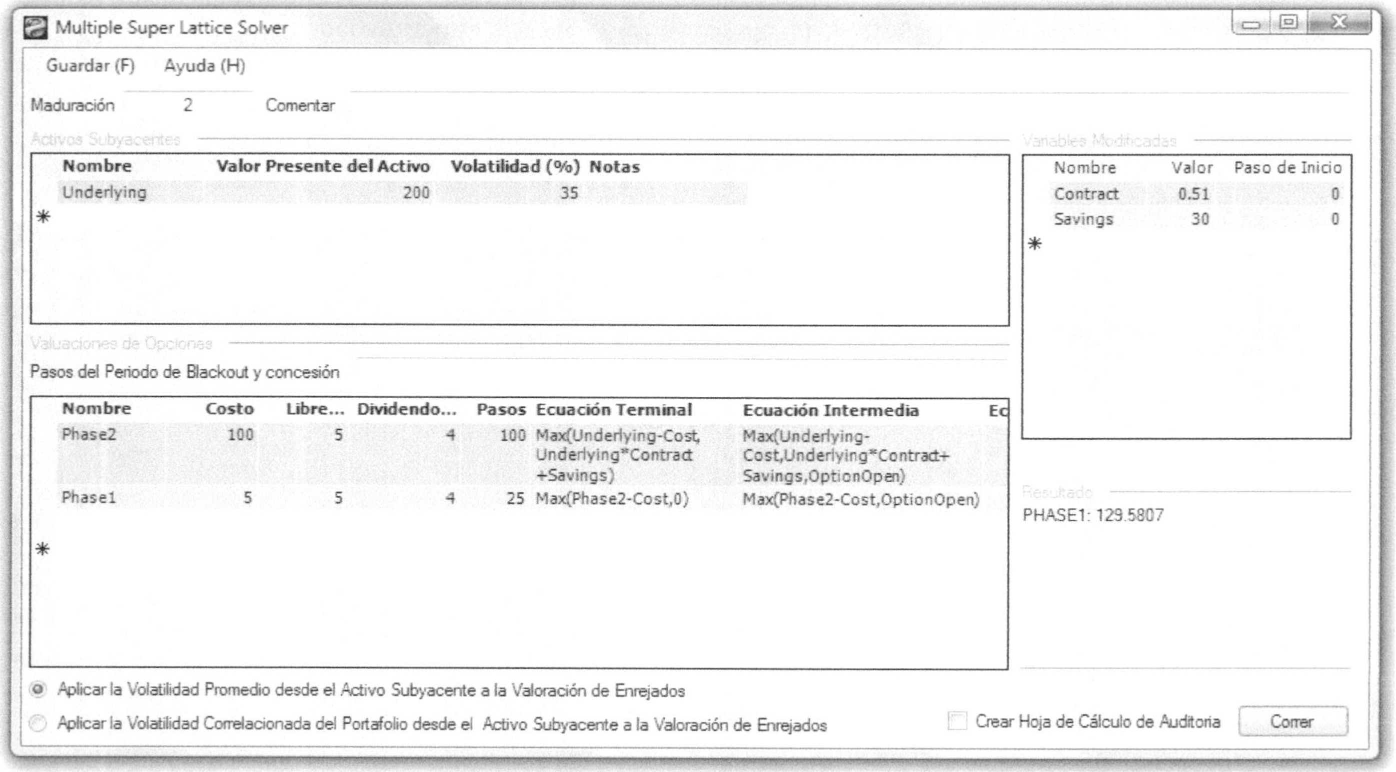

En comparación, el valor estratégico de ejecutar una prueba sísmica 3D es $129.58M, donde el VPN es $95M ($200M menos el costo total de $100M y $5M). Por lo tanto, el valor de la opción de obtener mayor información en términos de ejecutar la prueba sísmica en 3D es $34.58M ($129.58 – $95M). En este punto es mejor hacer pruebas sísmicas.

La diferencia de valoración entre ejecutar una prueba sísmica de 3D y un pozo de prueba es $3.26M ($129.58M – $126.32M). Por lo tanto, el punto de equilibrio (valor óptimo de activación) para ejecutar una prueba sísmica es aquel en donde el valor de la opción 3D debe ser por lo menos el mismo (si no mayor) valor de perforar pozos de prueba. En otras palabras, la compañía debe estar dispuesta a pagar no más de $10M – $3.26M = $6.74M en promedio para obtener los pozos de prueba. De lo contrario, es mejor realizar las pruebas sísmicas de 3D.

Expansión de Instalaciones: Opción de expandir

Calcular el precio para obtener una opción: ¿Vale la pena?

- Una compañía de petróleo y gas está decidiendo si debe construir una plataforma más grande que la que realmente necesita—el área extra permanecerá sin uso a no ser que aumenten los precios del petróleo (perforación adicional) o que el yacimiento no responda como se espera (cambiando los productores a inyectores).
- Problema: Incertidumbres de mercado (precio del petróleo sigue un proceso de difusión de salto) y las incertidumbres tecnológicas (incertidumbres geológicas como la existencia de capas, presión, tamaño, porosidad, etc.) son significativas.
- ¿Qué puede hacer la compañía?
  - Comprar la opción de expansión con el área extra.
  - No construir las instalaciones más grandes ya que cuestan mucho y es una distracción significativa.

Árbol Estratégico

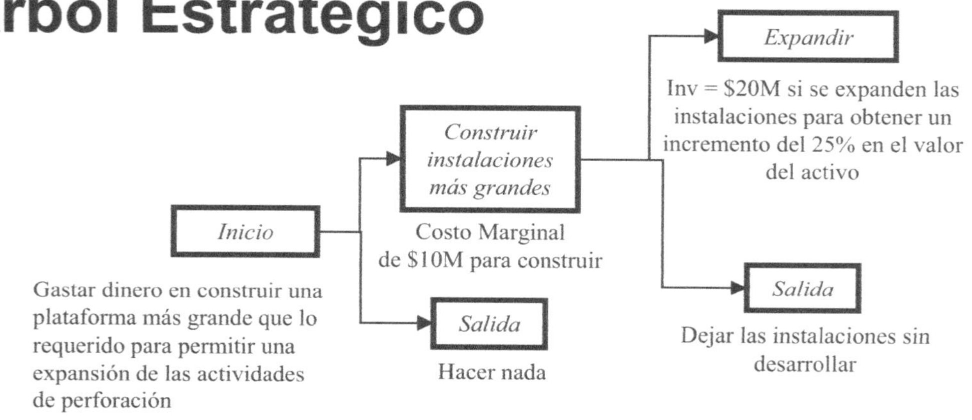

¿Cuánto estaría dispuesto a pagar para obtener esta opción de expansión? Es decir, ¿Cuál es en promedio el monto máximo de dinero que usted debería pagar por esta opción de tal manera que valga la pena?

Ingresos netos del perforador Base ($D)

Costos Operacionales Netos del perforador Base ($F)

Costo de construir la plataforma base ($A)
Ingresos netos de la plataforma de perforación opcional ($E)
Costo de construir la plataforma adicional ($B)
Costos operacionales netos de la perforación opcional ($G)
Costo de implementar la perforación ($C)

Plataforma base **Plataforma Opcional**

LLENE LOS ESPACIOS EN BLANCO:

VP Activo:
Factor de Expansión:
Tasa dividendos:
Costo Implementación:
Volatilidad:
Madurez:
Tasa Libre de Riesgo:

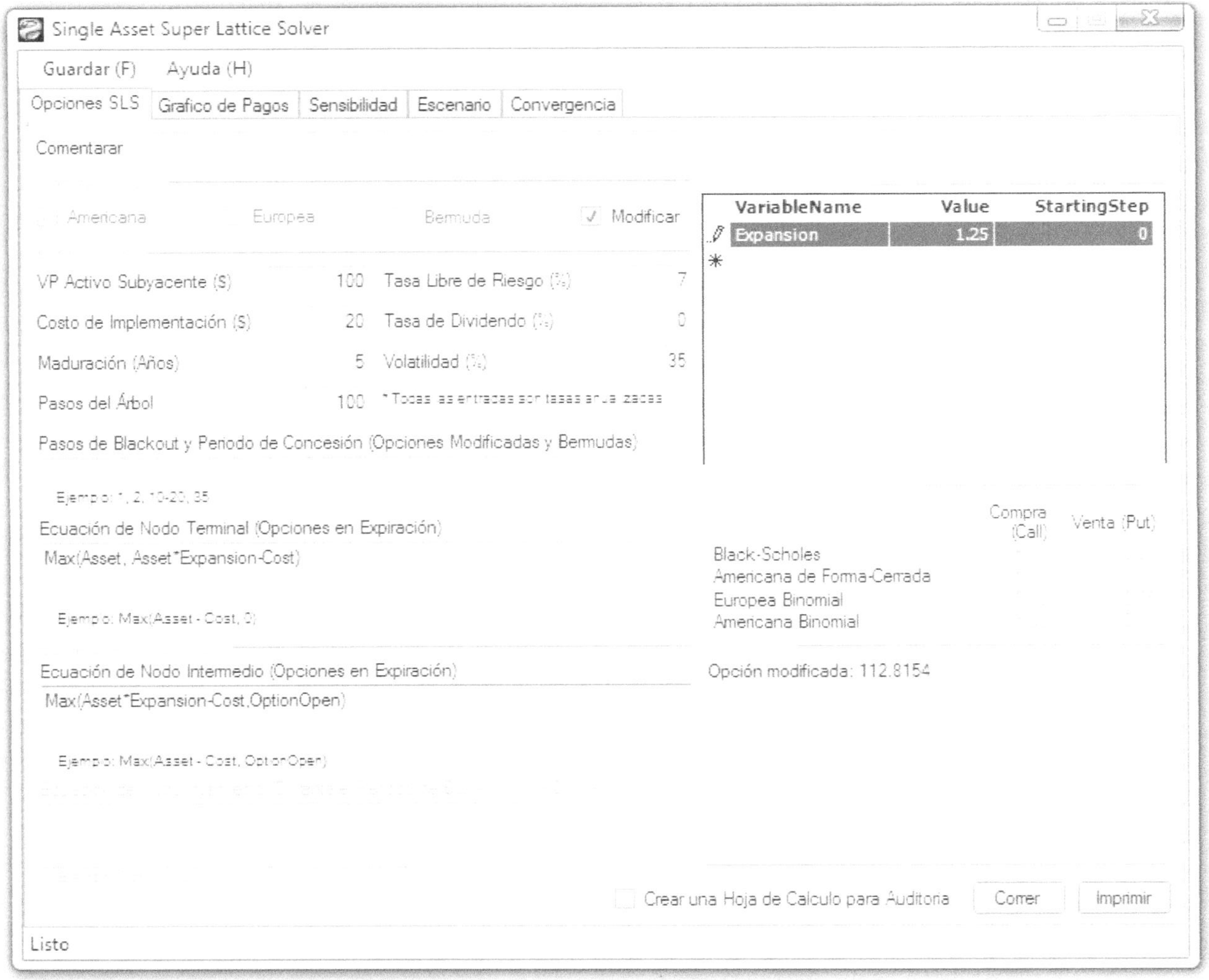

La opción de expansión indica que el valor estratégico del proyecto es $112.82M. El VPN de ejecutar la opción ahora es $105M ($100M de VPN multiplicado 1.25 veces si expande, haciéndolo $125M, menos $20M del costo de implementación). Por lo tanto, el valor de la opción es $7.82M. Esto es, el máximo valor en promedio que la compañía estaría dispuesta a pagar para obtener esta opción (construir la instalación adicional) es de $12.82M.

Capítulo 7:
Los Siguientes
Pasos…
Stochastic Process Forecasting
Real Options
Valuation

Cambiando una Cultura Corporativa

"Ningún cambio de paradigma es fácil"

Criterios para instaurar el cambio:

- **Aplicabilidad del Método**
  No es solamente un ejercicio académico
- **Exacto, Consistente y Replicable**
  Crear un estándar para la toma de decisiones
- **Propuestas de Valor Agregado**
  Ventajas competitivas sobre los competidores
  Ofrecer perspectivas valiosas de lo contrario inaccesible
- **Exposición Sencilla**
  Hacer transparente la "caja negra"
  Explicar el valor a la Gerencia
- **Ventaja Comparativa**
  Mejor método que el antiguo
  Se requiere de una buena teoría para matar una antigua
- **Compatibilidad con las aproximaciones antiguas**
  Basado en lo viejo con mejoras significativas
- **Flexibilidad**
  Permite ser ajustada
  Abarca una multitud de problemas
- **Influencias Externas**
  De "Main Street" a "Wall Street"
  Comunicar a la comunidad de inversionistas el valor creado internamente

Aceptación Mundial – Universidades

- American College
- Arizona State University
- Boston College
- Capella University
- Chung-Ang University (South Korea)
- Colorado School of Mines
- Dartmouth College
- Georgetown University
- IESA
- Iowa State University
- ITESM (Mexico)
- Michigan State University
- MIT
- New York University
- Norwegian University of Science and Technology
- Open University (Germany)
- Oregon Graduate Institute of Tech
- Otto Beisheim Graduate School of Management (Germany)
- Pennsylvania State University
- Southern New Hampshire University
- Stockholm University (Sweden)
- Universidad de los Andes (Chile)
- Universidad Simon (South America)
- Universitat Bern Institut fur Innovationsmanagement (Germany)
- University of Alaska
- University of Albany (Canada)
- University of Cape Town (Africa)
- University of Chile (Chile)
- University of Cincinnati
- University of Cordoba (Central America)
- University of Denver
- University of Florida
- University of North Carolina
- University of North Dakota
- University of Pennsylvania Wharton School
- University of Siegen (Europe)
- University of Wisconsin
- University of Wuppertal
- Uppsala University
- Wayne State University

Aceptación Mundial – Capacitación/Software

- ABS Consulting
- Accenture
- AIG
- Air Products and Chemicals
- Alexion
- Alliant Energy
- Allstate Insurance Company
- Aquila
- Arena Pharmaceutical
- AT&T
- Bayer
- Baylor University
- Becton Dickinson
- Bergey Inc.
- Black & Veatch
- BOC Gases
- Boeing
- Booz Allen & Hamilton
- BP
- Bristol Myers Squibb
- British Energy plc
- Caledonia Group, Inc.
- Cap Gemini Ernst & Young
- Cargill
- CB Hillier Parker
- Cemex Cental SAD CV
- ChevronTexaco
- Chiron
- CIBC World Markets
- City of Palo Alto
- CNF Inc
- Colorado Springs Utilities
- Commonwealth Energy Advisors, Inc.
- Con Edison Energy
- Conoco
- Corpomtle Value Advisors
- Crisp Hughes Evans LLP
- Deutsch Bank
- Department of Interior
- Discovision Associates
- Duke Energy
- ECS Risk Control
- Editions MEV
- Eli Lilly & Company
- EMI Music Publishing
- eNMARKET
- Entergy Services
- Enviros
- Equiva Trading

Aceptación Mundial – Capacitación/Software

- EURESAS
- Exelon Power Team
- Foamex
- GE Capital
- GE Power Systems
- Gemplus Corp
- Gerald Eve
- Gibralter Business Appraisals, Inc.
- Glaxo SmithKline
- GMO
- Halliburton Energy Services
- Hewlett Packard
- Hostcentric, Inc
- INAVISIS
- Ingersoll-Rand
- Intel Corporation
- Intecap
- Iowa State University
- ITESM
- Janssen Pharmaceutica Products L.P.
- Johns Mansville
- Johnson & Johnson Consumer Products Company
- Kawasumi Laboratories America Inc.
- Keyspan Corporate Services
- Lafarge North America – Gypsum Division
- Lloyds Bank TSB
- Louis Dreyfus
- Michigan State University
- Monitor Group
- MYOB Australia Pty, Ltd.
- Nahle & Company, S.C.
- Navigant Consulting, Inc.
- NE Public Power District
- NOVA Chemicals Corporation
- Occidental Oil & Gas Corp
- Oklahoma Gas & Electric
- Panorama Research
- Petronas
- Pfizer
- PG&E
- Phillips 66 Company RM&T
- Pinnacle West
- Pioneer Hi Bred International, Inc.

Aceptación Mundial – Capacitación/Software

- PolyOne Corp
- Public Service of West Virginia
- Purushothaman
- Rack Space
- Renessen LLC
- Roche Diagnostics Corporation
- Rohm and Haas Company
- Russell, Ronnie
- Salomon Smith Barney
- Schlumberger Doll Research
- SDI GmbH
- Seagate Technologies
- Selection Resource
- Sempra Energy
- Shell International Holdings Limited
- Six Sigma Systems, Inc.
- Software Spectrum
- Sprint PCS
- Steve Shaw Associates
- StorageTek
- Strategic Decisions Group
- Sunoco, Inc.
- Synergy Partners
- Syngenta Biotechnology
- Syngenta Crop Protection
- Syngenta Corporation
- TASC
- The Timken Company
- Thomson Corporation
- TIAX LLC
- Timken Research
- Total Fina Elf
- UCS Investment Co.
- Union Pacific Railroad
- United States Sugar Corporation
- University of Alberta
- University of Cincinnati
- Vanguard Partners
- Washington Gas
- Williams Communications

¿Y Ahora Qué?

- La Práctica hace al maestro…
  - Intente practicar más sobre las metodologías… de lo contrario usted puede olvidarlas rápidamente…
- Busque cosas fáciles de hacer o proyectos con opciones estratégicas claras y aplicaciones de riesgo… el que mucho abarca poco aprieta…así que comience con:
  - Pequeños proyectos con opciones estratégicas claras y opciones estratégicas
  - Use valores aproximados para probar su punto… no gaste su tiempo en hacer modelos detallados cuando usted puede obtener valores de alto nivel rápidamente… si los valores son significativos, entonces repita la modelación más detallada.
  - Cree resúmenes ejecutivos de 2 páginas de los estudios de caso mostrando los métodos tradicionales, luego compare y contrástelos con otra analítica más avanzada.
  - Considere realizar proyectos con equipos multidisciplinarios.
- Aceptación del nivel gerencial
  - Estas técnicas no se pueden lograr, sin la "aceptación," del nivel gerencial y la gerencia intermedia para que trasladen los resultados y los analistas obtengan las cifras.
- Crear consistencia y Estándares
  - Idealmente usted puede crear un nuevo estándar para su compañía, con un conjunto consistente de metodologías y modelos que sean reutilizables y escalables.
- Conocimiento es poder
  - La forma más rápida de lograr la adopción es tener mas gente expuesta a las metodologías
  - Seminarios educativos, proyectos de consultoría, videos de capacitación, videos de iniciación, estudios de caso, modelos, documentos técnicos, y más… Disponibles en nuestro sitio web.

REPASO DEL
EXAMEN DEL
CQRM
Real Options Valuation
© Copyright 2005-2022 Dr. Johnathan Mun. All rights reserved.
Dublin, California. support@realoptionsvaluation.com
REAL OPTIONS VALUATION, Inc. www.realoptionsvaluation.com
261

MOMENTOS

Primer Momento

Media, mediana, percentile 50

Medidas de tendencia central

Medidas de ubicación central

Valores esperados y retornos esperados

Segundo Momento

Desviación estándar, varianza, rango, intervalo de confianza, rango intercuartílico

Mide la dispersión y amplitud de una distribución

Da cuenta del riesgo e incertidumbre de la variable resultante

Tercer Momento

Coeficiente de Sesgo

Sesgo significa Media $\neq$ Mediana

Sesgo 0 implica simetría

Normal implica sesgo 0

Sesgo> 0 si Media > Mediana

Sesgo < 0 si Mediana > Media

Sesgo es 0 si Media = Mediana y la distribución es considerada como simétrica.

Cuarto Momento

Coeficiente de Curtosis

Exceso de Curtosis 0 implica colas regulares o normales (mesocúrtica)

Leptocúrtica (colas gordas) con un alto exceso de curtosis positiva implica mayores expectativas en la ocurrencia de eventos extremos.

Distribuciones sin colas (p.ej., distribución uniforme con un mín y máx) son platicúrticas con un exceso de curtosis negativo.

MEDIDAS MUESTRALES DE RIESGO

Beta (β)

Coeficiente de Variación (CV)

Probabilidad de Falla

Retorno sobre capital ajustado al riesgo (RAROC)

Desviación Estándar (σ)

Valor en Riesgo (VaR)

Varianza (σ^2)

Volatilidad (σ)

PRUEBAS DE HIPÓTESIS DE LOS MOMENTOS

El primer momento tiene muchos tipos de hipótesis teóricas como pruebas-T, pruebas-Z, pruebas-F, y otras pruebas paramétricas de significancia o pruebas de diferencias.

El segundo momento tiene limitadas pruebas teóricas de significancia y pruebas de diferencias como la prueba χ^2

Los momentos tercero y cuarto requieren únicamente de pruebas empiricas no paramétricas como las simulaciones de bootstrap, que también se pueden usar para probar los momentos primero y segundo sobre sus intervalos de confianza, niveles de precision y significancia estadística.

CORRELACIONES

Correlación lineal

Coeficiente de Correlación de Pearson Producto Momento

Asume linealidad y datos casi normales

Pruebas de hipótesis de significancia utilizando la distribución t

Correlación no lineal

Correlación de Rango no paramétrica de Spearman

Asume no linealidad y no se require la casi normalidad de los datos

Sólo pruebas de hipótesis empíricas

No hay efectos en el primer momento (valores esperados)

Afecta el segundo momento (riesgo, dispersión, confianza)

Efectos desconocidos en los momentos tercero y cuarto (los efectos de asimetría y exceso de curtosis dependen en supuestos de entrada a priori y en las distribuciones)

	Modelo positivamente relacionado	Modelo negativamente relacionado
Correlación positiva	El riesgo aumenta	El riesgo disminuye
Correlación negativa	El riesgo disminuye	El riesgo aumenta

La diversificación ocurre cuando tiene un modelo positivamente relacionado (p.ej., un portafolio de inversion con múltiples activos donde el incremento en un activo aumenta el valor de todo el portafolio), donde activos negativamente correlacionados reducirán el riesgo y diversificarán el portafolio

DISTRIBUCIONES MÁS COMÚNMENTE UTILIZADAS

NORMAL
Curva acampanada continua conocida como distribución Gaussiana, colas infinitas en ambos lados, requiere la media y la desviación estándar como entradas. Es simétrica con sesgo 0 y 0 exceso de curtosis. Ejemplos: retornos sobre acciones, estatura, peso, CI (la mayoría son truncadas normales con límites).

TRIANGULAR
Parece un triángulo, valores contínuos, las colas terminan en un mínimo y máximo con el valor más probable como su pico. Pueden ser asimétricas o simétricas, con exceso de curtosis negativa (colas truncadas). Ejemplos: pronósticos de ventas, estimaciones de expertos, supuestos de gestión.

UNIFORME
Área plana continua con igual probabilidad de ocurrencia en cualquier punto entre el mínimo y el máximo. Simétrica con sesgo 0 y exceso de curtosis negativa (puntos terminales fijos). Ejemplos: pronósticos empresariales y pronósticos económicos.

BINOMIAL
Eventos discretos con dos resultados independientes y mutuamente excluyentes con una probabilidad de éxito fija en cada prueba sucesiva. Es simétrica y se aproxima a la distribución normal con un número alto de pruebas. Ejemplo: lanzar una moneda múltiples veces.

POISSON
Eventos discretos que ocurren independientemente con la misma tasa promedio de repetición, y medidos en el tiempo o el espacio (área). Ejemplos: pronósticos de ventas, estimaciones de expertos, supuestos de gestión. Se aproxima a la normal con tasas promedio altas.

PERSONALIZADA
Distribución discreta empíricamente ajustada cuando pocos datos hay disponibles o cuando otras distribuciones teóricas fallan. Apropiada para métodos Delphi, puede ser multimodal e irregular. Ejemplos: estimaciones de expertos, supuestos administrativos y estimaciones cualitativas que son convertidas numéricamente.

DISTRIBUCIONES IMPORTANTES PERO MENOS COMÚNMENTE UTILIZADAS

BERNOULLI
Versión discrete de única prueba de la Binomial (p.ej., simula el éxito o fracaso de un proyecto)

BETA 4
Distribución continua áltamente flexible capaz de tomar múltiples formas y escalas.

UNIFORME DISCRETA
Rango de eventos discretos con igual probabilidad de ocurrencia (p.ej.,lanzar un dado de 6 caras)

EXPONENCIAL 2
Alta probabilidad de valores bajos, baja probabilidad de valores continuos altos (p.ej.,tiempo de espera)

GUMBEL
Simulaciones de valores extremos de final de cola de resultados continuos (p.ej., caídas de mercados)

LOGNORMAL
Variables con valores continuos no negativos y distintos de cero (p.ej., precios de las acciones)

T DE STUDENT
NORMAL continua con colas gordas o mayor probabilidad de extremos (p.ej., retornos riesgosos)

WEIBULL 3
Tiempo medio continuo antes del fracaso y estimaciones de confiabilidad (p.ej.,tiempo promedio entre fallos (MTBF) de un motor)

DISTRIBUCIONES MENOS COMUNMENTE UTILIZADAS

Arcoseno, Beta, Beta 3, Cauchy, Chi-cuadrado, Coseno, Log Doble, Erlang, Exponencial, F, Fréchet, Gamma, Geométrica, Gumbel Min, Gumbel Max, Hipergeométrica, Laplace, Logística, Lognormal 3, Binomial Negativa, Parabólica, Pareto Generalizada, Pareto, Pascal, Pearson V, Pearson VI, PERT, Potencia, Potencia 3, Rayleigh, Normal Estándar, T Estándar, Weibull

HERRAMIENTAS ANALÍTICAS

AJUSTE DISTRIBUCIONAL
¿Qué distribución y parámetros de distribución utiliza? Esta técnica ajusta datos históricos empíricos a distribuciones de probabilidad utilizando el Criterio de Información de Akaike (AIC), Anderson-Darling (AD), Chi-Cuadrado, Kolmogorov-Smirnov (KS), Estadístico de Kuiper, y el Criterio de Información de Schwarz/Bayes (SC/BIC).

ANÁLISIS DISTRIBUCIONAL
Análisis Distribucional (PDF, CDF, ICDF de 50 distribuciones). Gráficos y tablas de distribución (compara formas y características de PDF & CDF). Gráficos traslapados (traslapa pronósticos de salida empíricamente simulados para una comparación visual).

SIMULACIÓN CORRELACIONADA
Ejecuta simulaciones correlacionadas estableciendo correlaciones no lineales pareadas entre múltiples supuestos de entrada. Normal, T, y cópulas cuasi-normales son utilizadas en las simulaciones de convolución. Las correlaciones afectan el segundo momento o riesgo de una distribución de pronóstico de salida.

DIAGNÓSTICO DE LOS DATOS
Ejecuta multiples pruebas en la base de datos existente para determinar sus características antes de ejecutar los modelos de pronóstico: autocorrelación, heterocedasticidad, rezagos, micronumerosidad, multicolinealidad, no linealidad, estacionalidad.

ANÁLISIS DE ESCENARIOS
Ejecuta múltiples escenarios rápidamente y sin esfuerzo cambiando uno o dos parámetros de entrada en un rango preespecificado para determinar la respuesta de una variable de salida.

ANÁLISIS DE TORNADO
Impactos estáticos para cada variable en el resultado perturbando cada variable de entrada en un monto preestablecido, captura el resultado final, lista las perturbaciones pre-simulación clasificadas de más a menos significativa. Se utiliza para identificar factores críticos para establecerlos como supuestos de simulación a ejecutar.

SENSIBILIDAD DINÁMICA
Aplica perturbaciones dinámicas creadas después de la simulación y contribución a la varianza.

PRUEBAS DE HIPÓTESIS
Determina si dos variables son estadísticamente idénticas o diferentes entre sí.

BOOSTRAP NO PARAMÉTRICO
Estima la confiabilidad o exactitud de las estadísticas de pronósticos, responde preguntas de confianza/precisión.

GRÁFICOS TRASLAPADOS
Superpone múltiples supuestos y gráficos de pronósticos simulados para comparar sus características.

OTRAS HERRAMIENTAS ANALÍTICAS: **Comprobación de modelo, desestacionalización de datos, diagnósticos de datos, apertura e importación de datos, ajuste distribucional (simple, múltiple, percentile), análisis de componentes principales, prueba de estacionalidad, segmentación por agrupamiento, pruebas estadísticas, y quiebres estructurales.**

FORMAS DE SALVAR UN MODELO Y SUS RESULTADOS: Generar gráficos en vivo en Excel después de la simulación, análisis de Tornado y Sensibilidad, así como:

COPIAR Y PEGAR GRÁFICOS
Copiar y pegar los gráficos de simulación y pronóstico en PowerPoint/Word.

DISTRIBUCIONES PERSONALIZADAS
Crear y salvar distribuciones personalizadas no paramétricas basadas en datos empíricos.

EXTRACCIÓN DE DATOS
Lod supuestos simulados y datos brutos para los pronósticos se pueden extraer a Excel o en archivos de texto.

ARCHIVO DE EXCEL
Un archivo salva todos los supusetos, pronósticos, decisiones, restricciones, objetivos, y perfiles.

GENERACIÓN DE REPORTES
Ejecuta simulaciones, pronóstica, métodos analíticos y reportes de optimización.

PERFIL DE RISK SIMULATOR
Crea múltiples perfiles y escenarios de simulación y optimización.

ARCHIVO RISK SIM
Guarda gráficos en vivo de Risk Simulator para futuras recuperaciones sin tener que re-ejecutar las simulaciones,

REPORTE DE TABLA ESTADÍSTICA
Ejecuta tablas estadísticas y resultados como un reporte dentro de su modelo de Excel para fines de archivo.

GRÁFICOS DE EXCEL EN VIVO: Genera gráficos de Excel en vivo después de ejecutar las simulaciones, los análisis de tornado y de sensibilidad.

AJUSTE DISTRIBUCIONAL

Criterio de Información de Akaike (AIC)
Favorece la bondad de ajuste pero también incluye una penalidad que es una función incremental del número de parámetros estimados (aunque AIC penaliza el número de parámetros menos rigurosamente que otros métodos)...

Anderson-Darling (AD)
Cuando se aplica para probar si una distribución normal describe adecuadamente un conjunto de datos, es una de las herramientas estadísticas más poderosas para detectar diferencias de la normalidad y es potente para probar colas normales. Sin embargo, en distribuciones no normales con sesgo y curtosis, esta prueba carece the potencia comparada con otros métodos...

Chi-Cuadrado (CS)
Utilizado exclusivamente para probar distribuciones discretas donde los datos son estadísticamente catalogados en varios grupos. La aproximación Chi C no se puede utilizar fácilmente para ajustarse a distribuciones contínuas.

Kolmogorov-Smirnov (KS)
Prueba no paramétrica para la igualdad de distribuciones de probabilidad continuas que se pueden utilizar para comparar una muestra con una distribución de probabilidad de referencia, haciéndola útil para probar distribuciones anormalmente configuradas y distribuciones no normales. Utilice KS por defecto si la distribución subyacente es desconocida...

Estadístico de Kuiper (K)
Relacionado con la prueba de KS haciéndolo sensible tanto en las colas como en la mediana e invariante bajo transformaciones cíclicas de la variable independiente haciéndolo invaluable al probar las variaciones cíclicas en el tiempo. En comparación, la prueba AD provee igual sensibilidad tanto en las colas como en la mediana, pero no provee la invarianza cíclica...

Criterio de Información de Schwarz/Bayes (SC/BIC)
La prueba de SC/BIC introduce una penalidad por el número de parámetros en el modelo con una penalidad mayor que el AIC...

PRUEBAS DE HIPÓTESIS
La hipótesis nula probada es que la distribución ajustada es la misma distribución que la población de la cual provienen los datos muestrales para ser ajustados. Por eso, si el valor-p calculado es menor que un nivel de alfa crítico (típicamente 0.10 o 0.05), la distribución es una mala distribución (se rechaza la hipotesis nula). Por el contrario, entre más alto sea el valor-p, mejor el ajuste de la distribución a los datos (no se rechaza la hipotesis nula, lo cual significa que la distribución ajustada es la distribución correcta, o la hipotesis nula Ho: Error = 0, donde el error se define como la diferencia entre los datos empíricos y la distribución teórica). A grosso modo, se puede pensar en el valor-p como el porcentaje explicado. Entre más alto el valor-p, mejor es el ajuste de los datos a la distribución de probabilidad seleccionada.

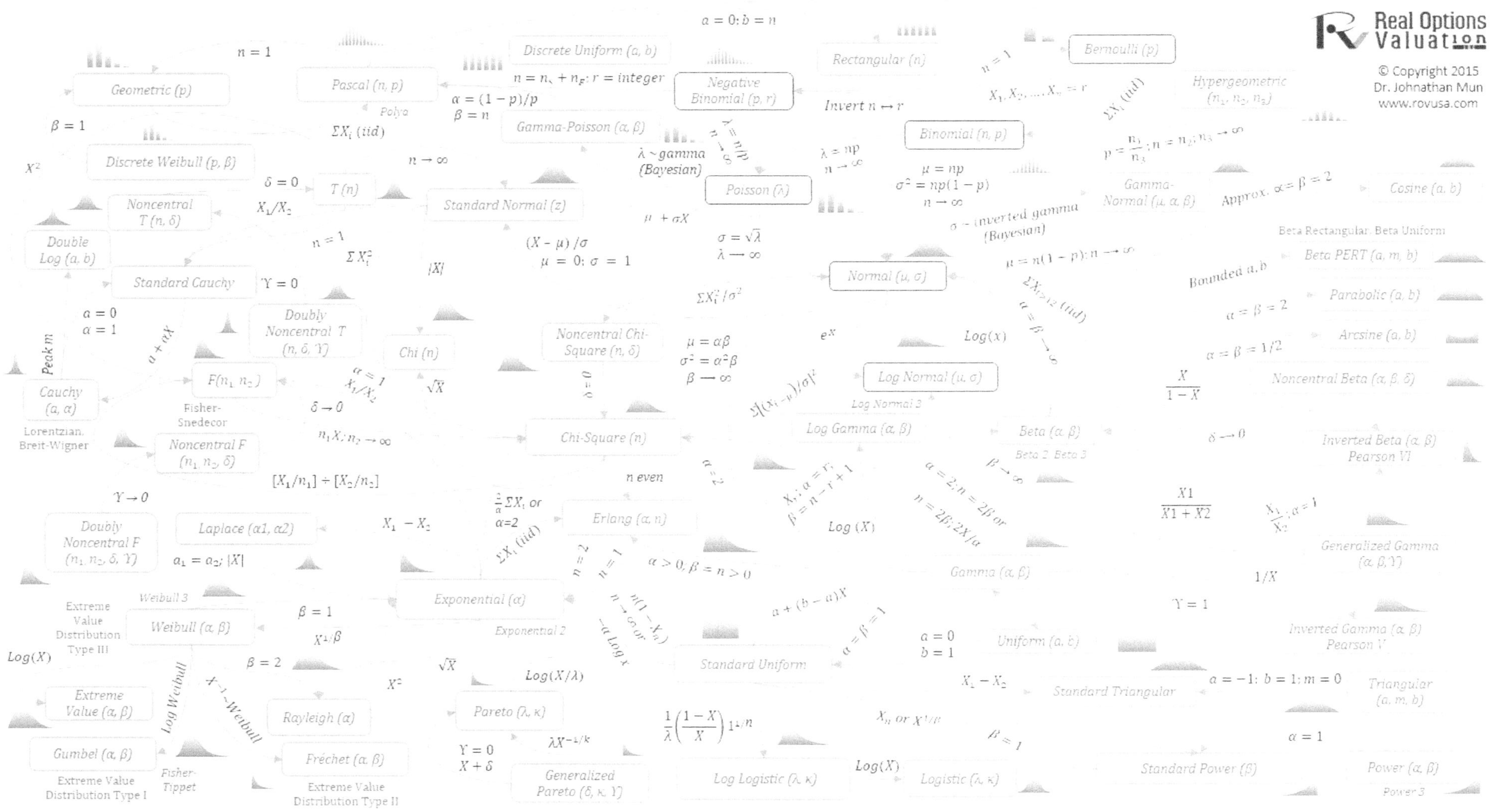
Real Options Valuation
© Copyright 2015
Dr. Johnathan Mun
www.rovusa.com
Geometric (p)
Pascal (n, p)
Polya
Discrete Uniform (a, b)
Negative Binomial (p, r)
Rectangular (n)
Bernoulli (p)
Hypergeometric (n_1, n_2, n_3)
Discrete Weibull (p, β)
Gamma-Poisson (α, β)
Binomial (n, p)
Poisson (λ)
Gamma-Normal (μ, α, β)
Cosine (a, b)
Noncentral T (n, δ)
T (n)
Standard Normal (z)
Double Log (a, b)
Standard Cauchy
Normal (μ, σ)
Beta Rectangular, Beta Uniform
Beta PERT (a, m, b)
Parabolic (a, b)
Doubly Noncentral T (n, δ, ϒ)
Chi (n)
Noncentral Chi-Square (n, δ)
Arcsine (a, b)
Cauchy (α, α)
Lorentzian, Breit-Wigner
F(n_1, n_2)
Fisher-Snedecor
Log Normal (μ, σ)
Log Normal 3
Noncentral Beta (α, β, δ)
Noncentral F (n_1, n_2, δ)
Chi-Square (n)
Log Gamma (α, β)
Beta (α, β)
Beta 2, Beta 3
Inverted Beta (α, β)
Pearson VI
Doubly Noncentral F (n_1, n_2, δ, ϒ)
Laplace (α1, α2)
Erlang (α, n)
Generalized Gamma (α, β, ϒ)
Gamma (α, β)
Extreme Value Distribution Type III
Weibull 3
Weibull (α, β)
Exponential (α)
Exponential 2
Inverted Gamma (α, β)
Pearson V
Uniform (a, b)
Standard Uniform
Extreme Value (α, β)
Log Weibull
X^{-1}-Weibull
Rayleigh (α)
Pareto (λ, κ)
Standard Triangular
Triangular (a, m, b)
Gumbel (α, β)
Extreme Value Distribution Type I
Fisher-Tippet
Fréchet (α, β)
Extreme Value Distribution Type II
Generalized Pareto (δ, κ, ϒ)
Log Logistic (λ, κ)
Logistic (λ, κ)
Standard Power (β)
Power (α, β)
Power 3

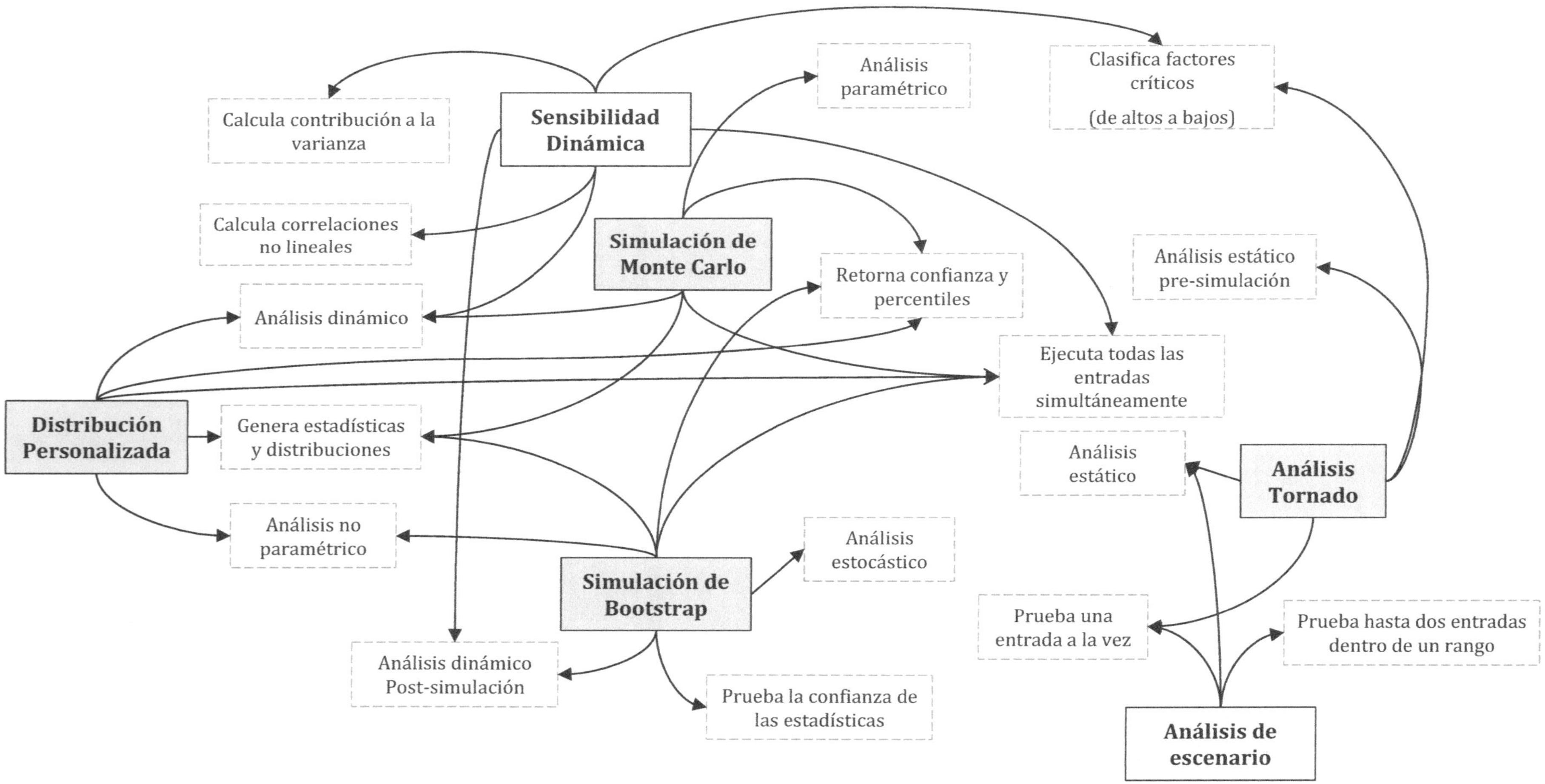
Sensibilidad Dinámica
Calcula contribución a la varianza
Calcula correlaciones no lineales
Análisis dinámico
Análisis paramétrico
Clasifica factores críticos (de altos a bajos)
Simulación de Monte Carlo
Retorna confianza y percentiles
Ejecuta todas las entradas simultáneamente
Análisis estático pre-simulación
Distribución Personalizada
Genera estadísticas y distribuciones
Análisis no paramétrico
Análisis estático
Análisis Tornado
Simulación de Bootstrap
Análisis estocástico
Análisis dinámico Post-simulación
Prueba la confianza de las estadísticas
Prueba una entrada a la vez
Prueba hasta dos entradas dentro de un rango
Análisis de escenario

MÉTODOS DE PRONÓSTICO

- **PRONÓSTICOS CUANTITATIVOS**
  - **Datos transversales**
    - Todo tipo de datos:
      - Auto econometría
      - Econometría básica
      - Distribuciones personalizadas
      - Simulación de Monte Carlo
      - Regresión multiple
      - Regresión paso a paso
    - Dependientes binarias:
      - MLE Logit/Probit/Tobit
  - **Datos de series de tiempo**
    - Datos estacionarios:
      - ARIMA
      - Auto ARIMA
      - Auto Econometría
      - Econometría básica
      - Lógica difusa Combinatoria
      - Spline cúbico
      - Distribución personalizada
      - Curva-J
      - Cadenas de Markov
      - Simulación de Monte Carlo
      - Regresión múltiple
      - Redes neuronales
      - Curva-S
      - Regresión paso a paso
      - Pronósticos de series de tiempo
      - Líneas de tendencia
    - No estacionarios:
      - GARCH (E/M/T/GJR)
      - Procesos estocásticos
  - **Datos de Panel Mixto**
    - ARIMA
    - Auto ARIMA
    - Auto Econometría
    - Econometría Básica
    - Distribución Personalizada
    - Simulación de Monte Carlo
    - Regresión Multiple
    - Regresión Paso a Paso
- **PRONÓSTICOS CUALITATIVOS**
  - Distribuciones personalizadas
  - Método Delphi
  - Conjuntos difusos
  - Supuestos de gestión
  - Simulación de Monte Carlo
  - Expertos en la materia
  - Regresión paso a paso

NOTAS

- Econometría y métodos de regresión requieren por lo menos una variable independiente. Variables tiempo-indexadas y ficticias se pueden utilizar para modelar series de tiempo y modelos estacionales.
- Conjuntos difusos retornan números difusos.
- GARCH es para estimar volatilidades basadas en los precios como entradas.
- MLE require que la variable dependiente esté truncada o limitada (p.ej., binaria) y las variables independientes pueden tomar cualquier forma. En contraste, los métodos econométricos y de regresión no pueden tener valores binarios para sus variables dependientes (pero pueden tener variables ficticias como variables independientes)
- Datos de panel mixto son datos con series de tiempo y elementos transversales en una matriz grande.

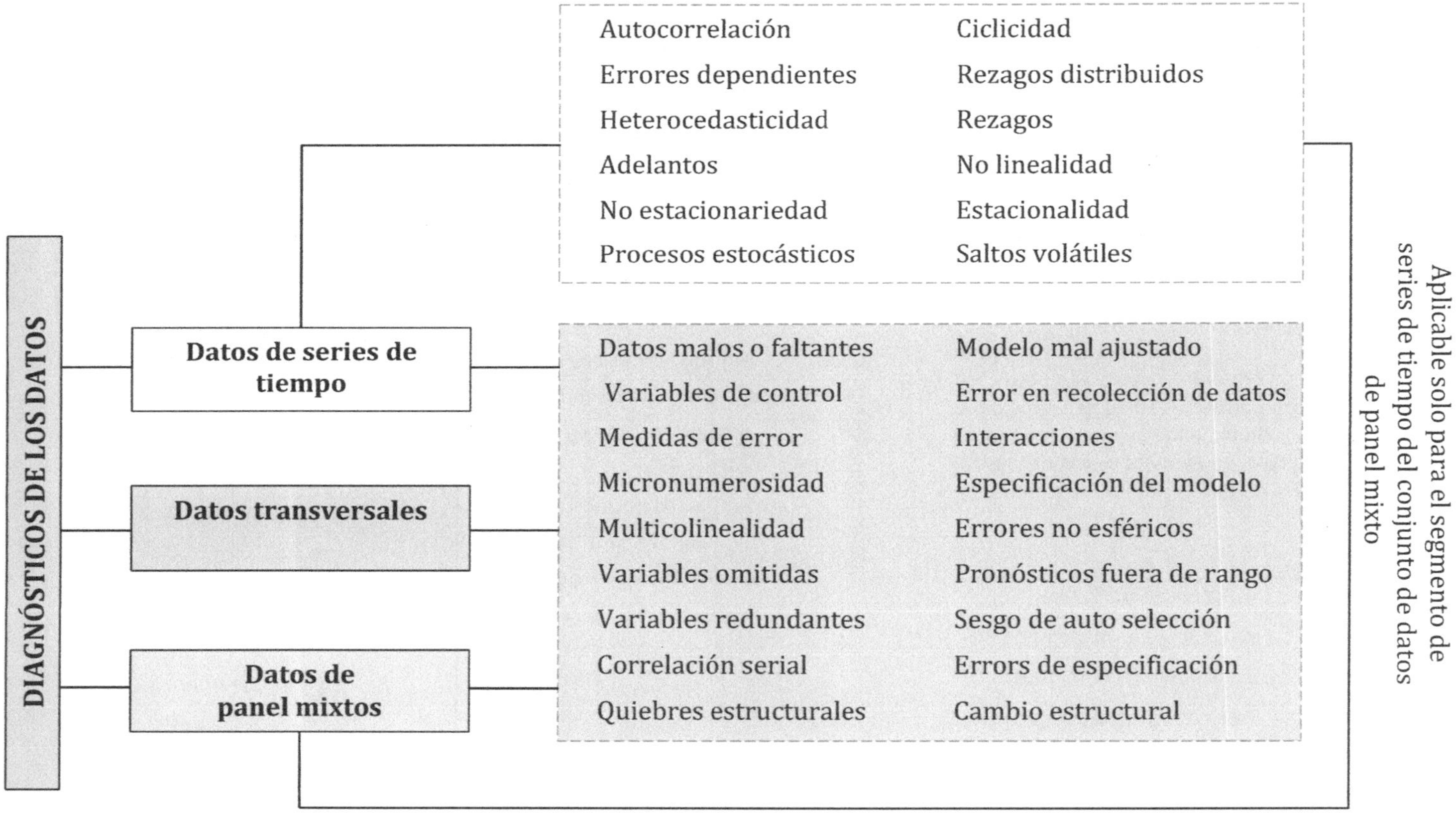

Los datos de series de tiempo prevalecen en la vida real, y por tanto, hay más métodos de pronóstico de series de tiempo así como pruebas para el error y especificación de los datos de series de tiempo.

MÉTODOS DE OPTIMIZACIÓN

ESTÁTICO

Corre una optimización por cambios iterativos en las variables de decisión basadas en sus rangos permitidos para maximizar o minimizer el objetivo, mientras satisfase las limitaciones y restricciones impuestas en el modelo.

DINÁMICO

Ejecuta una simulación de riesgo de Monte Carlo y el estadístico seleccionado (p.ej., media, Valor en Riesgo, o percentil) se inserta en el modelo antes de ejecutar la optimización. Esta estadística cuenta para incertidumbres y variabilidad en las entradas y el modelo.

ESTOCÁSTICO

Replica la optimización dinámica múltiples veces (p.ej., simula miles de ensayos, se utilizan estadísticas en lugar de estimaciones de punto único, ejecuta optimización con multiples iteraciones, el proceso se repite múltiples veces). Distribuciones de las variables de decisión son el resultado.

ENTRADAS DE OPTIMIZACIÓN

OBJETIVO

EL resultado que va a ser minimizado (p.ej., costo programación, error) o maximizado (p.ej., ingreso neto, rentabilidad)

RESTRICCIÓN

Limitaciones o restricciones en el modelo (p.ej,. recurso, presupuesto, programación, restricciones de gestion, riesgo).

DECISIÓN

Variables o decisions sobre las que tiene control (p.ej., decisiones de ir o no ir, % de asignación de presupuesto en portafolios)

SUPUESTO

Variables inciertas para ser simuladas en optimización dinámica y estocástica (p.ej., retornos, demanda)

FRONTERA EFICIENTE

Ejecutar múltiples optimizaciones donde cada ejecución sucesiva perturba y cambia las restricciones por alguna cantidad establecida para maximizar o minimizar el resultado objetivo satisfaciendo las limitaciones y restricciones. El resultado es un conjunto de múltiples puntos que son los más óptimos y eficientes, y, cuando son conectados por una línea, constituyen la frontera de inversión eficiente, representando el mejor resultado por lo invertido, donde dados los requisitos de limitaciones y restricciones, cada punto a lo largo de la frontera es un portafolio de lo mejor que puede ser alcanzado dado el conjunto de variables de decisión. La parte más inclinada de la frontera indica que es mejor alcanzar el portafolio más restringido mientras que, contrariamente, las fronteras planas indican retornos marginales decrecientes, y cualquier recurso adicional que se provea al portafolio no generará un incremento significativo en el objetivo global del portafolio.

OPCIONES REALES ESTRATÉGICAS

ABANDONO
Salida y salvamento o vender los activos para cortar las pérdidas, parar antes de ejecutar la siguiente fase después de completar la fase actual. Terminación por Conveniencia contractual. Para tener una opción de abandono, el tenedor debe ser propietario del activo.

BARRERA
La opción está in-the-money o out-of-the money si el activo subyacente excede o no excede alguna barrera contractual pre-especificada fija o fluctuante. Esta opción típicamente tiene valor más bajo para el tenedor que una opción similarmente especificada sin barreras. Se puede crear una combinación de barreras individuales, dobles, superiores, inferiores, "knock-in," y "knock-out.

CONTRACCIÓN
Tercerización, alianzas co-marketing, subcontratistas, joint ventures, alianzas extranjeras, y otras relaciones estratégicas donde el costo es reducido y parte de las utilidades del activo se comparten con el aliado. Para tener una opción de contracción, el tenedor debe tener la propiedad del activo.

EXPANSIÓN
Plataformas tecnológicas, fusiones y adquisiciones (nuevas tecnologías, mercado, clientes, o soluciones verticales), reutilización y escalabilidad, pre-inversiones, y pre-construcción de instalaciones (más rápido y barato para pre-invertir ahora e iniciar el desarrollo en el futuro). Para tener una opción de expansión el tenedor debe tener la propiedad del activo.

SECUENCIAL
Implementaciones por etapas de desarrollo de proyectos de alto riesgo, prototipos, fases de desarrollo de medicamentos, demostraciones tecnológicas, contratos con múltiples etapas con la opción de salir en cualquier momento, flexibilidad incorporada para ejecutar diferentes cursos de acción en etapas específicas de desarrollo, hitos, I&D e inversiones por fases en el tiempo.

SIMULTÁNEA
Se ejecutan múltiples activos o inversiones simultáneamente para reducir el riesgo de que uno de estos activos o proyectos pierda. Es el mismo cálculo que la combinación en un único activo para una opción de esperar y diferir o ejecutar. El resultado para opciones Simultáneas es típicamente menor que las opciones Secuenciales dados los mismos parámetros y valoración de activos.

INTERCAMBIO
Intercambio entre múltiples proveedores, diseños modulares, múltiples entradas o materias primas. Esta opción permite mitigación en el riesgo de producción a través de múltiples proveedores y una base industrial fuerte, y aprovecha las fluctuaciones de costos basados en el mercado. Los activos negativamente correlacionados tienden a generar mayores valores para la opción (efectos de diversificación de portafolio).

TIPOS DE EJECUCIÓN
Opciones americanas: En cualquier momento hasta e incluyendo la fecha de vencimiento.
Opciones asiáticas: retrospectiva, en tiempo específico.
Opciones de las Bermudas: Cualquier momento excepto durante bloqueos o consolidación.
Opciones europeas: Una vez, solo en la fecha de vencimiento.
Americana ≥ de Bermuda ≥ Europea a excepción de opciones call, plain-vainilla con cero dividendos, donde todos los valores son idénticos.

ESPERAR Y DIFERIR/EJECUTAR
Prueba de concepto para determinar mejor los costos, rentabilidad, y riesgos de programación de un proyecto. Mantenerse en la oportunidad con el contrato en su lugar mientras se reducen riesgos de implementación de gran escala, baja tasa inicial de producción, I&D, prototipos, y derecho al primer rechazo. Habilidad para esperar y observar por la llegada información valiosa antes de decidir ejecutar la opción si es óptima.

Opciones de Abandono, Contracción, Expansión, e Intercambio, implican que el tenedor de la opción es propietario del activo y, por tanto, puede venderlo (abandonarlo), reducir la producción y ahorrar gastos (contracción), expandirse (expansión), o cambiarlo por alguna alternativa (intercambio). Las opciones de intercambio implican que el tenedor de la opción puede cambiar secuencialmente de ida y vuelta los activos subyacentes con algún costo de intercambio predeterminado. Opciones de Abandono, Barreras, Contracción, Expansión, y Esperar & Diferir típicamente tienen un único activo subyacente, y pueden ser ejecutadas en una opción secuencial de única o múltiples fases. Las opciones secuenciales usualmente implican múltiples fases (más de una) y un único activo subyacente, y se pueden combinar con otros tipos de opciones reales. Finalmente, las opciones de Intercambio y Simultáneas implican que existe más de un activo subyacente y se puede ejecutar en una fase única en el acto o ejecutarla en el tiempo como una opción secuencial en múltiples fases.

DATOS RÁPIDOS

La exactitud mide la cercanía al valor real u objetivo (se incrementa con información), pero la precisión mide la cercanía de agrupamiento de las estimaciones (se incrementa con mayor número de ensayos de simulación).

Valores-p bajos en modelos de regresión y pronóstico implican significancia estadística, pero valores-p altos en ajustes de distribución implican un mejor ajuste.

Las correlaciones no siempre implican causación, pero la causación implica correlaciones.

Ud puede ser preciso y exacto, preciso e inexacto, impreciso y exacto, o impreciso e inexacto.

El coeficiente de determinación [0,+1] es el cuadrado del coeficiente de correlación [-1,+1].

Existen dos tipos de árboles: árbol de activo subyacente (izquierda a derecha) y árboles de valoración (derecha a izquierda).

La normalidad siempre implica simetría, pero la simetría no implica normalidad.

El riesgo siempre implica incertidumbre, pero la incertidumbre puede o no implicar riesgo.

Las incertidumbres que afectan las decisiones pero que pueden resolverse con el paso del tiempo, acciones, y eventos, son las más valiosas para el análisis de opciones reales.

R (coeficiente de correlación) mide el co-movimiento y relación de datos pareados, mientras que R-cuadrado (coeficiente de determinación) mide el poder explicativo de todas las variables independientes sobre la variable dependiente.

TEORÍA DE OPCIONES

OPCIONES REALES

- Se puede crear un modelo y valorado
- Deben existir incertidumbres
- Las decisiones están afectadas por las incertidumbres
- Deben existir opciones
- La administración debe ser lo suficientemente creíble para ejecutar los opciones cuando sean óptimas

Métodos de Valoración

Modelos de forma cerrada

(Modelos europeo de Black-Scholes, Modelos americanos de aproximación)

Árboles

(Binomial, Trinomial, Tetranomial, Pentanomial, Multinomial)

Simulación

(Procesos estocásticos)

Otras aproximaciones analíticas

- Mayor maduración, usualmente en años
- Variables subyacentes son flujos de caja libres, que a su vez están dirigidas por la competencia, demanda y administración.
- Puede incrementar el valor estratégico de la opción por la flexibilidad y las decisiones administrativas
- Decisiones de millones y miles de millones de dólares
- La competencia y el mercado determinan el valor de la opción
- Desarrollo reciente en finanzas corporativas
- Resueltas a través de ecuaciones de forma cerrada y árboles binomiales con simulación de las variables subyacentes
- No son tranzadas ni de propiedad por naturaleza
- No hay comparables directos del mercado
- Supuestos y acciones administrativas determinan el valor de una opción real-establecer las opciones para reducir el riesgo y aprovechar los aspectos positivos
- Estrategias existen sólo para opciones reales (expansión, intercambio, compuesta secuencial)

Aproximación de retornos logarítmicos de flujo de caja

Aproximación de retornos logarítmicos de acciones

Supestos administrativos

Comparables de mercado

CV del VPN simulado

OPCIONES FINANCIERAS

- Vencimiento corto, usualmente en meses
- Valor determinante de la variable subyacente es el valor patrimonial del activo financiero o del precio de la acción
- No se puede contralar el valor manipulando los precios de las acciones
- Valores habitualmente pequeños
- Efectos competitivos o de mercado son irrelevantes para su valor y fijación de precios
- Tranzadas durante más de 40 años
- Habitualmente resueltas utilizando ecuaciones parciales diferenciales de forma cerrada y técnicas de simulación/reducción de la varianza para opciones exóticas
- Negociables y transables con comparables e información de precios
- Supuestos y acciones administrativas no tienen influencia en la valoración aunque se utilizan para cobertura/especulación
- Estrategias para crear nuevos vehículos con combinaciones de compra/venta (p.ej., "butterflies," "straddles," "strangles")

GARCH

Aproximación de retornos logarítmicos de acciones

Comparables de mercado

CQRM Resumen I

MONTE CARLO

- Estadísticas básicas de los pronósticos: los cuatro momentos, qué son y qué representan, así como la interpretación de resultados
  - Primer momento, segundo momento, tercer momento, cuarto momento; poder calcular cada uno de éstos y saber qué representan
- Valores semilla
  - Establecer los valores semilla en una simulación: ¿Qué hace?
- Correlaciones
  - ¿Qué sucede cuando existen correlaciones frente a cuando no las hay? ¿Cuáles son los efectos sobre el primero y segundo momento?
  - ¿Qué sucede cuando existen correlaciones positivas y negativas en modelos simples relacionados negativa y positivamente?
  - Entender las diferencias entre coeficientes de correlación Pearson y Spearman
  - ¿Cómo funciona la diversificación?
- Ajuste de Distribución
  - Conocer los nombres de las pruebas estadísticas, resultados estadísticos, pruebas de hipótesis nulas y valores p.
  - Escoger la correcta distribución de probabilidad: conocer las distribuciones básicas, y para que se usan… normal, lognormal, Poisson, binomial, uniforme, uniforme discreta, triangular
  - Entender los fundamentos de la Distribución Personalizada y el método Delphi
- Debida diligencia y errores en la Simulación
  - Preguntas para hacer en una simulación… tipos de distribuciones usadas, truncamiento, correlación, precisión, número de ensayos a ejecutar, parámetros alternos, simulación multidimensional y así sucesivamente.

SIMULACION Y ANALISIS DE RIESGO

- Análisis de Sensibilidad:
  - Análisis de Tornado y Gráficos de Araña (pre-simulación)
  - Análisis de Sensibilidad Dinámica (post-simulaion)
- Simulación Bootstrap No Paramétrica
  - ¿Para qué se utiliza?
  - Entender cómo ejecutar una prueba de hipótesis en la estadística
  - Comparar el bootstrap empírico con las pruebas de hipótesis teóricas
- Medidas de riesgo
  - Conocer las medidas básicas de riesgo… coeficiente de variabilidad, volatilidad, desviación estándar, Valor en Riesgo (VaR), conocer como interpretar el VaR

OPTIMIZACIÓN

- ¿Qué es optimización y usos de muestra?
- Ejemplo de un problema de optimización combinatoria
- Heurística y algoritmos para acelerar la optimización, y porqué se necesitan algoritmos… tomaría demasiado tiempo hacerlo manualmente
- Tipos de modelos de optimización: lineal, no lineal
- Tipos de variables de decisión: discreta, continua, binaria
- Tipos de rutinas de optimización: estática, dinámica, estocástica
- Como configurar un problema de optimización: objetivo (min o max), variables de decisión (continuas o discretas), limitaciones (restricciones)

CQRM Resumen II

PRONÓSTICOS

- Técnicas de Pronóstico y Tipos de Datos
  - Pronósticos cualitativos vs. cuantitativos y las diferentes técnicas para pronosticar.
  - Debida diligencia: Auto correlación, multicolinealidad, heterocedasticidad, quiebres estructurales, pronóstico fuera de muestra, no linealidad, estacionalidad, ciclicidad, etc.
- Pronósticar sin Datos
  - Usando distribuciones personalizadas, supuestos ejecutivos, opiniones de expertos y el método Delphi
- Análisis de pronósticos de Series de Tiempo
  - Análisis de modelos de Series de Tiempo y sus fundamentos
  - ¿Qué modelos se utilizan bajo qué circunstancias?
- Extrapolación no lineal
  - Conocer qué tipo de datos podrían ser aplicables
- Análisis de Regresión Multivariada
  - Interpretar el Reporte de Regresiones: coeficiente de determinación, valores-p, coeficientes, ecuación de regresión
  - Conocer los principales errores en el análisis de regresión y los asuntos relacionados con la debida diligencia
- Procesos Estocásticos
  - ¿Qué es un proceso estocástico? Conocer los tipos existentes: paseo aleatorio con movimiento Browniano, procesos de reversión de la media, procesos de difusión de salto
- Box-Jenkins ARIMA: Entender para que se utiliza ARIMA

ANÁLISIS DE OPCIONES REALES

- Diferentes técnicas de Valoración: comparación entre opciones financieras y reales
  - Aproximación de forma cerrada, aproximación desde la simulación, aproximación por arboles binomiales
  - Requerimientos para ejecutar un modelo de opciones reales: existe un modelo, existen incertidumbres, las incertidumbres se conocen en el tiempo, existen opciones estratégicas y de flexibilidad, y los tomadores de decisiones deber ser lo suficientemente creíbles para ejecutarlas cuando sea óptimo.
  - Conocer las diferencias y similitudes entre opciones financieras y reales
- Técnica de Probabilidad Neutral al Riesgo
  - La intuición detrás del árbol binomial
  - Aplicar la probabilidad neutral al riesgo para resolver las opciones (reglas principales)
- Problemas de Opciones Reales
  - Conocer qué son y qué significan: Opciones Americanas, Europeas, Bermudas y Asiáticas.
  - Entender lo básico de: Opciones Vainilla, Opción de Abandono, Opción de Contracción, Opciones de Expansión, Opciones de Escoger, opciones secuenciales compuestas, Opciones barrera, Opciones Alternativas
  - Ser capaz de resolver: Opciones Vainilla, Opciones de Abandono, y opciones de Expansión
  - Conocer las entradas de las opciones comunes y sus efectos en los resultados.
- Estimación de la Volatilidad
  - Estimaciones de volatilidad: aproximación logarítmica a los flujos de caja de los retornos – poder calcularlos
  - Estimaciones de volatilidad: Conocer qué aproximación es más apropiada y para qué aplicaciones
  - Conocer los pros y contras de cada método y cuándo se utilizan

Made in United States
Cleveland, OH
05 November 2026

47672112R00149